U0610849

国家自然科学基金重大项目

互联网背景下金融创新与风险管理若干基础理论与方法系列专著

媒体的公司治理效应

邹高峰　张　维　张永杰　著

本书出版受国家自然科学基金重大项目课题"互联网背景下金融市场微观参与者行为规律及其风险效应研究"（71790594）与国家自然科学基金面上项目"大数据背景下定向增发的投资者行为、市场表现与溢出效应研究"（72071142）联合资助。

科　学　出　版　社

北　京

内 容 简 介

媒体报道在上市公司治理方面发挥着越来越重要的作用，有助于促进资本市场有效、透明和公平，是资本市场的外部监督体系的重要组成部分。本书阐述了媒体实现公司治理效应的理论基础，探讨了媒体对上市公司治理的影响机制以及作用效果。全书共分为九章，第 1 章系统介绍中国上市公司信息披露体系，第 2 章从多角度讲述媒体的公司治理机制研究，第 3 章为社交媒体对公司治理影响的研究进展分析。第 4 章至第 9 章通过实证研究方法阐释媒体在公司治理效应领域的一些相关问题，包括 CEO 媒体报道语调对公司投资行为影响分析，控股股东股权质押、业绩说明会的语调及其市场反应，"互动易"信息披露平台与问询函监管，社交媒体对公司全要素生产率的影响分析，媒体报道引起的行政处罚研究，以及股吧、问询函监管与公司绩效等。

本书的读者对象为工商管理、财务管理、经济类研究生及该领域科研人员，以及上市公司的总经理、董事、财务负责人等高级管理人员。

图书在版编目(CIP)数据

媒体的公司治理效应/邹高峰，张维，张永杰著. —北京：科学出版社，2024.1

（互联网背景下金融创新与风险管理若干基础理论与方法系列专著）

ISBN 978-7-03-074416-6

Ⅰ.①媒… Ⅱ.①邹… ②张… ③张… Ⅲ.① 媒体–影响–公司–企业管理–研究. Ⅳ.① F276.6

中国版本图书馆 CIP 数据核字（2022）第 254798 号

责任编辑：徐　倩 / 责任校对：王晓茜
责任印制：张　伟 / 封面设计：无极书装

科学出版社 出版
北京东黄城根北街 16 号
邮政编码：100717
http://www.sciencep.com

北京凌奇印刷有限责任公司印刷
科学出版社发行　各地新华书店经销
*
2024 年 1 月第 一 版　开本：720 × 1000　1/16
2025 年 10 月第二次印刷　印张：16
字数：320 000
定价：182.00 元
（如有印装质量问题，我社负责调换）

丛书编委会

编委会顾问：

柴洪峰　院　士　复旦大学
李心丹　教　授　南京大学
汪昌云　教　授　中国人民大学
郑振龙　教　授　厦门大学
徐　忠　研究员　中国银行间市场交易商协会
张健华　研究员　华夏银行

编委会主任：

张　维　教　授　天津大学

编委会委员：

吴冲锋　教　授　上海交通大学
田　轩　教　授　清华大学
陈　收　教　授　湖南大学
熊　熊　教　授　天津大学
吴文锋　教　授　上海交通大学
陈　卓　副教授　清华大学
邹自然　副教授　湖南大学

总　序

互联网背景下，数字技术与经济社会各个领域的联系日益密切，以前所未有的速度、广度和深度影响着经济活动，以此为基础的数字经济正在成为全球资源要素配置、经济结构转变、竞争格局重塑的关键力量，成为经济复苏和发展的重要引擎。作为经济活动的关键组成部分，金融活动乘着互联网、大数据、人工智能等新一代数字信息技术的"东风"，在积累海量数据、形成丰富应用场景的同时，也推动金融体系的功能和结构发生了深刻变化。以互联网为依托的金融创新以及由此而产生的金融风险得到了学界和业界的广泛关注。

近年来，我国金融行业的改革和发展成绩斐然，产品服务日益丰富，普惠金融深入推进，各项设施不断完善。作为利用前沿数字技术的行业，金融业积极利用互联网等新一代数字信息技术为自身赋能，进行数字化转型，通过改变金融服务触达用户的方式、增加投融资双方的信息透明度、扩展风险分析的大数据资源和分析能力、揭示新的风险定价因素、强化风险管理的及时性和细节、创造新的金融产品市场等基本途径，提升了金融的社会资金配置效率和提供金融服务的效率，为克服金融服务过去的一些薄弱环节提供了新的解决方案。比如，金融机构借助数字金融技术进行转型升级，利用作为"信用背书"的网上交易流水为小微企业经营者发放完全无抵押的贷款，合理地确定贷款利率；利用网店销售数据、资金关系等非标信息进行风控，为小微企业解决"融资难、融资贵"问题。又比如，移动支付、在线理财、非接触银行等金融服务的兴起，推动数字经济迅猛增长，也在抗击新冠肺炎疫情、促进生产生活恢复和发展方面发挥了重要作用。再比如，中国人民银行数字货币的推出提高了支付的安全性，也使得跨境结算变得更加便利，有助于推动中国企业的海外投资和"一带一路"倡议的顺利推行。还比如，监管机构利用互联网技术为上市公司信息披露、小投资者权益保护提供了新的途径，有助于建立规范、透明、开放、有活力、有韧性的资本市场。

然而，我们也应该看到，在互联网背景下的金融创新快速发展的实践中，也存在着不平衡、不充分的问题；从学术意义上来看，由于理论赖以成立的一些基础性假设（如信息的完备性、不同的金融活动参与者的信息获取和处理能力的均等性等）并非总是成立，这些都为金融体系的风险管理带来了新的挑战。依托互联网等新一代数字信息技术所进行的金融创新，在一定程度上模糊了金融业和非金融业之间的传统边界，以创新为企业基因的大科技公司（Big Tech）与以风险交易为核心的金融机构，在风险文化上存在着天然的差异，在这类金融创新和实操的过程中常常会看到"风险意识"被有意或者无意地弱化。可以看到，某些不当的所谓"金融创新"在某种程度上助长了违法违规的"金融"行为，加重而非减少了投融资者之间的信息不对称性，提高而非降低了金融交易成本，加剧而非缓解了"脱实向虚"的倾向，集聚而非分散了系统风险，进而背离了金融创新的初衷。因此，互联网背景下的金融创新和风险管理实践，为金融经济学的研究提出了全新的科学问题。如何理解这些创新所产生的新价值、新影响、新规律，如何应对这些创新所带来的新风险、新机遇、新问题，进而如何基于对上述科学规律的认知，在实践中对这些金融创新进行评价和监管，值得深入思考和探究。

为了系统地分析互联网背景下金融创新的内在机理和外在表现，提炼互联网背景下风险管理的思路与方法，我们有幸承担了国家自然科学基金重大项目"互联网背景下金融创新与风险管理若干基础理论与方法"（71790590）的研究任务，这个项目成为国内首个探讨互联网、大数据如何对金融活动和潜在风险产生影响的国家自然科学基金重大项目。

本重大项目以我国互联网信息技术与金融交易活动深度融合为现实研究对象，以现有的相关理论与实践现实之间存在的差异为线索，从参与主体、重要功能、市场影响和管理技术四个角度出发，深入研究了互联网背景下金融市场微观参与者行为规律及其风险效应、金融产品/服务创新与风险及其定价、金融机构创新规律与业绩表现、金融市场效率与监管等四个大方面的相关问题，覆盖了金融创新与风险管理的微观、中观和宏观层次，试图以此建立互联网背景下金融创新与风险管理的新的理论认知体系，以期理解我国金融体制机制变革与新一代数字信息技术进步的关系。图0-1揭示了整个项目的研究框架和思路。

为此，我们组织了一支来自天津大学、上海交通大学、清华大学和湖南大学等多个机构，聚集了海内外优秀金融学者的研究团队，结合中国实际情况和国际前沿理论，在深入调研、把握规律的基础上，围绕前述研究框架开展了一系列科学探索。经过四年多的不懈努力，取得了一批创新的研究成果。

1. 形成了互联网背景下的金融市场参与者行为及其宏观影响规律的认识

本重大项目研究了在互联网背景下金融市场微观参与者的信息行为、决策行为与价值判断，构建了一个基于复杂性科学视角的"信息行为-交易行为-市场涌现"金融市场规律认知新框架，建设了一个基于微观行为指标的金融数据库，获得了对互联网背景下金融市场参与者行为规律的深刻理解，揭示了由这些信息行为和交易行为所涌现出来的金融市场动力学形态及其风险效应，为互联网背景下的金融创新监管提供了理论支持和政策建议。

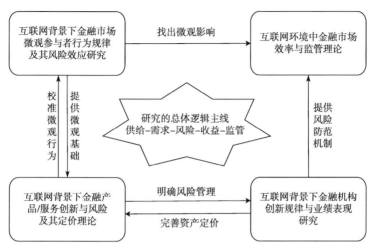

图 0-1 项目研究框架图

2. 建立了互联网背景下金融产品/服务创新及其定价的新理论与新方法

本重大项目研究了互联网带来的外部交易环境变化和金融创新如何导致金融产品/服务供需特性的变化与损益特性的变化，总结了互联网背景下金融产品/服务创新的定价机制以及其对金融市场的影响规律，为加强金融风险管理与促进金融市场健康发展提供了理论依据。

3. 探究了互联网背景下金融机构的创新激励机制、演化规律与绩效影响

本重大项目研究了具有开放性、便利性及普及性的互联网背景下金融机构创新规律与业绩表现，归纳了互联网背景下激励因素发挥作用的机制以及金融机构创新的演化规律，从服务实体经济的角度建立了金融机构创新绩效的评价体系，并在此基础上，总结了创新给金融监管带来的挑战和机遇，提供了相关政策建议。

4. 揭示了互联网背景下金融风险的特殊性质及其管理规律

本重大项目研究了互联网环境中的金融效率和金融监管，探讨了个体信用因素的动态特征及对市场交易效率的影响、管制约束条件下交易成本及信息对称性对市场效率的作用机理、互联网背景下信用评价与违约风险控制、网络借贷平台定价机制与风险评价、市场监管规范效应等问题，提出了互联网背景下个体与平台信用评价和风险管理的理论与方法，开发了信用评估的关键技术。

以上述四部分研究内容及其成果为基础，本重大项目研究团队撰写的一大批论文相继发表在相关领域的国际国内顶级期刊上［如 UT Dallas（The University of Texas at Dallas，得克萨斯大学达拉斯分校）界定的 24 种期刊之中的 *The Review of Financial Studies*、*Journal of Financial Economics*、*Journal of Accounting Research*、*Management Science*、*Information Systems Research*、*INFORMS Journal on Computing*，以及《管理科学学报》、《经济研究》、《管理世界》等］，并在相

关领域国内外知名的系列学术会议〔如 AFA Annual Meeting（American Finance Association Annual Meeting，美国金融学年会）、CICF（China International Conference in Finance，中国金融国际年会）、EFA Annual Meeting（European Finance Association Annual Meeting，欧洲金融学年会）、WFA Annual Meeting（Western Finance Association Annual Meeting，美国西部金融学年会）、中国金融学年会等〕上做报告，这些都体现了国内外同行对我们学术工作的认可。同时，我们重视将研究成果服务于管理部门和金融机构决策实践，形成重要的社会影响。我们的研究工作成果支持了地方（如上海市）金融监管方面的立法工作；从互联网背景下新业态及监管、新冠肺炎疫情应对、我国经济发展及金融改革等多方面为中央和地方政府提供了近 40 项政策建议，部分报告得到了中央或地方领导的批示。我们也重视把创新成果应用于金融实践并获得多项奖励：项目成员作为中国证券监督管理委员会上市公司并购重组审核委员会委员和深圳证券交易所创业板上市委员会委员，多次参会并针对上市公司重大事项提供专业意见；与深圳证券交易所、上海期货交易所、招商银行等进行合作，帮助它们制定监管政策、优化产品服务。此外，本重大项目的学术研究活动也在人才培养方面取得了显著的效果，例如，项目团队的卓越青年学者获得了国家杰出青年科学基金资助，一些团队成员还获得了若干其他类型的国家级杰出人才称号；有些获得了中国青年经济学家奖、重要的系列学术会议优秀论文奖等学术奖励；培养的一批优秀毕业博士生获聘国内外一流高校与金融机构的任职。

　　为了更好地向大众展示我们所取得的研究成果，特编撰了这一系列的专著。希望能够有助于相关领域辛勤耕耘的学者进一步深入研究，并吸引更多青年学者投身这一前景广阔的前沿研究领域，由此激发出更多有深度思想、有价值意义的高水平研究，为这一领域的发展壮大做出我们这个研究团队的一点贡献。

　　而今，本重大项目已近尾声，但是关于互联网背景下金融创新与风险管理的规律和方法的研究正欣欣向荣、蒸蒸日上。随着技术的不断突破、监管的持续跟进、观念的迭代升级，这一领域也将不断涌现出新的现象、新的问题、新的规律，值得更进一步地探讨和分析。比如，数字人民币的推出、加密货币交易的禁止、零售金融业务的全程数字化改造、线上场景对线下场景的加速替代等，都已经开始引起社会各界的关注。在未来，我们认为至少如下几个方向值得继续探索：首先，随着互联网技术在金融产业应用场景的不断增加，涉及的因素越来越多，除了每一因素独立发挥作用，不同因素之间的交互作用也会越来越复杂，如何更清晰地识别某一特定互联网因素对金融创新与风险管理的影响以及建立它们之间的因果关系，都将依旧是一项富有挑战的工作；其次，随着数据存储水平和网络链路优化技术的提高，短视频、直播等网络新业态崛起，这些图像、音频、视频也会影响金融交易活动的进行，如何对异构的非结构化数据进行处理、融合、从中提取有效信息也是一个值得重视的课题；最后，随着国家大数据立法的步伐加快、个人隐私保护持续加码，在这样的强监管背景下，高度依赖于数据收集的金融科技也面临着新的挑战，如何保护好数据被收集对象的权益并设定好技术标准、提高技术安全也是亟待解决的问题。总之，如何在新一代数字信息技术发展的时代背景下，进一步释放数字经济的效能，如何使金融体系通过数字化变革实现自身的健康发展，让互联网背景下的金融创新真正服务于我国的社会经济可持续发展，如何通过新一代数字信息技术的手段，守住不发生系统性金融风险的底线，这些问题的解决，都需要更多不同领域的学者和实践者共同贡献智慧。

本重大项目之所以能够在过去的几年中顺利展开，离不开众多组织机构、学界同仁的鼎力支持和关怀，离不开项目团队集体以及每个成员的辛勤努力和无私付出。为此，我们首先要感谢国家自然科学基金委员会各级领导的高瞻远瞩、深谋远虑，对项目的立项、推进给予了极大的推动和殷切的关怀；感谢本重大项目的指导专家组和各位学界同仁对我们工作的悉心指导、坚定支持和巨大帮助；感谢项目各团队所依托的单位（天津大学、上海交通大学、清华大学和湖南大学）为项目实施提供了良好的学术环境和支撑条件；感谢项目推进过程中为我们提供了热情帮助的相关实践部门和金融机构（如深圳证券交易所、上海期货交易所、招商银行等），它们为本重大项目的执行提供了强有力的支持。其次要感谢所有参与本重大项目研究的老师和同学，是大家持续多年的倾情投入，才催生了这样的累累学术硕果，完美地体现了团队的精神和力量。最后也感谢促使本系列专著得以出版的科学出版社领导和编辑，特别是我们热情的老朋友马跃先生，正是他们的鼓励和支持，使得本系列专著得以顺利面世。

生逢盛世，吾辈之幸；学无止境，漫路求索。

编委会

前　　言

　　媒体作为公司与投资者之间的中介方，能够对公司的财务状况、运营状况等进行报道，及时将信息传递给消费者。伴随着互联网、移动媒体等新时代产物的迅猛发展，媒体作为除立法、行政、司法外的"第四方"监管力量在当今资本市场发挥着举足轻重的作用，媒体关注对居民生活及社会发展的意义也越来越重大。媒体甚至被称作"无冕之王"，由于受到法律法规等的保护，其对公司经营管理的监督作用得到了充分的发挥。作为一种接受社会公众监督的公开化机制，上市公司的信息披露也可以看作特殊的媒体报道形式。上市公司依照法律法规将与自身相关的重要信息和资料向证券监督管理部门、证券交易所及社会大众公告，以确保投资者充分掌握公司的具体财务及经营状况，维护资本市场的运营秩序。自2017年以来，以《中国证券报》《证券日报》《上海证券报》《证券时报》等证券报刊为首的报纸（或者网络化）媒体，多次在其头版头条报道监管当局对上市公司违规行为的相关监管措施，强调监管机构积极推进金融监管体制改革，惩治金融市场违法违纪行为。伴随着社交媒体的大量兴起，诸如微博、今日头条、微信公众号、股吧论坛、抖音等平台正陆续成为媒体发挥监督作用的新场所。受媒体多元化和读者多元化的影响，媒体报道在公司治理领域发挥的效用越发明显，它在促进公司的信息公开化、缓解公司中小投资者与大股东之间的信息不对称等方面发挥着越来越大的作用。

　　与中小投资者信息获取渠道闭塞相反，媒体往往能对时下的企业动态信息进行全方位的归纳整理，通过主观分析对采集到的内容进行加工并将其转化为具有媒体情感倾向的、通俗易懂的文字内容，以便让更多人阅读传播。一方面，媒体发布的信息可以帮助更多中小投资者及时掌握上市公司有关情况，尽快调整自己的投资决策，如有需要也可以及时拿起法律武器维护自身合法权益。另一方面，这种公开报道的方式可以对上市公司的各种行为起到极为有效的监督作用，通过引导群众舆论、引发市场压力、引起监管部门介入这三条主要渠道对扰乱市场秩序、管理层间腐败、信息错报瞒报等违法违规行为进行治理，实现净化市场和促进市场良性发展的作用，同时也能在一定程度上对资本市场起到警醒约束的作用。

　　基于社交媒体的上市公司"众治"（crowd governance）行为研究一直是天津大学的主要研究内容之一，张维教授课题组在这一领域培养了一批又一批优秀的博士及硕士研究生，陆续完成了多项国家自然科学基金项目和一些企业委托项目，在理论和实践方面积累了丰富的经验。基于社交媒体的上市公司"众治"行为研究是由张维教授主持的国家自然科学基金重大项目课题——互联网背景下金融市场微观参与者行为规律及其风险效应研究（71790594）和国家自然科学基金面上项目——大数据背景下定向增发的投资者行为、市场表现与溢出效应研究（72071142）的核心内容之一，团队成员围绕金融市场中社交媒体等平台上的信息交互展开研讨，以领域内前沿研究成果为基础，完成了大量学术论文的研究，发表了相关成果。为此，我们觉得有必要将团队近年来的研究以及实践成果以一种更加系统的方式结集成著作奉献给广大读者。团队内各位博士生、硕士生的毕业论文及已发表的学术论文经汇总整理过后形成了本书的主体研究内容。希望本书能够引发大家对媒体的公司治理效应的思考，进而为进一步规范及优化我国媒体监督公司治理行为、推动公司治理良性发展等提供一些基础的理论参考。

全书共分为九章。

第 1 章较为系统地为读者讲解了中国上市公司信息披露体系。根据投资者获取信息的渠道来源，我国上市公司的信息披露类型可以划分为四类：内部披露类、交互披露类、外部披露类以及社交媒体平台。然而，伴随着抖音、快手等短视频软件使用者数量大大增加，短视频平台也成为不容忽视的一类信息披露渠道。这一章主要由许奥倩、马雨霆和邹高峰组织撰写。

第 2 章从多维度展开，综合整理了国内外现有文献对于媒体的公司治理机制的研究情况，具体包括媒体报道的公司治理机制、媒体报道对公司行为的影响、媒体报道对公司利益相关者的影响以及媒体报道的"黑暗面"。这一章主要由阴怡霏和邹高峰组织撰写。

第 3 章以当今社会主流的社交媒体为切入点，利用文献计量进行了有关社交媒体对公司治理影响的研究进展分析，包括社交媒体与公司治理研究文献统计分析和网络分析。这一章主要由李奕、张维和王鹏飞组织撰写。

第 4 章通过实证的方法，基于 2007~2018 年的 2331 家中国上市公司的数据研究了中国上市公司的 CEO（chief executive officer，首席执行官）媒体报道语调对公司投资决策的影响，为探寻公司投资的决定因素提供了一个基于行为金融学的视角。这一章主要由陈维杰、张永杰和邹高峰组织撰写。

第 5 章推导了有关控股股东股权质押风险与业绩说明会语调、业绩说明会语调与市场反应以及控股股东股权质押风险与业绩说明会市场反应的三个基本假设。在此基础上，又深入发掘了主回归在不同情境下的结果差异，得到了诸多具有实践意义的结论。这一章主要由赵万隆、张维和邹高峰组织撰写。

第 6 章利用深圳证券交易所"互动易"平台的数据研究了互动式信息披露对问询函监管风险的影响，详细分析了具体的作用机理和影响机制，挖掘出了很多有价值的结论。这一章主要由王萌、张永杰和邹高峰组织撰写。

第 7 章考察了社交媒体如何影响公司的生产力，探索了社交媒体在影响企业行为和实体经济方面的作用，深化了对社交媒体如何影响资本市场的理解。这一章主要由王鹏飞组织撰写。

第 8 章以 2010~2020 年 A 股上市公司为研究样本，通过建立媒体报道净语调、公司受处罚程度等指标，对报刊财经媒体报道净语调、网络财经媒体报道净语调、股吧讨论度和公司受处罚情况之间的作用机制展开了实证研究。这一章主要由阴怡霏和邹高峰组织撰写。

第 9 章基于 2015~2020 年东方财富网股吧上关于上市公司的帖子数据，研究了股吧这一网络社交媒体对公司绩效的影响，以及股吧通过何种途径对公司绩效产生影响。这一章由王萌、张永杰和邹高峰组织撰写。

本书饱含了我们研究团队的努力和心血，是集体智慧的结晶。本书由课题组教师张维教授、张永杰教授和邹高峰副教授共同商定整体框架，组织课题组的多位博士生、硕士生参与文字润色和内容关联工作，并完成最后的文字审订。可以说内容的完成离不开每一位团队成员的辛苦付出，感谢大家的支持。本书受到了国家自然科学基金重大项目课题——互联网背景下金融市场微观参与者行为规律及其风险效应研究（71790594）和国家自然科学基金面上项目——大数据背景下定向增发的投资者行为、市场表现与溢出效应研究（72071142），以及天津大学复杂管理系统实验室的研究资助。

当然，一切的成功都是因为"站在巨人的肩膀上"，所以还要特别感谢众多前人的文献知识积累。尽管我们在写作过程中一直非常注意对所引用参考文献的列举和引证标注，但难免挂一漏万。在此，我们向那些可能被遗漏的文献作者表示歉意，并恳请他们与我们或者出版社联系，以便将来有机会再版时将他们的工作对本书的贡献向读者展示。

书中如有不足的地方，欢迎广大读者批评指正。

作　者

2022 年 8 月

目　　录

第 1 章

中国上市公司信息披露体系

　　信息披露制度是上市公司为保障投资者权益、接受社会公众监督，依照法律法规将其自身财务状况、经营情况以及可能影响股票市场价格的其他重要信息和资料向证券监督管理部门和证券交易所报告，并向社会公告，以使投资者充分了解公司情况的制度。2019 年最新修订的《中华人民共和国证券法》从全面推行证券发行注册制、进一步提高信息披露要求、完善投资者保护制度、显著提升违法违规成本等方面对证券市场各项基础性制度进行了修改完善。证券发行注册制以信息披露为核心，使发行人在符合基本发行条件的基础上，更加注重以投资者需求为导向，真实准确完整地披露信息。至此，资本市场对上市公司信息披露质量要求提升到了新的高度。此外，随着互联网技术的发展，各类财经网站、社交媒体、投资者互动平台不断涌现，上市公司的信息披露方式也由原来单一的公司内部披露变得越来越多样化。根据投资者获取信息的渠道来源，我国上市公司的信息披露类型可以划分为五类：内部披露类、交互披露类、外部披露类、社交媒体平台以及短视频平台。内部披露类主要指企业通过定期报告、临时报告以及各种说明书向社会公众传递公司信息；交互披露类包括业绩说明会、路演以及各种投资者互动平台；外部披露类包括传统及网络媒体披露、外部监管机构披露和证券分析师披露等；社交媒体平台包括微博、微信公众号、股吧等信息披露途径；短视频平台包括抖音、快手等新兴媒体。具体如图 1-1 所示。

1.1　内部披露类

　　上市公司的内部披露是指公众公司以定期报告和临时报告以及招股说明书、募集说明书等形式，把公司及与公司相关的信息，向投资者和社会公众公开披露的行为。上市公司发布的各类公告及说明书是投资者获取公司相关信息最直接、最主要的渠道，也是投资者进行投资决策的主要依据。中证中小投资者服务中心2018 年 8 月发布的《关于投资者信息来源、渠道的调查报告》显示，当前我国资本市场中投资者首要的信息来源为上市公司的信息披露，占比为 37.9%；其次为

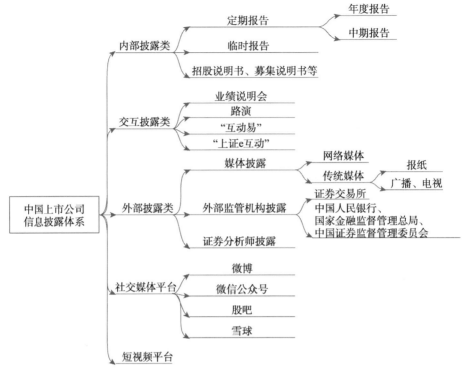

图 1-1　中国上市公司信息披露体系

金融机构的观点，占比为 31.1%；再次为网络评论，占比为 16.1%；市场大 V 观点占比为 11.4%，其他占比为 3.6%。

1.1.1　定期报告

定期报告是指反映一段时间内公司财务状况和经营成果的综合性报告，是对公司在过去一个报告期内经营情况的总结。中国证券监督管理委员会（简称中国证监会）2021 年 3 月 18 日修订、2021 年 5 月 1 日起施行的《上市公司信息披露管理办法》规定，上市公司应当披露的定期报告包括年度报告、中期报告。作为社会公众获取上市公司相关信息的官方数据源，上市公司定期报告是投资者发现投资机会的主要信息渠道，能够为投资决策提供更加基础性的信息参考。表 1-1 为中国证监会要求的年度报告与中期报告的公告时间、公告内容的有关规定。

表 1-1　上市公司定期报告

公告时间与公告内容	年度报告	中期报告
公告时间	每个会计年度结束之日起四个月内编制完成并披露	每个会计年度的上半年结束之日起两个月内编制完成并披露

续表

公告时间与公告内容	年度报告	中期报告
公告内容	（一）公司基本情况 （二）主要会计数据和财务指标 （三）公司股票、债券发行及变动情况，报告期末股票、债券总额、股东总数，公司前十大股东持股情况 （四）持股百分之五以上股东、控股股东及实际控制人情况 （五）董事、监事、高级管理人员的任职情况、持股变动情况、年度报酬情况 （六）董事会报告 （七）管理层讨论与分析 （八）报告期内重大事件及对公司的影响 （九）财务会计报告和审计报告全文 （十）中国证监会规定的其他事项	（一）公司基本情况 （二）主要会计数据和财务指标 （三）公司股票、债券发行及变动情况、股东总数、公司前十大股东持股情况，控股股东及实际控制人发生变化的情况 （四）管理层讨论与分析 （五）报告期内重大诉讼、仲裁等重大事件及对公司的影响 （六）财务会计报告 （七）中国证监会规定的其他事项

中国证监会定期发布《上市公司年报会计监管报告》，图 1-2 为 2012~2020 年各年度报告中显示的沪深两市披露年度财务报告的公司数量。在年报质量方面，中国证监会发布的《上市公司年报会计监管报告》显示，2018 年、2019 年、2020 年的年度财务报告中被出具非标准审计意见的审计报告的公司数量分别为 219 家、274 家和 254 家，在所有上市公司的占比不超过 10%，绝大部分上市公司的年报披露质量较好。此外，中国证监会对 869 家上市公司 2020 年度财务报告进行了抽样审阅，结果显示上市公司执行企业会计准则和财务信息披露规则整体质量较好，但仍存在部分上市公司对准则理解和执行不到位的问题，主要包括收入确认和计量不恰当、金融资产分类不正确、资产减值估计不谨慎、合并报表范围判断不合理、预计负债与或有资产抵销不恰当、债务重组损益确认时点不恰当等。

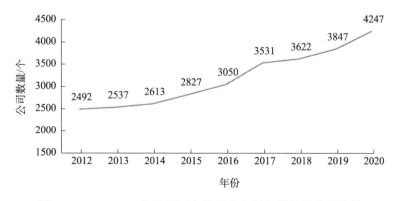

图 1-2　2012~2020 年沪深两市披露年度财务报告的公司数量

作为企业披露的重要文本信息，定期报告的披露内容以及报告语调等会对资本市场产生显著的影响。比如，重庆啤酒披露半年报之后出现股价大跌事件，重庆啤酒（SH600132）主要业务为啤酒产品的制造与销售。2020年12月，大股东嘉士伯完成了重庆啤酒重大资产重组项目，把嘉士伯在中国控制的优质啤酒资产注入重庆啤酒，至此重庆啤酒成为嘉士伯在中国运营啤酒资产的唯一平台。2021年8月18日晚间，重庆啤酒完成重大资产重组后的第一份半年报出炉。根据重述后财务数据，重庆啤酒上半年销量和营业收入均实现增长，营业收入71.39亿元，同比增长27.51%。但归属于上市公司股东的净利润6.22亿元，同比减少3.34%；每股收益1.29元，同比减少3.34%。与此同时，机构大幅减持也打击了投资者的信心。半年报数据显示，代表北上资金的香港中央结算有限公司减持583.04万股，持股比例降至7.44%；广发稳健增长证券投资基金减持485万股，持股比例降至0.55%；全国社保基金——五组合减持320万股，持股比例降至0.99%。此外，基本养老保险基金八零五组合已经退出前十大股东。2021年8月19日，重庆啤酒开盘即跌停，截至当日收盘仍未打开跌停。

1.1.2　临时报告

临时报告是指上市公司按有关法律法规规定，在发生重大事项时需向投资者和社会公众披露的信息，是上市公司持续信息披露义务的重要组成部分。《中华人民共和国证券法》规定，发生可能对上市公司、股票在国务院批准的其他全国性证券交易场所交易的公司的股票交易价格产生较大影响的重大事件，投资者尚未得知时，公司应当立即将有关该重大事件的情况向国务院证券监督管理机构和证券交易场所报送临时报告，并予公告，说明事件的起因、目前的状态和可能产生的法律后果。与要求严格的定期报告相比，临时报告的披露更加注重信息的及时性和重要性，临时报告能够在定期报告的间隔期内，及时地为投资者提供和公司有关的重大信息，有利于投资者在不断变化的经济环境中做出及时而适当的投资决策。临时报告制度是定期报告制度的重要补充，在上市公司信息披露体系中具有十分重要的地位。

根据中证中小投资者服务中心发布的《有关上市公司投资者关系管理的调查报告》，49.89%的投资者对于上市公司是否做到重大事项及时沟通与信息披露持中性态度，38.60%的投资者表示能基本或完全做到重大事项及时沟通与信息披露，11.51%的投资者表示做不到（图1-3）。整体而言，投资者对于上市公司在重大事项的信息披露方面表现较为满意。

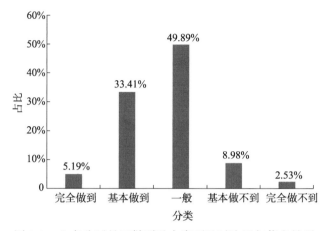

图 1-3　上市公司是否做到重大事项及时沟通与信息披露

　　除了定期报告与临时报告之外，中国证监会强制要求披露的信息文件还包括招股说明书、募集说明书、上市公告书、收购报告书等。依法披露的信息，应当在证券交易所的网站和符合中国证监会规定条件的媒体发布，同时将其置备于上市公司住所、证券交易所，供社会公众查阅。信息披露文件的全文应当在证券交易所的网站和符合中国证监会规定条件的报刊依法开办的网站披露，信息披露文件的摘要应当在证券交易所的网站和符合中国证监会规定条件的报刊披露。

1.2　交互披露类

　　在社交媒体与互动平台方兴未艾、智能设备与 4G（the 4th generation mobile communication technology，第四代移动信息系统）/5G（the 5th generation mobile communication technology，第五代移动信息系统）网络广泛普及的互联网浪潮下，上市公司信息披露方式逐渐呈现出区别于传统模式的信息交流双向化、信息响应实时性、披露频率密集化、披露内容针对性、传播媒介便利化等显著特征，互动式信息披露成为实现上市公司与投资者之间"零距离"沟通的重要模式。信息市场因此出现重构：投资者由信息的接收者变为真正的需求者，直接向上市公司表达信息诉求；上市公司对信息的供给也直接受到投资者多维需求的约束与驱动。资本市场的正常运转和发展高度依赖信息系统，而互动式信息披露正广泛、深远地重塑资本市场主体决策赖以生存的信息环境，对资本定价和市场效率产生重要的影响。当前我国上市公司实施交互式的信息披露途径主要有举办业绩说明会、进行路演以及通过一些网络互动平台，如"互动易""上证 e 互动"等与投资者进行面对面的交流。

1.2.1　业绩说明会

　　我国的业绩说明会制度，是指上市公司在披露定期报告以后的一定时间段内召开报告说明会，以加强信息披露和投资者关系管理。这一制度最先应用于中小板，后又扩展至创业板，并逐渐延伸到沪深主板。深圳证券交易所 2004 年发布了《中小企业板块上市公司诚信建设指引》，第一次在政策文件中明确指出上市公司应该在年报财务报告发布后召开年度业绩说明会。之后发布《深圳证券交易所创业板股票上市规则（征求意见稿）》《深圳证券交易所创业板上市公司规范运作指引》等，对创业板上市公司召开业绩说明会也做出了具体要求。2013 年，上海证券交易所发布《关于推进上市公司召开投资者说明会工作的通知》，鼓励上市公司面向广大投资者召开各类说明会。

在业绩说明会上，上市公司对企业当前所处行业状况、发展战略、生产经营、财务状况、风险与困难及其他投资者关心的问题进行说明。业绩说明会是建立董事会与投资者良好沟通机制的有效手段，是投资者准确读懂定期报告、全面了解上市公司的重要渠道，也是提高上市公司治理水平进而提高上市公司质量的重要措施。

与国际资本市场上的盈余电话会议（earnings conference call）相比，中国 A 股市场的业绩说明会制度有以下三个突出的特点。第一，公开性。盈余电话会议的参与者主要是证券分析师，而业绩说明会不限制身份，任何投资者都可以参与。因此，业绩说明会的问题来源更广，问题的内容也会更加丰富。第二，随机性。盈余电话会议的部分问题可以在会议召开之前选择好。业绩说明会的问题却高度依赖实时互动中投资者的随机提问，因此上市公司管理层无法提前预知和准备，这大大地削弱了管理层在文本信息披露内容上的自由裁量权。第三，匿名性。盈余电话会议上的参与人和提问者必须公开自己的身份，这会增加很多提问人的顾虑。尤其对于专业机构的证券分析师来说，他们经常要和上市公司的管理层沟通，如果在电话会议上提出比较难以回答的问题，可能会不利于个人的职业生涯发展。业绩说明会的提问者却完全不用顾虑这个问题。所有的参与人只需要在全景网上注册一个账号即可，不需要在提问时公开自己的真实姓名和身份。因此业绩说明会的问题可能会更加刁钻，进而更可能挖掘出有关公司基本面的更深入的信息。以上这三个特点保证了业绩说明会的信息沟通质量会保持在一个相对较高的水平。现有文献也证明，中国 A 股上市公司业绩说明会中的信息确实具备信息含量，并为投资者的决策提供了直接的依据。

凭借公开性、随机性、匿名性等特点，近年来，业绩说明会被越来越多的上市公司所使用，成为管理层与投资者等广大信息使用者"面对面"交流沟通的新渠道，也被监管部门视为提高公司投资者关系管理水平和信息披露透明度的重要途径。中国上市公司协会的数据显示，全市场共有 3756 家上市公司召开 2020 年报业绩说明会，占披露年报公司总数的 87.41%。其中，上海市召开公司数量由 2019

年的 675 家增加到 1620 家，增长 140%；深圳市召开公司数量由 2019 年的 1851
家增加到 2136 家，增长 15.40%。此外，在举办业绩说明会的过程中，包括董事、
监事、高级管理人员在内的公司"关键少数"参与度较高，约有 3688 家公司董事
长、总经理出席会议，与投资者直接对话。在投资者互动方面，上市公司在业绩
说明会中共收到提问 102 349 条，平均每家公司收到约 34 条，公司回复率为
92.91%。创业板公司获得的投资者提问数量较多，其后依次是深市主板公司、沪
市主板公司、科创板公司。整体来说，在各方共同努力下，广大上市公司积极响
应，在召开业绩说明会数量、质量及效果等方面均取得显著提升。

　　如图 1-4 所示，中证中小投资者服务中心发布的《关于 2020 年度上市公司业
绩说明会的快速调查报告》显示，对上市公司在业绩说明会上公布的信息质量，
6.60% 的投资者认为完全满足自身需求，33.25% 的投资者认为基本满足自身需求，
29.82% 的投资者认为一般，13.98% 的投资者认为基本不能满足自身需求，16.36%
的投资者认为完全不能满足自身需求。结果表明，对于多数投资者而言，其信息
需求能够在上市公司召开的业绩说明会中得到满足。此外，调查显示，上市公司
的经营情况是业绩说明会上投资者最关心的事项，占比 50.92%；第二位是上市公
司的资产保值增值情况，占比 24.54%；第三位是公司治理情况，占比 20.05%；第
四位是董事、监事、高级管理人员履职情况，占比 1.85%；第五位是其他，合计
占比 2.64%。

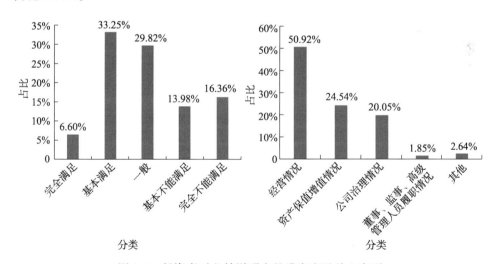

图 1-4　投资者对业绩说明会的满意度及关心事项
图中数据进行过修约，存在合计不等于 100% 的情况

　　业绩说明会的召开可以采用线上、线下或者线上线下相结合的方式，随着互
联网技术的不断发展，业绩说明会的形式也变得更加多样化，主要的创新形式有
如下三种。

（1）形式一：直播互动、中外双语业绩说明会。这类业绩说明会面向全球投资者，采用中英双语现场直播、配合中文和外文双语界面实现投资者与公司高管交流和互动。例如，中国平安（SH601318）等公司 2020 年的业绩说明会就采用这类模式。中国平安不仅举办年度业绩说明会，还在全景网积极落地了中期业绩说明会，实现了在关键窗口期保持与投资者紧密联系，荣获了中国上市公司协会授予的"2022 年 A 股上市公司 ESG 最佳实践案例"称号。

（2）形式二：企业宣传植入、PPT 讲演业绩说明会。这类业绩说明会实现了上市公司宣传、高管讲演与业绩说明会的结合，如科大讯飞（SZ002230）2020 年度业绩说明会在深圳证券交易所上市大厅直播举办，在这场活动中，科大讯飞将 PPT 宣讲、现场互动、"讯飞听见"产品等引入业绩说明会，形式别具创意、更加生动。例如，我爱我家（SZ000560）等公司的业绩说明会集成了广告宣传、PPT 宣讲、可视化财务数据解读、现场直播互动，覆盖全面、呈现立体，使投资者更直观和清晰地理解公司年报核心数据。

（3）形式三：业绩说明会与"云走进"上市公司有机衔接。该类业绩说明会与"云走进"上市公司紧密结合，在业绩说明会期间及之后开展有针对性的实地调研与媒体宣传。例如，百亚股份（SZ003006）、智飞生物（SZ300122）等公司的业绩说明会衔接了"云走进"视频，投资者通过直击上市公司生产一线，更加直观和详尽地了解上市公司经营概况和产业规划。

1.2.2　路演

路演最初是国际上广泛采用的证券发行推广方式，指证券发行商通过投资银行家或者证券公司的帮助，在初级市场上发行证券前针对机构投资者进行的推介活动。路演的主要形式为举行推介会。在推介会上，公司向投资者就公司的业绩、产品、发展方向等作详细介绍，充分阐述上市公司的投资价值，让准投资者深入了解具体情况，并回答机构投资者关心的问题。随着网络技术的发展，这种传统的路演逐渐搬到了互联网上，出现了网上路演，目前大多数上市公司新股发行、增发股票均采用网上路演的方式。图 1-5 为进行网上路演的流程。

图 1-5　进行网上路演的流程

当前国内网上路演的平台众多，主要包括全景路演、万得 3C 会议、上证路演中心等。以全景路演为例，全景网成立于 1999 年，先后打造了网上路演、投资者关系互动平台等中国证券市场创新服务。2016 年，全景网推出"全景路演"新平台，提供"路演直播+投资者互动+企业形象展示"三大核心功能，不仅融合了全景网上路演、投资者关系互动平台的传统特色，而且做了大幅度的服务延伸。截止到 2022 年 3 月 12 日，累计超过 8000 家企业和 500 家机构与全景网达成了合作，共举办了 36 027 场上市公司路演，321 场新三板公司路演，涵盖了 IPO（initial public offering，首次公开发行）路演、投融资路演、新品发布路演、重大事项路演等各类路演类型，作为中国的证券财经类独立 Web 站点，全景网数据信息储备已经累计超过 900 000 页。

不同于年报等的单向信息披露，路演的信息交流互动性更强，有利于投资者挖掘更多公司特质信息。已有研究表明路演能够为信息使用者提供增量信息，从而提高资本市场信息效率，如高管在 IPO 路演中的情绪反应及管理层在网上路演中"答非所问"的表现等都会对公司上市之后的业绩表现产生影响。

1.2.3　"互动易"和"上证 e 互动"

互动（interactive）是彼此相互联系、相互作用的过程。日常互动是指个人、群体和其他社会群体之间通过语言或其他方式传播信息，发生互相依存行为的过程。互联网中的互动通过投资者对信息的搜索、公司信息披露以及投资者访谈与研究三个方面进行创造和发展。目前常见的网络互动平台有"互动易""上证 e 互动"，这两个平台分别由深圳证券交易所和上海证券交易所推出，两个交易所都由中国证监会监督管理，所以这两个互动平台具有半官方属性。两个交易所都要求上市公司提供真实、合法、准确的信息。根据信息披露内容是否为上市公司的主观意愿，披露信息可以划分为相对应的两种类型：自愿性信息披露和强制性信息披露。"互动易"及"上证 e 互动"披露的内容都属于自愿性信息披露。

1. "互动易"

随着金融市场的成熟与发展，为了进一步推进资本市场的市场化改革，深圳证券交易所于 2010 年 1 月 1 日推出了上市公司投资者关系互动平台，于 2011 年 11 月 12 日对该平台进行升级，并正式改名为"互动易"，并于 2013 年发布了《关于深圳证券交易所上市公司投资者关系互动平台（"互动易"）有关事项的通知》等规定，平台建立的初衷是提高上市公司和投资者之间的沟通效率，帮助投资者将市场信息化繁为简，使投资者在信息获取、信息鉴别、与上市公司之间的互动交流方面更加容易。2014 年和 2015 年深圳证券交易所相继发布了"互动易"投资者手机客户端和公司端 App（application，应用程序）。投资者可以随时随地向上市公司发问，上市公司实现了多账户移动办公，可以用手机随时答复投资者的提问。"互动易"充分借鉴了微博的工作理念和信息传导方式，进入"互动易"可以看到问答、云访谈、综合咨询、投票四大版块。投资者可以随时向上市公司提出有关公司经营管理方面的任何问题,平台工作人员则会及时将问题筛选分类送达上市公司,并督促上市公司及时回复,从而实现对上市公司信息披露的有效补充。问答版块构建了普通投资者和上市公司沟通的渠道,开设目的是建立良好的互动关系,以减少市场信息不对称性,从而帮助中小投资者更好地了解资本市场。综合资讯版块(网页版)具体包括公司公告、公司声音以及调研活动三个部分,为投资者提供完善的信息服务。

2. "上证 e 互动"

为了畅通上市公司和投资者的沟通渠道,以互联网和信息技术的发展为契机,上海证券交易所于 2013 年建立了"上证 e 互动"网络互动平台。"上证 e 互动"类似于"互动易",同样拥有问答版块,投资者可以直接与高管进行交流,对管理层提出咨询和建议,管理层则有针对性地进行详细答复。"上证 e 互动"旨在引导和促进上市公司及投资者等各市场参与主体之间的信息沟通,构建集中、便捷、及时的互动渠道。

"上证 e 互动"并不局限于搭建一个沟通渠道,同时也开展了很多创新工作,具体包括如下内容。①邀请证券分析师和媒体记者作为"互动观察员",自主性发表评论和分享研究心得。②要求上市公司每月汇总发布机构调研和媒体采访等问答记录。③设立"上证 e 访谈"活动栏目,定期组织上市公司高管、证券分析师、行业专家或颇有心得的投资者,作为特约嘉宾进行访谈。④为上市公司分别建立公司专网,提供公司概况、公司公告、分红配股等公司资料以及行情信息,鼓励上市公司通过平台自主进行未达到法定披露标准的信息发布。

用户和上市公司使用功能对比如表 1-2 所示。

表 1-2　用户与上市公司使用功能对比

用户	上市公司
选择感兴趣的平台用户添加关注,自动接收关注对象的最新信息	查阅平台其他用户的提问和建议
查阅上市公司对其咨询和建议的反馈情况	在线答复平台其他用户的提问和建议
向上市公司提出咨询和建议	就有关热点问题予以统一解释和说明
查阅其他投资者对上市公司的提问及上市公司的答复情况	定期发布投资者来电来函、机构投资者调研、媒体采访等问答记录
收藏"上证 e 互动"上感兴趣的发帖	在线访谈,集中回答平台其他用户的实时提问,与各类投资者进行互动
参加在线访谈活动	编辑更新高管信息
查阅"上证 e 互动"上发布的其他信息	获取上市公司互动排名
上海证券交易所为注册用户提供的其他服务	

在《关于启用"上证 e 互动"网络平台相关事项的通知》中，也对上市公司进行了相应要求。①上市公司应当指派并授权专人负责按时查看本公司在上证 e 互动平台上接收到的提问和建议，并依照本通知的规定及时反馈和处理。②上市公司应当充分关注上证 e 互动平台的相关信息，重视和加强与投资者的互动和交流，对投资者提问给予及时回复。本所将根据上市公司对投资者提问的回复数量以及答复效率等情况，形成互动排名，并纳入上市公司有关考核指标。③对于投资者提问较多或者上市公司认为重要的问题，上市公司应当加以汇总梳理，并将问题和答复提交上证 e 互动平台的"热推问题"栏目予以展示。④上市公司通过上证 e 互动平台与投资者进行沟通，应当确保所发布信息的真实、准确、完整和公平，不得违反法律法规、行政规章以及本所业务规则关于信息披露的相关规定和要求。涉及已披露事项的，上市公司可以对投资者的提问进行充分、详细的说明和答复。涉及或者可能涉及未披露事项的，上市公司应当告知投资者关注上市公司信息披露公告，不得以互动信息等形式代替信息披露或泄露未公开重大信息。⑤上市公司不得通过上证 e 互动平台披露未公开的重大信息。上市公司通过上证 e 互动平台违规泄露未公开的重大信息的，应当立即通过指定信息披露媒体发布正式公告，本所将根据相关法律法规以及本所业务规则视情形采取监管措施和纪律处分。上市公司在上证 e 互动平台的披露行为不代替其法定披露义务，上市公司信息披露应以其在指定媒体披露的内容为准。⑥上市公司应当每月汇总投资者来电来函、机构投资者调研、媒体采访等问答记录，并通过上证 e 互动平台的"上市公司发布"栏目予以发布。⑦上市公司董事会应当保证上述文件的真实性、准确性和完整性。相关文件一旦在上证 e 互动平台刊载，原则上不得撤回或替换。上市公司发现已刊载的文件存在错误或遗漏的，应当及时刊载更正后的文件，并向上证 e 互动平台申请在更正后的文件名上添加标注，对更正前后的文件进行区分。⑧本所鼓励上市公司通过上证 e 互动平台定期举行"上证 e 访谈"，由公司董事长、总经理、董事会秘书、财务总监或其他相关人员与各类投资者公开进行互动沟通。⑨本所定期对上市公司信息披露及其他专项工作进行评价，并依据评价结果调整上市公司的监管分类。上市公司通过上证 e 互动平台与投资者进行沟通交流的情况，将纳入相关考核。①

投资者与上市公司可以通过在线访谈、首发交流会等实现互动。在此过程中，信息需求方能够参与公司的披露决策，而信息供给者也能充分了解外部的信息需求，这与传统的单向式披露模式存在显著差别。证券交易所会不定期对上市公司回答问题的情况进行检查，并将检查结果纳入信息披露考核体系，有研究表明该

---

① 《关于启用"上证 e 互动"网络平台相关事项的通知》中"本所"指上海证券交易所，"上证 e 互动"网络平台简称为"上证 e 互动平台"，即本书中的"上证 e 互动"。

项举措可以显著提高上市公司与投资者通过平台进行的互动程度，有助于信息披露质量提升。

3. "互动易"和"上证 e 互动"的信息特点

深圳证券交易所"互动易"和上海证券交易所"上证 e 互动"，是上市公司自愿性、交互式信息发布和进行投资者关系管理的综合性网络平台，是中国资本市场在互动式信息披露方面的重要制度创新。作为一种信息媒介，交易所网络互动平台具有以下特点。

（1）沟通形式规范、公平。在传统的投资者关系管理中，上市公司除现场接受调研外，主要采取电话沟通的方式维护投资者关系，在这种模式下，上市公司不但需每天应对重复的电话问询，而且极易造成沟通内容的随意性、片面性和易忘性。而"互动易"和"上证 e 互动"使上市公司从频繁的电话问询中解脱出来，对投资者关注的问题集中、统一在平台上予以正式的书面回答，疏通了上市公司与投资者的沟通渠道。以在线文字形式呈现的互动内容，可以被全体投资者甚至监管者获悉，这就保证了那些没有参加互动的投资者和监管者，可以通过上网用较低的成本迅速获得需要的答案和信息，通过观察平台的互动过程优化自身的信息行为，在获取信息上与机构投资者趋于同步，提高自身的信息能力。

（2）沟通语言通俗、易懂。上市公司披露的正式公告，格式较为统一、用语较为专业。对很多对行业背景不甚了解的投资者而言，这些信息比较晦涩难懂。通过"互动易"和"上证 e 互动"，上市公司可以使用更为通俗易懂的语言，简明扼要地向投资者解析问题，若投资者对问题仍然存有疑惑，上市公司可变换表达方式再次进行解答，直至投资者满意。由此可见，"互动易"和"上证 e 互动"为上市公司与投资者更加有效地、持续地沟通提供了便利，同时也向投资者传达了更加全面和易懂的信息。

（3）互动内容高质量、低噪声。"互动易"和"上证 e 互动"特有的制度背景能够保证互动内容的高质量和低噪声。交易所对上市公司在网络互动平台上发布的信息范围进行了限定，明确要求上市公司回答投资者提问时只涉及已披露事项，不得披露未公开的重大信息，其互动过程仅为上市公司根据投资者信息需要提供市场公开信息。证券交易所负责互动平台的后台管理，投资者和上市公司的互动过程受到交易所监督，能够有效保证互动记录的完整性和真实性，这使得互动平台使用者的信息获取行为不会受到诸如谣言等错误信息的干扰。

1.3 外部披露类

上市公司信息披露的外部途径主要包括传统及网络媒体披露、外部监管机构披露以及证券分析师披露等。与企业内部披露及交互类信息披露不同，在外部披露途径下，企业并不参与其中，投资者通过第三方对企业情况的分析报道获得企业信息，进行投资决策。多数第三方机构独立于上市公司利益体系，能够更加客观地分析公司经营情况，对企业的一些违法违规行为也能够及时报道披露，可以有效抑制企业为了自身利益而欺骗投资者的现象，保证信息的真实性。此外，当前我国证券市场中仍以个人投资者为主，这类投资者在专业知识水平及信息判断能力上与机构投资者差距较大，第三方机构对上市公司披露的各类报告内容信息进行解读，将其中复杂专业术语转化为通俗易懂的语言，传递给普通投资者，大大减少了投资者搜寻、处理市场信息的成本，使投资者能够及时全面地了解上市公司的情况，增强鉴别能力，进而做出正确的投资决策。

1.3.1　传统及网络媒体披露

1. 广播、电视媒体

随着科技的不断发展和居民生活水平的提高，广播及电视的人口覆盖率逐年上涨。统计资料显示，2020 年全国广播节目综合人口覆盖率为 99.38%，电视节目综合人口覆盖率为 99.59%，公共广播节目套数为 2932 套，公共电视节目套数为 3603 套。显而易见，广播与电视已成为当今社会中信息传播的主要渠道之一。

根据人民网研究院发布的《2020 年电视融合传播指数报告》和《2020 广播融合传播指数报告》，全国 34 家中央级、省级电视台网站 2020 年新闻报道量平均数为 43 636 条，比 2019 年增长 11%。平均原创新闻 18 193 条，原创率为 42%，每家电视台网站的新闻报道平均被 217 家媒体机构转载。监测的 37 个广播电台网站中，3 个中央级广播网站年平均新闻报道数量为 17.2 万条，7 个省级广播电台独立网站年平均新闻报道数量为 1.4 万条，其余 27 个省级广播电视台集团网站的年平均新闻报道数量为 5.6 万条。中央级、省级广播网站原创率均较 2019 年增长 10 个百分点以上，有较大提高。

在互联网技术高速发展的今天，各类新兴媒体层出不穷，但是广播电视的现场性、真实性和权威性等属性塑造了其在新型传播环境下的独特魅力和不可替代性。在社会信息披露、引导舆论等方面，广播电视媒体发挥着重要作用。以中央电视台每年举办的"3·15"晚会为例，"3·15"晚会始于 1991 年，每年确定一个主题，对企业侵犯消费者权益的行为进行披露，曝光企业名单。在"3·15"晚会播出的同时，监管部门对"3·15"晚会现场曝光的不法商家展开执法行动。相关部门结合曝光的消费侵权现象，现场发布相关权威信息。比如，2011 年 3 月 15 日，中央电视台新闻频道在其播出的"3·15"特别行动《"健美猪"真相》节目中，指出被喂有瘦肉精的生猪涉嫌流入双汇集团旗下济源双汇食品有限公司。节目播出后，舆论哗然，双汇发展股价应声大跌，到当天中午时已经跌停，短短几个小时双汇发展市值蒸发 52 亿元。同时，肉制品板块也纷纷下跌。据后期统计，从瘦肉精事件曝出至 2011 年 3 月底，双汇市值蒸发 103 亿元，影响销售额 15 亿元，直接经济损失超过百亿元，而给品牌伤害带来的损失，则无法估计。

2. 报纸媒体

报纸媒体是最早出现的大众传播媒体，属于传统媒体，具有传播结构单一（面对点传播）、专业性强、权威性高等特点。当前国内影响力较大的主流报纸媒体主要有《人民日报》《光明日报》《参考消息》《环球时报》等。以《人民日报》为例，作为我国权威的主流媒体，其话语的变迁体现着我国社会的发展与改革，在企业新闻报道和信息披露问题上具有代表性和权威性。如表 1-3 所示，根据国内舆情大数据分析公司北京市苗建信息咨询有限公司发布的资料，2020 年《人民日报》共有 1332 篇关于民营 500 强企业的报道，占全年整体发文量的 5.34%。在对民营企业的报道中，阿里巴巴以 206 篇新闻报道总量位居首位，华为、腾讯、京东、美团、苏宁、百度、快手、顺丰及拼多多进入前十位。在主体新闻报道方面，新闻数量最多的民营企业是华为，共 53 篇，阿里巴巴和腾讯分别以 50 篇、42 篇主体报道量位列第二、第三。报道民营企业的主体新闻有 52 篇出现在《人民日报》头版，覆盖全年 14.25%的头版；196 篇出现在要闻版，占主体新闻报道总量的 34.88%；98 篇出现在经济和消费版，占主体新闻报道总量的 17.44%；27 篇出现在科技版，占主体新闻报道总量的 4.80%；还有的出现在国际版、文化版、特刊以及两会等特别报道版。

表 1-3　2020 年《人民日报》报道数量最多的十家民营企业（单位：篇）

相关报道	阿里巴巴	华为	腾讯	京东	美团	苏宁	百度	快手	顺丰	拼多多
新闻报道总量	206	169	155	121	76	73	65	61	48	45
主体新闻报道量	50	53	42	34	22	29	22	11	11	23
提及报道量	156	116	113	87	54	44	43	50	37	22

此外，如表 1-4 所示，2020 年《人民日报》对民营企业共产生 12 篇负面报道，占 2020 年报道民营企业新闻总量的 0.90%。阿里巴巴因反垄断调查 3 次被提及，视频、短视频、贴吧及在线教育相关企业因"净网 2020"专项行动被集中提及。从负面报道话题看，反垄断、互联网环境治理等是主要报道方向。

表 1-4　2020 年《人民日报》对民营企业的负面报道情况

负面报道情况	阿里巴巴	康美药业	沙钢集团	三环集团	学而思网校	爱奇艺	bilibili	新浪	百度	华为
负面报道量/篇	3	1	1	1	1	1	1	1	1	1
负面提及率	1.46%	100%	33.33%	33.33%	11.11%	6.25%	4.76%	4.00%	1.54%	0.59%

根据中国证监会发布的《具备证券市场信息披露条件的媒体名单》,《金融时报》《经济参考报》《中国日报》《中国证券报》《证券日报》《上海证券报》《证券时报》,以及其依法开办的互联网站可从事证券市场信息披露业务。各家上市公司重要信息的首次披露、定期报告和临时报告等,必须在至少一家指定信息披露报刊上刊登。中国证监会、上海证券交易所和深圳证券交易所以及证券公司等市场参与者披露重大新闻或公布重要举措时,也需要这些财经媒体予以配合报道。

不可否认,随着科技的不断发展和短视频平台等新兴媒体的涌现,传统的纸质媒体受到了一定程度的冲击。但是,值得一提的是,与新媒体相比,报刊作为传统的老牌媒体,拥有专业的记者和编辑,会对相关信息进行总结和分析后再进行相关的新闻报道,在大众心中的可信度和信誉度更高。不同于短视频平台中的碎片式信息,报刊媒体对信息的披露更详细、更深入。此外,大多数电子媒体上收录的信息往往来源于权威的报刊媒体,电子媒体只是将其进行二次传播。

在企业信息披露及公司治理等方面,报刊媒体发挥着重要的作用。多数报刊媒体独立于证券市场行为,与各家上市公司的关系简单明朗。此外,敏锐的新闻嗅觉、得天独厚的信息渠道的优势等,都为新闻媒体发挥有效舆论监督作用创造了条件。以营利为目的的上市公司为了追求自身利益最大化,往往会出现在重大事项的问题上披露消极拖延、对一些非强制披露的信息选择不进行披露,更有甚者可能会出现违法违规行为,损害投资者的利益。上市公司向大众隐瞒的内幕信息往往是通过有关报刊媒体报道出来的,如三鹿奶粉事件。2008 年 9 月 11 日,《东方早报》一篇名为《甘肃 14 婴儿同患肾病　疑因喝"三鹿"奶粉所致》的新闻报道引起了国内乳制品行业的"地震",最终涉事公司在社会舆论和经营压力之下被迫重组。

3. 网络媒体

中国互联网络信息中心的数据显示,截至 2022 年 12 月,我国网民规模达 10.67 亿人,较 2021 年 12 月增长 3549 万人;互联网普及率达 75.6%,较 2021 年 12 月提升 2.6 个百分点;手机网民规模达 10.65 亿人,较 2021 年 12 月增长 3636 万人。

在互联网信息技术不断提高和网民规模持续扩大的情况下，我国网络媒体迅速发展，媒体融合进程加快，已经由 Web 1.0 时代发展至如今的 Web 3.0 时代，形成微信、微博、新闻客户端和官网（"两微一端一网"）的传播渠道格局（图 1-6），网络新闻媒体在新闻信息传播、网络舆情引导、社会公共事务等方面发挥着更加重要的作用。以网络媒体为载体传播的新闻具有快速、多面化、多渠道、多媒体、互动性强等特点，在视、听、感方面给受众带来全新的体验。《第 51 次中国互联网络发展状况统计报告》中显示，"截至 2022 年 12 月，我国网络新闻用户规模达 7.83 亿，较 2021 年 12 月增长 1216 万，占网民整体的 73.4%"。图 1-7 为 2018 年 12 月至 2022 年 12 月我国网络新闻用户规模及使用率情况。

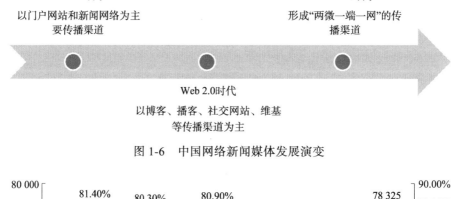

图 1-6　中国网络新闻媒体发展演变

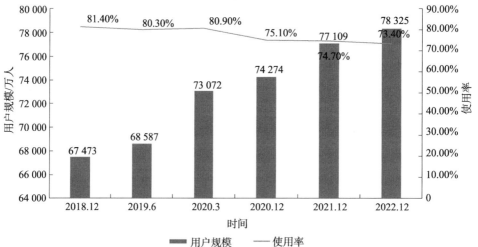

图 1-7　2018 年 12 月至 2022 年 12 月我国网络新闻用户规模及使用率情况

目前，我国网络新闻媒体包括中央媒体和商业媒体两大类，其中，中央媒体在用户影响力和信任度方面具有天然优势，商业媒体以其整合传播力在用户覆盖率和用户黏性上更具有优势（表 1-5）。

表 1-5　我国网络新闻媒体类型

项目	中央媒体	商业媒体
网络平台建设	加快探索与5G、人工智能等创新技术深度融合的模式	
重大事件的传播和引导	在重大新闻事件、突发事件、重大时政议题中的传播力、影响力、引导力优势更加明显	在事关日常生活、社会民生类的新闻事件中的传播力和整合力更为突出
受众吸引力	用户信任度高，但是用户覆盖率和影响力不及商业媒体	用户黏性较强（粉丝量较高），用户覆盖率相对较高
代表性媒体	人民网、新华网、央视网、光明网等	新浪网、腾讯网、搜狐网等

在金融财经方面，目前主流的财经新闻网有和讯网、新浪财经、东方财富网、网易财经、中国经济网、搜狐财经、金融界、全景网、中金在线、中国证券网、澎湃新闻、第一财经等，这些网站为投资者获取上市公司信息提供了便利。中证中小投资者服务中心 2018 年 8 月发布的《关于投资者信息来源、渠道的调查报告》显示，当前投资者主要的信息获取渠道为财经类网站或 App，占比为 57.8%；各类财经报纸、杂志，占比为 10.1%；电视、广播类占比为 10%，其余的占比非常低。其中，在财经类网站中，东方财富网占有绝对比较优势，超过 80% 的投资者选择其作为首要信息渠道。

东方财富网是隶属于东方财富信息股份有限公司的财经资讯门户网站，于 2004 年 3 月上线，提供 7×24 小时财经资讯及全球金融市场报价，汇聚全方位的综合财经新闻和金融市场资讯，覆盖证券、基金、期货、保险、信托、银行等财经综合信息。根据艾瑞咨询披露的数据，2022 年 1 月东方财富网–财经资讯的月度覆盖人数达 5990 万人，在国内财经类网站中遥遥领先。图 1-8 所示为 2021 年 2 月至 2022 年 1 月东方财富网的月度覆盖人数情况。

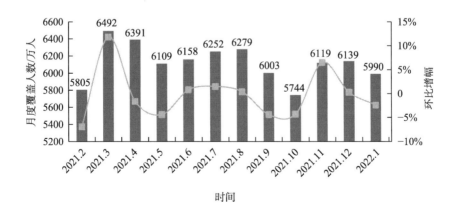

图 1-8　东方财富网的月度覆盖人数

1.3.2　外部监管机构披露

除了广播、电视、报纸、网络财经新闻等各类媒体的披露之外，外部监管机构同样也会对上市公司进行信息披露，这些机构包括中国人民银行、国家金融监督管理总局、证券交易所、中国证监会等。近年来，随着国内监管体系的改革和制度的完善，上市公司信息披露不断规范，但同样值得关注的是，部分上市公司仍存在一些违法乱纪行为，严重损害投资者利益，如在披露的年报中虚构业务、"业绩洗澡"、违规占用资金等。在这些违法行为的披露上，各类监管机构发挥着重要的作用。汇总整理中国证监会发布的处罚公告发现，中国证监会 2020 年全年做出行政处罚决定 339 件，其中，中国证监会行政处罚委员会做出处罚决定 106 件，各地方证监局做出的处罚决定 233 件（表 1-6）；2020 年全年罚没款金额 52.96 亿元，全年市场禁入 57 人。

表 1-6　2018~2020 年中国证监会行政处罚案件数量（单位：件）

项目	2020 年	2019 年	2018 年
行政处罚案件总量	339	304	310
中国证监会行政处罚委员会处罚数量	106	143	126
各地方证监局处罚数量	233	161	184

如图 1-9 所示，在各类处罚事件中，信息披露违法违规类案件共计 111 起。比如，康得新复合材料集团股份有限公司在 2015 年至 2018 年，通过编造虚假合同、单据虚增收入和成本费用，累计虚增利润 115 亿元；康美药业实际控制人、董事长等在 2016 年至 2018 年通过虚开和篡改增值税发票、伪造银行单据，累计虚增货币资金 887 亿元，虚增收入 275 亿元，虚增利润 39 亿元；獐子岛集团股份有限公司通过"寅吃卯粮"等方式虚增 2016 年利润、虚减 2017 年利润，致使连续两年财务报告严重失实。在 2020 年公布的 20 起典型案例中，信息披露违法违规类案例有 11 例，占比超过 50%，为 2018 年以来信息披露违法违规类案例占比最高的一年。内幕交易类违法案件处罚 118 起。其中，汪某元、汪某玲在获悉腾讯公司实际控制人即将间接入股健康元这一内幕信息后，在内幕信息敏感期内，买入"健康元"8863 万股，买入金额合计 10.08 亿元，非法获利 9.06 亿元，最终被处以"没一罚三"的处罚，罚没款合计高达 36 亿元。易见供应链管理股份有限公司筹划控制权变更过程中，内幕信息知情人胡某、李某将信息泄露给同学、同事、朋友等并引起再次传递，导致张某菊等 11 人因内幕交易被处罚。珠海格力电器股份有限公司 2017 年在二级市场举牌海立股份，持股比例达 5%，并有意成为其控股股东，相关内幕信息知情人要某等 6 人利用该内幕信息进行交易，均被处罚。

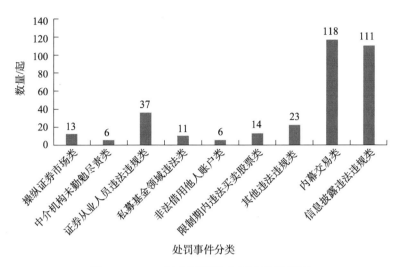

图 1-9　2020 年中国证监会行政处罚情况

此外，处罚操纵证券市场类案件 13 起、中介机构未勤勉尽责类案件 6 起、证券从业人员违法违规类案件 37 起、私募基金领域违法类案件 11 起、非法借用他人账户类案件 6 起、限制期内违法买卖股票类案件 14 起以及其他违法违规类案件 23 起。

1.3.3　证券分析师披露

证券分析师又称为财务分析师，是指那些提供专业投资分析报告，发掘公司价值，向投资者提供有效投资建议的专业人士。由他们提供的投资分析报告就是分析师报告。证券分析师通过获取上市公司公开发布的信息、自身与管理层沟通所掌握的非公开信息以及其对公司所处行业的分析和对宏观经济形势的判断，对某一上市公司的发展前景、业务盈利能力进行预判，形成分析报告对外公布。

证券分析师的研究报告分为许多类型，包括个股研报、行业研报、宏观研究、盈利预测、策略报告、券商晨会等。其中，证券分析师针对公司层面的研究报告主要分为深度报告、调研报告、动态报告及业绩点评报告（表 1-7）。

表 1-7　不同类型研究报告比较

报告类型	内容	信息含量	投资者关注度	及时性
深度报告	证券分析师在对公司全方位的调查研究之后，全面深入阐述公司投资逻辑的报告，深度报告一般都在二十页以上，其信息全面、质量高，充分体现了研究员对公司的投资逻辑	丰富	高	较高
调研报告	一般是证券分析师在对公司进行现场调研、管理层沟通、专家访谈以及草根调研之后撰写的报告，包含了证券分析师所获取的第一手信息，信息质量高	较丰富	高	高

报告类型	内容	信息含量	投资者关注度	及时性
动态报告	一般是指行业政策、突发事件或者宏观经济政策的发布对上市公司股票产生的具体影响的事件评论报告,与业绩点评报告相似,由于都是针对公开事件的点评,证券分析师并未给投资标的带来独特的信息增量,信息的质量低于深度报告与调研报告	一般	一般	一般
业绩点评报告	一般在上市公司发布定期报告之后发表,多为上市公司定期财务报表的点评。由于业绩点评报告是证券分析师针对定期报告的解读,其信息获取的时效性与机构投资者、普通投资者相一致,对于证券分析师来说,公司定期报告提供的信息是对其之前的盈利预测的反馈,业绩点评报告提供的信息质量低于调研报告及深度报告	低	低	高

根据东方财富 Choice 数据发布的《2020 年券商研究实力排行榜》,2020 年全年,国内 88 家券商共 4269 位分析师发布了 166 808 份研报,共覆盖 2430 家 A 股上市公司。按季度来看,2020 年二季度发布研报 45 754 篇,产出总量在四个季度中居首位,而一季度、三季度和四季度则分别同比下滑 5.01%、1.4%、5.42%。

统计显示,行业研究是券商研报产出最多的领域,2020 年全年共产出 107 417 份研报,其阅读量也居于首位,高达 7 677 359 次。策略研究次之,共发布 13 118 份研报,阅读量达 862 500 次,居于末端的是金融工程,产出研报 4464 份,总阅读量为 212 790 次,其覆盖的券商也仅有 46 家(表 1-8)。

表 1-8　2020 年券商发布研报情况

研究领域	券商数量/家	2020 年研报总量/份	2020 年研报阅读量/次
宏观研究	70	8 023	354 710
策略研究	81	13 118	862 500
金融工程	46	4 464	212 790
固定收益	60	9 768	235 524
行业研究	74	107 417	7 677 359

1.4　社交媒体平台

1.4.1　微博

2010 年被誉为微博元年,中国互联网界迈入了"微时代"。根据微博 2021 年第三季度财报,截至 2021 年 11 月,微博月活跃用户达 5.73 亿人,月活跃用户中来自移动端比例达到 94%;日活跃用户达到 2.48 亿人,日活跃用户规模同比净增 2300 万人,同比增量是近 6 个季度最高。微博 2021 年第二季度整体营收达到 5.745 亿美元,同比增长 48%。2021 年第三季度财报显示,微博营收 6.074 亿美元,同比增长 30%,广告营收达 5.376 亿美元,同比增长 29%。

光线传媒、光明乳业等上市公司于 2009 年首先注册官方微博，随着微博平台的发展且不断完善，越来越多的上市公司开通微博。截止到 2021 年底，共有 1751 家上市公司开通官方微博。

已有研究表明，治理水平较高的公司更愿意开通微博并发布更多的内部信息，外界媒体对上市公司影响巨大，公司高管也重视媒体对公司的报道，公司为了自身发展，往往会利用微博来宣传企业和维护自身声誉，通过微博来披露一些信息，尤其是未经公司正式公告披露的信息以及经营活动策略类信息，当有不利消息时，公司可以通过微博起到对冲作用，将负面影响降至最低。

以光明乳业为例，截止到 2022 年 1 月，光明乳业一共发送 13 800 余条微博，内容丰富多样。据此可以对上市微博内容进行分类，共划分为 12 类信息，具体如下：经营业绩、融资（股权和债权）、市场营销、企业研发、企业新产品发布、企业投资类（包括投资新项目、战略合作等）、声誉类（企业声誉、企业家声誉、员工声誉全包含在内）、社会责任、企业文化建设、政府及政策相关类（国家政策、行业政策、政府人员到企业视察等）、所有制改革或公司治理类（包括管理层人员变动、所有制改革、公司澄清等）和其他。但是投资者并非接收所有微博信息并做出反应，只有在公司透明度较高、发布信息质量较高，并且微博信息内容具有价值的情况下，公司层面信息才能通过微博有效地传递给投资者，从而影响资本市场。

风险程度往往会决定上市公司信息披露方式的选择，公司会根据自身状况来选取披露方式，具体表现为“激进型”和“稳定型”两种策略。

（1）“激进型”披露：官方利好+微博利好，即公司的官方平台和微博同时披露利好消息，官方平台的强制性披露和微博的自愿性披露可以向投资者传递积极乐观的消息。“激进型”披露适用于应对较高风险，公司采取这种披露方式可能会导致推迟发布不利消息倾向或者披露信息的真实性难以保证，尽管这种方式可以在短期内提升公司股价，但从长远看并无益处，且受中国证监会处罚的可能性较高。

（2）“稳定型”披露：官方利空+微博利好，即公司会提前在微博发布利好消息，随后在官方平台发布利空消息，利好消息和利空消息会产生对冲作用，从而起到稳定股价的作用，在避免被中国证监会处罚的同时也达到稳定股价的目的。这种方式通过改变信息披露的时间，使公司利好和利空消息发生对冲，以达到特定的披露目的。

研究表明，上市公司在没有信息可披露的情况下，可能会通过信息披露渠道及信息披露方式组成的信息披露操纵手段来对冲风险。其中，信息披露渠道是指进行披露的媒体，当上市公司个体投资者的比例较高时，上市公司更有可能采用微博操纵信息披露；信息披露方式分为“激进型”披露和“稳定型”披露两种，信息披露方式的选择取决于上市公司面临的风险程度。表 1-9 为上市公司信息披露行为及其决定因素。

表 1-9   上市公司信息披露行为及其决定因素

信息披露方式	特点	公司信息披露特点	风险	成本	收益	披露效果
"激进型"披露	官方利好+微博利好	没有可披露的信息	高	高	高	短期提升股价
"稳定型"披露	官方利空+微博利好		低	低	低	短期稳定股价

微博作为重要的社交网络平台，同样存在很多大 V 自媒体账号，这些大 V 通过发表内容而对粉丝想法或者行为产生影响，大 V 的存在拉近了和个体之间的距离，加强了对他人的传播和影响力。很多金融界大咖和知名上市公司的高层也活跃于微博上，其在与粉丝分享生活点滴的同时，也会发表与上市公司相关的各类言论。目前，微博财经方面的大 V 涵盖各个类型：财经媒体、学者、财经类网站、职业投资人、财经博主、股票相关软件应用、财经评论人等。

投资者可以关注上市公司微博大 V 发言，重点关注其内容是否与改善公司的业绩预期相关，如公司大战略上的变化，高层最新的关注点、思想上的变化等。如果大 V 在法规许可范围内，透露对行业趋势的看法，那么投资者可持续关注，并且提炼有用信息。2021 年 5 月就有某微博大 V 爆料某上市公司与盘方合谋进行市值管理、"坐庄赖账"等情况。对此，中国证监会高度重视，2021 年 5 月 13 日，上海证券交易所即启动排查相关账户，并于当日下午向公司发出《监管工作函》，要求公司进行自查，并如实披露相关情况。

1.4.2   微信公众号

截至 2021 年 6 月，我国网民使用手机上网的比例达 99.6%。根据腾讯公布的 2021 年财报，微信及 WeChat 的月活跃合并账户为 12.68 亿个。与其他媒体形式相比，新媒体是最受企业欢迎的营销推广渠道，其中微信使用率最高。微信公众平台于 2012 年 8 月正式上线，是主要面向媒体、企业等机构的自媒体服务平台，自从其上线以来，各个公司积极注册。相比于微博，微信公众号可以使投资者更直接、更高效地收到信息，使信息单项环状私密传播，同时包含更少的噪声信息，此外，微信公众号的"阅读量"可以直接反映投资者对市场、上市公司的关注度，关注度越高，信息对使用者的效用价值越大，从而吸引力越大，影响越大。

以伊利微信公众号为例，伊利第一条推文发表于 2014 年 5 月 2 日，标题为《"舌尖上的牛奶"之记忆篇》，内容与公司披露信息无关，为其他类信息（非公司披露信息）。上市公司微信公众号发布的信息往往是其他类居多，这说明公司注重与消费者的交流，同时向外界传播公司良好的社会形象。其次是经营活动及策略信息，上市公司往往会通过多种渠道进行产品营销，因此会发布大量关于产品咨询的推文，投资者可以由此了解公司经营状况，获得判断公司价值的重要信息。其他类与经营活动及策略信息都为自愿性披露信息。此外，还有公司公告正式披露的内容。除上述三类内容外，微信公众号还推送业绩成果和发展历程信息。

从时间维度上看，微信公众号会在不同时间段发布推文，有学者研究了上市公司利用微信公众号推文对公司进行信息披露对市场产生的影响，研究发现，上市公司在下午股票交易收盘后的 3 小时内发布新推文的频率最高。

总的来说，上市公司微信公众号的推文有以下特点。

第一，推送的信息内容涉及多个方面，不仅包括公司业绩、经营活动及策略等可能影响投资者决策的信息，还包括大量的员工事迹、公益活动等无关信息。

第二，推送的信息内容具有非重大性。根据法律法规的要求，上市公司的重大信息需要先通过监管部门指定的媒介进行披露，在此之前不能通过其他渠道进行发布。因此，上市公司通过微信公众号披露的信息往往是一些非重大信息，但是这些信息同样能够带来信息增量，对资本市场产生影响。

第三，其他类信息数量最多。这类信息并不能帮助投资者了解更多的公司特质信息，但是对于加强与消费者交流，提高消费者黏性有关键作用。

1.4.3　股吧

股吧是东方财富信息股份有限公司旗下的股票投资者交流投资心得的互动社区，于 2006 年上线。短时间就成为具有较大影响力的社交媒体平台，根据深圳证券交易所发布的 2010 年个人投资者状况调查报告，有 35% 的投资者关注互联网"股吧"、论坛以及博客来获取市场信息。截止到 2021 年，股吧共有 565 232 个主题，并含有个股吧、主题吧、行业吧以及概念吧四大版块，个股吧共 58 314 个，主题吧共 44 个，行业吧共 86 个，概念吧共 343 个，共计 58 787 个吧。同时，股吧还设有资讯、研报、问董秘以及大家谈等模块，用户可通过多种形式进行互动。从 2008 年到 2020 年，股吧共存在 11 682 175 条帖子，如图 1-10 为各年股吧股民发帖量，可以看出股民发帖量呈递增趋势。

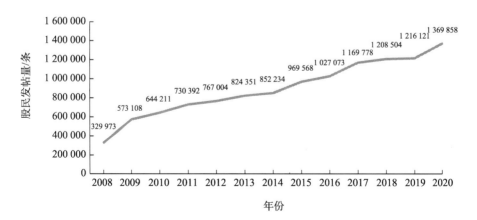

图 1-10　各年股吧股民发帖量

资料来源：根据中国研究数据服务（Chinese Research Data Services, CNRDS）平台的数据库统计整理

进入股吧页面，可以看到"全部""热门""资讯""公告""研报""问董秘"六大版块。"热门"版块主要是从财经评论吧、股市实战吧等热吧中汇总的一周内的热点帖子；"资讯"栏的内容主要是沪深交易所、中国证监会、上市公司近期的焦点事件和新闻等；"公告"和"研报"栏则是上市公司向股民们进行披露的内容，即当日新发的公告和行业研究报告。

"问董秘"版块是股吧于 2016 年开设的，是一种类似于"互动易"和"上证 e 互动"的互动交流版块，"问董秘"构建了普通股民和上市公司沟通的渠道，股民可以对上市公司管理层进行提问，而管理层可以对股民提出的问题进行回复从而实现对法定信息披露内容的补充。"问董秘"版块的不同之处主要有下述四个方面。

（1）信息的产生方式不同。股吧其他版块的信息是投资者生成的，而"问董秘"的信息是投资者与上市公司官方一起生成的。

（2）信息含量和情绪不同。因信息产生的渠道不同，相比于股吧其他版块中投资者之间的讨论、分析以及情绪的发泄，"问董秘"版块的输出信息来源于上市公司官方董秘回答，因此更为理性，噪声较小。

（3）信息的内容不同。相比于其他版块有关于股市的概况分析和预测，"问董秘"的信息内容更多围绕的是股票对应公司的经营状况、财报、投资战略或者重要事件，针对性更强。

（4）信息的传播方式不同。作为股吧里唯一的互动交流平台，投资者可以在"问董秘"版块进行发帖提问，向上市公司询问信息或发表意见，而公司方的董事会秘书则会在短时间内对问题进行逐一答复，真正意义上建立起了投资者和公司间的直接联系。相比于关键词搜索和浏览这样的单方面的获取行为，"问董秘"实现了投资者和公司以及和其他网民间信息的双向互动。

"问董秘"版块不断发展壮大，其价值和作用被越来越多的用户认可，目前用户访问量、发帖量和阅读量等数据都显示出高增长的态势，其包含的可研究信息也越来越丰富。

此外，股吧还根据现行法律法规为用户制定了相应规范，用户在股吧不得故意编造并散播影响证券、期货等交易或其他扰乱金融秩序的虚假信息，我国于 2013 年 9 月，发布了《关于办理利用信息网络实施诽谤等刑事案件适用法律若干问题的解释》，发布的虚假信息被转发次数达到 500 次以上的可以被判刑，可追究发帖人刑事责任，这一举措增加了在社交媒体上发布虚假信息的风险和成本。股吧积极响应政策，对涉嫌发布虚假信息的用户进行不同程度的处罚。这一政策的出台，可以使股吧的资本市场惩戒和监管风险行为更加可信，已有研究表明，股吧内容的信息质量提升可以威慑企业内部管理者，使其在进行盈余管理等企业会计报告相关的信息披露时更加规范，减少损害股东利益的行为。

　　上市公司在官方途径披露的信息无法及时传达或无法提供投资者所需要的全部信息，或者投资者不能鉴定信息的真假，因此股吧对我国上市公司进行信息披露具有如下特点。

1. 提高信息披露的及时性

　　已有研究认为信息披露需要成本，公司会在成本和收益间进行权衡以决定是否发布信息。由于互联网技术的发展，投资者可以在第一时间了解到上市公司的相关信息，从而保证了信息的及时性。在重大事项的临时报告披露上，上市公司往往存在消极被动或拖拉递延的倾向，而现有披露体系不能很好地遏制这一倾向，不能满足投资者的期望。九九久（SZ002411，自 2016 年 3 月 4 日起由"九九久"变更为"必康股份"，公司证券代码不变，仍为"002411"）曾在重大报告方面存在拖延现象，九九久公司于 2010 年 8 月 23 日通过《关于使用部分超额募集资金投资建设年产 400 吨六氟磷酸锂项目的议案》，但是这个议案中提到的项目早就有人在股吧发表过，甚至其合作方中国矿业大学材料科学与工程学院于 2010 年 4 月底就已在学院网站上披露了项目开工的新闻，九九久却在 4 个月后才发布这条公告。

2. 提高信息披露的真实性

　　由于股吧的特性，股民在非政治沟通方面面临的限制较少，投资者可以对公司的财务状况、公司公告等信息进行讨论，提出疑问。《上市公司信息披露管理办法》规定上市公司的董事、监事、高级管理人员应当忠实、勤勉地履行职责，保证披露信息的真实、准确、完整，信息披露及时、公平。但上市公司在实际信息披露过程中，为了维护公司声誉，披露的信息并不完全真实，如上市公司在临时报告的披露中忽略掉对公司不利的消息或者对公司经营前景做出不正确的预测等。股吧的存在可以迫使上市公司尽可能保证披露信息的真实性。

1.4.4　雪球

　　雪球成立于 2010 年，是北京雪球信息科技有限公司旗下推出的投资者社区。雪球一直致力于为中国投资者提供跨市场、跨品种（股票、基金、债券等）的数据查询、资讯获取和互动交流以及交易服务，打造了一个具有强大互动性的投资交流平台。

　　雪球相对于股吧来说比较小众，但雪球同样存在大量证券从业人员、上市公司的董秘、公私募基金管理者、公司高管董秘等。他们收集和生成的大量优质内容成为雪球的核心竞争力，而他们所拥有的数万名甚至数十万名粉丝，则大大增强了这些优质内容的影响力。许多专业人士已成为各自领域内的"意见领袖"，引领社区内部的舆论导向。图 1-11 为雪球的主要内容。

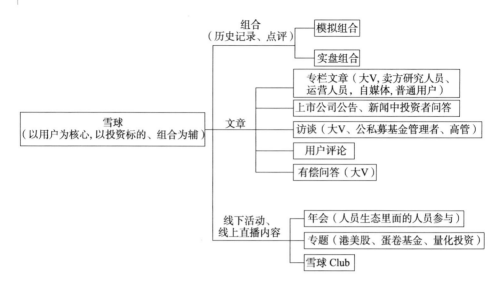

图 1-11　雪球的主要内容

　　雪球包括讨论、交易、资讯、公告以及研报五大版块。用户在雪球上的主要交互方式为发帖讨论，用户可以在注册获得账号之后，通过个人主页来发布帖子与其他用户交流经验和信息。这些帖子包含两类，即普通帖子和专栏文章。前者大多是用户的投资随笔或转帖内容，其发布的字数和内容均不受限制；后者要求原创性、高质量、连载性，其内容和字数均由平台审核把关。用户可以分享自己对市场的理解，发表自己对个股的判断。用户可选择点赞或转发其认可的帖子，如果用户对帖子观点存在疑惑或者持有与发帖人相左的观点，可以通过在评论区留言与发帖人进行深度讨论。这些信息的特点是碎片化和模糊性，用户获得的往往是他人零散的观点或一些模棱两可的判断。

　　上市公司可以在资讯、公告两个版块里披露公司相关信息。用户可以在讨论版块就上市公司的信息及投资经验等内容进行交流。

　　证券分析师撰写的研报对于上市公司信息披露也有一定的帮助，投资者可以从研报版块获取到上市公司的相关信息。同时雪球里的大 V 经常发布一些专栏文章，对一些公司进行分析，从而帮助投资者更好地了解公司，降低信息的不对称性。

　　雪球还开设了"雪球访谈"版块（图 1-12），平台定期邀请业内大咖对各种投资话题进行独到的分析，用户可在访谈期间向嘉宾自由提问，访谈功能将雪球上的互动关系由平台用户之间的互动扩展为平台用户与平台外投资专家之间的互动，从而提高了知识交换的广度和深度，业内人士可以帮助用户了解到上市公司的一些行情信息。

图 1-12　"雪球访谈"版块

资料来源：雪球官方网站

　　雪球为了迎合投资者对信息的需求开发了诸多特色化功能，如投资组合、实时晒单等。投资组合能够实时显示组合管理人的调仓记录，并能够对超过 10 万个组合的收益进行实时排名。实时晒单则将用户真实的股票账户与雪球账户绑定，用户能够实时分享自己的实盘操作。这些特色功能不仅使信息传递途径更加丰富，也使投资者能够在分享的同时获取到更加结构化，具有明确指向性的信息。

　　雪球充分体现了网络社区的特点：依靠用户制造内容，交互性更强。同时，它还能够提供多样化的信息呈现方和更专业、更优质的内容，在同类社区中具备较强的竞争力。虽然雪球目前的受众远小于东方财富等知名网站，与传统的综合性社区如微博等也存在一定差距，但随着互联网技术的进一步普及，独具核心竞争力的雪球在未来仍具有相当大的发展空间，对投资者和股市的影响力不容小觑。

1.5　短视频平台

　　短视频是指在各种新媒体平台上播放的、适合在移动状态和短时休闲状态下观看的、高频推送的视频内容，时长几秒到几分钟不等。内容融合了技能分享、幽默搞怪、时尚潮流、社会热点、街头采访、公益教育、广告创意、商业定制等主题。由于内容较短，可以单独成片，也可以成为系列栏目。中国互联网络信息中心《第 48 次中国互联网络发展状况统计报告》显示，"截至 2021 年 6 月，我国网络视频（含短视频）用户规模达 9.44 亿人，较 2020 年 12 月增长 1707 万人，占网民整体的 93.4%。其中短视频用户规模为 8.88 亿，较 2020 年 12 月增长 1440 万人，占网民整体的 87.8%"。图 1-13 为 2018 年 6 月到 2021 年 6 月短视频用户规模及使用情况。

图 1-13 2018 年 6 月至 2021 年 6 月短视频用户规模及使用情况
资料来源：《第 48 次中国互联网络发展状况统计报告》

目前流行的短视频平台有抖音、快手以及西瓜视频等。近年来，信息披露的新形式不断涌现，许多公司都会在短视频平台开设官方账号将自己公司的各种信息以视频的形式发布。许多公司会在平台发布一些关于公司经营活动及策略信息，对公司的产品进行营销，投资者可以通过观看相关视频了解公司经营状况并判断公司价值。但是相比于其他媒体渠道，短视频官方账号发布公司年度报告等法定披露信息内容较少。

总的来说，短视频相比于公司其他信息披露渠道具有如下特点。

1. 便捷式：碎片化传播

互联网的存在为短视频的传播提供了便利条件，这使得投资者观看上市公司发布的视频变得更为便捷，也顺应了新时代用户快节奏阅读信息的趋势，同时也填补了用户碎片化的时间。此外，短视频的碎片化传播能够实现在有限的时间内最大限度地传递有效信息，相比起微博、微信公众号等长篇文章，投资者可以在短时间内接收短视频的全部信息，对于经营策略类信息，公司以视频的形式披露相关信息可以使营销效果最大化。

2. 社交化：跨平台传播

投资者接收到公司披露的信息之后，投资者可能会将此信息分享给他人，由于粉丝效应，收到分享的人可能会继续传播给他人。投资者可以根据个人喜好对短视频内容进行选择性传播，经过多个主体传播后最终实现短视频的裂变传播。目前，诸如抖音等短平台支持微信、微博、QQ 等社交软件账号授权一键登录，用户可以将抖音平台的短视频一键转发至相关联的各个社交软件平台，从而实现信息的跨平台传播。

3. 强互动：有效的沟通

目前，抖音、快手等平台均具备很强的互动性，除了跨平台交流互动，短视频平台内部也可以实现较强的互动，实现用户之间的有效沟通。在短视频平台内部，投资者可通过在上市公司或者其他用户发布的视频下留言或发送私信，与短视频创作者进行互动。投资者还可通过对短视频的点赞、分享、收藏，留下自己的浏览痕迹。此外，短视频平台还存在诸多权威财经媒体或者发布财经相关内容且拥有较大数量粉丝的大 V，上市公司的很多非强制性信息是通过这些账号进行披露的。例如，2021 年 11 月 12 日，康美药业因虚假陈述赔偿投资者损失 24.59 亿元，根据中国证监会的调查结果，康美药业 2016~2018 年的财务数据都存在虚假披露的问题，康美药业 2018 年的公告中非监管信息占 3.2%，其余全部为强制性披露的信息。在 2016~2018 年这三年间，快手平台很多账号对该公司的产品研发等非强制披露的信息进行报道。投资者难以在官方的信息披露中获取相关公司产品研发、日常经营情况等非强制性披露的信息，也正是因为这一类非强制性披露信息的缺少，投资者也难以对公司披露的有关核心财务信息进行真实性的判断，在这种情况下所做出的投资决策是被动的。根据《上市公司信息披露管理办法》第二十四条，"在前款规定的时点之前出现下列情形之一的，上市公司应当及时披露相关事项的现状、可能影响事件进展的风险因素：（一）该重大事件难以保密；（二）该重大事件已经泄露或者市场出现传闻；（三）公司证券及其衍生品种出现异常交易情况"。例如，众兴菌业在 2021 年 10 月 15 日发布公告称，终止收购贵州圣窖酒业集团有限公司股权。公告显示，2021 年 8 月 25 日公司决定终止这次收购，后双方多次沟通协商，就终止相关事项达成一致。在 2021 年 8 月 27 日，有 3 名投资者在深圳证券交易所互动平台上询问"抖音上出现公司收购圣窖酒业失败的消息请问是否属实"，众兴菌业均回复"以指定信息披露媒体上披露的公告为准"。但是在这之前，抖音已有多个个人用户透露出公司收购失败信息，这个信息或早已泄露，然而众兴菌业却并没有及时回应此事件。因此，当上市公司未能及时披露相关信息时，投资者也可以通过平台上的大 V 或者一些个人用户了解相关信息。

参考文献

陈昊田. 2011. "股吧热"对完善我国上市公司信息披露制度的启示. 新会计, (8): 13-15.

郭彬彬. 2022. 新媒体时代下的短视频营销模式探究: 以抖音为例. 传播与版权, (2): 58-60.

黄宏斌, 于博, 丛大山. 2021. 经济政策不确定性与企业自愿性信息披露: 来自上市公司微博自媒体的证据. 管理学刊, 34(6): 63-87.

邱冬阳, 何金珂. 2020. 上市公司微信公众号信息披露的市场效应研究: 以浦发银行为例. 重庆理工大学学报(社会科学), 34(9): 33-46.

唐洋, 刘美玲, 吴昊, 等. 2022. 规范上市公司自媒体信息披露行为研究: 以科陆电子微博为例. 会计之友, (4): 32-38.

王雅琳. 2019. 投资者关注度对中国股票市场的影响: 基于东方财富股吧"问董秘". 天津: 天津大学.

伍韵. 2016. 财经网络社区对投资者行为影响的调研报告: 以雪球网为例. 杭州: 浙江大学.

赵杨, 赵泽明. 2018. 互动式信息披露: 文献回顾与研究展望. 科学决策, (11): 74-94.

第 2 章

媒体报道的公司治理机制研究

2.1 媒体报道的公司治理机制

媒体报道通常可以通过三种途径来发挥公司治理的作用：第一，媒体报道会引起政府的注意，政府可以通过对公司的违规行为进行处罚，或对相关政策法规进行完善与改革等手段进行介入。第二，媒体能够影响公司管理层在股东和未来雇主心中的声誉与形象，股东和未来雇主心中的声誉与形象将直接影响管理层的地位及收入。第三，媒体可以塑造管理层在社会上的公众形象，从而使其遵循社会道德规范来约束自身行为。第一种途径表明，媒体能够通过影响行政部门来发挥治理作用，显示了行政介入的重要性；第二种和第三种途径表明，媒体能够影响公司管理层的声誉，显示了声誉机制的作用。大量研究围绕这些途径（机制）展开，证实了媒体虽然不直接参与到公司治理中来，但会通过行政介入和声誉机制等途径来发挥外部治理作用。

2.1.1 行政介入机制

媒体的传统监督机制是指，媒体报道增加了公司治理问题被监管部门发现的概率以及监管部门介入的可能性，媒体通过引起监管部门的介入而发挥公司治理功能。因此媒体的行政介入机制一般也被称为传统监督机制。具体来说，行政介入机制通过两种路径发挥作用，一是司法部门的介入，二是行政部门的介入。

基于我国资本市场特殊的制度背景，媒体的治理作用借助政府这一"路径"最容易发挥到极致。研究发现，只有在政府及相关行政主管部门介入的情况下，媒体才能显著减少企业高管存在的天价薪酬现象，纠正不合理的薪酬水平，这一结果也进一步证实了媒体对上市公司高管薪酬水平的纠正作用，是通过引起行政介入的方式来发挥的（杨德明和赵璨，2012）。在上市公司的违规治理中，媒体报道能够有效挖掘出公司丑闻，发挥市场监督的积极作用，分析显示有接近四分之一的公司违规处罚事件早在事发前就已经有媒体开始跟踪报道了。由于国有股权在中国国有控股公司的所有权结构中占比较大，媒体对这类公司的治理作用往往不是依靠声誉机制实现的，也就是说，声誉机制对处于转型期的中国国有控股公司企业高管的约束作用有限。在民营企业中，企业经理人市场尚不完善，职业经理人市场评价还在摸索，经理人市场存在较为明显的漏洞与缺陷，有待进一步完善。在这样的市场大环境下，媒体发挥公司治理作用的机制往往不是声誉机制，更多的是通过行政介入手段施行更加有效的监督治理行为。对于国有企业而言，媒体关注引起行政介入，国有企业高管的政治前途势必会受到影响；对于民营企业而言，民营企业为了保持与政府的关系也会积极配合行政部门介入，改正违规行为。

比如，在葵花药业信息披露事件中，当澎湃新闻曝光葵花药业原董事长关某涉嫌故意杀人已被批捕的消息后，深圳证券交易所下发关注函，要求上市公司就"是否存在应披露信息未披露或披露不及时的情形"做出说明，中国证券监督管理委员会黑龙江监管局也对葵花药业展开深入调查，这些行政监督部门的介入在事件处理过程中起到了积极的治理作用。国企高管由行政组织任命，他们的政治前途会受到由媒体曝光所引起的行政机构介入的影响；民企高管虽然不由政府任命，但是其存在和发展依赖于政府的支持，与当地政府的关系是民企的重要资源。民企与政府的关系会受到由媒体曝光所引起的行政机构介入的损害，因此媒体报道能够促使民企改正违规行为（李培功和沈艺峰，2010）。在地方政府干预程度较高的地区，政府对当地的上市公司有较强的袒护意愿，政府对媒体报道的直接或间接干预程度大大增加，进而导致媒体的监督职能被扭曲、治理作用被削弱。媒体报道会为政府和债权人等外部人提供企业信息，如果一家公司被社交媒体曝光负面信息甚至出现严重的公司丑闻，将会受到政府监管机构的严重规制和惩处，其今后的融资成本会大幅提升。

除此以外，有研究发现，媒体的负面报道能够促使公司更换审计师，而政府干预能够显著提升媒体的监督效果，从而证实了政府干预的重要价值（戴亦一等，2013）。有学者从审计契约的角度出发，证实了只有在法律环境改善的情况下，媒体负面报道才能发挥对审计契约的改善作用。政府导向型媒体对公司行为的关注曝光，能够有效提升公司内部控制质量，有效发挥治理作用（逯东等，2015）。

2.1.2　声誉机制

声誉机制是指媒体报道通过影响经理人和董事会成员的声誉来规范其行为。当且仅当管理者从违反公司治理准则的行为中获得的私人收益小于由此导致的潜在声誉成本和法律处罚所受的损失时，企业管理者才会真正采取行动改正违规行为。反之，企业管理者就会维持现状，继续从事违规行为。

通常来说，媒体主要通过约束董事会行为和约束公司高管行为两种途径来利用声誉机制发挥公司治理作用。董事会成员和公司高管为了追求其在社会公众与雇主心中的个人形象及良好口碑，获取更多的私人利益，通常会对自身行为进行约束，避免被媒体曝光从而导致声誉受损。此外，媒体的负面报道还可以通过声誉机制对董事会成员和公司高管进行监督处罚，提高其违规行为成本，从而起到威慑警告作用。选取公司治理水平较差的董事会作为实验样本进行研究后发现，媒体对这类董事会的报道会显著提高公司采取措施改善自身治理问题的概率，进而确保投资者的利益不会受到侵害，相应地，投资者也更倾向于为公司治理水平较高的公司支付溢价。公司的负面报道越多，往往意味着社会公众对其关注程度较高，经理人潜在的声誉损失也会随之增加，因此媒体负面报道的增加有助于企业下一期业绩水平的改善（郑志刚等，2011）。经理人和董事会成员的声誉给他们带来财富和社会地位，声誉损害对经理人和董事会成员来说是一种有效的惩罚，促使他们更加关注媒体，对媒体的报道做出及时反应。媒体对公司的负面报道数量越多，独立董事的辞职概率就越大，而且公信力越高的媒体发挥声誉机制的影响越显著。独立董事退休后在董事会外的成员身份也会受到他们在职期间媒体对其所在公司报道语气的影响（Liu et al.，2017）。经理层薪酬受其在未来雇主心目中的形象影响，机会主义行为的曝光不仅会影响其在亲友眼中的形象，更会影响其在市场上的声誉，严重制约自身未来职业生涯的发展，在有社交媒体外部监督的情况下，经理层会降低其机会主义行为。在竞争性的经理市场上，声誉机制可以有效避免经理人的短视行为，在长时间内，经理人对自己的经营行为负责，经理人只有努力工作，提高企业的价值和业绩，才能为自己带来良好的声誉，从而获得更高的收入。考虑到声誉机制的影响，无论是企业管理者还是董事会成员一旦为牟取私利做出了道德风险行为，都将面临高昂的惩罚成本，不仅可能使其个人声誉受损，影响其未来的工作发展和薪酬待遇，甚至其社会信誉也会因此受损，受到来自社会公众的舆论批判。由此可见，通过信息传播足以强化声誉机制的惩罚效果。

然而基于中国目前的资本市场环境，也有不少人指出媒体监督对存在违规行为公司的抑制作用主要通过行政介入机制实现而非声誉机制。声誉机制之所以很难在我国发挥公司治理作用，是因为我国正处于经济转型期，上市公司中国有股权仍占据主要地位，而且成熟的经理人市场尚未形成（李培功和沈艺峰，2010）。

2.1.3　市场压力机制

媒体报道能够减轻资本市场的摩擦，降低套利成本，使资本市场对股票的定价更为准确，信息传播的广度能够影响股票的收益。基于媒体报道的这些作用结果，专家学者给出了有关市场压力机制的明确定义，它是指媒体报道通过带来资本市场的压力而发挥公司治理功能（于忠泊等，2011）。除此之外，媒体报道还能通过对投资者进行舆论引导来影响上市公司的股价,这会触动管理层的绩效和个人利益,进而影响公司治理。

通常来说,媒体报道一方面能够在信息传播效应下改变企业在市场上的形象,另一方面,媒体报道会影响投资者及客户的行为决策,进而作用于公司股价、企业绩效等具体的市场表现。被报道主体的股价波动和企业绩效反过来又会倒逼公司管理层做出相应决策调整。市场压力机制下媒体发挥公司治理作用的路径,如图 2-1 所示。

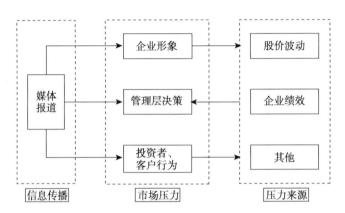

图 2-1 市场压力机制下媒体的公司治理作用路径

在"三鹿奶粉"事件中,媒体对事件的大量报道和跟进引发了社会大众及市场监管部门的广泛关注,消费者自发组织了抵制三鹿奶粉的抗议行动,巨大的市场压力迫使涉事公司提出了产品召回和消费者补偿方案。在轰动一时的欣泰电气事件中,媒体关注和大量负面报道的出现导致企业形象在投资者和客户心中大打折扣,相关监管部门的介入更是为企业带来了巨大的舆论压力和市场压力,其营业收入连年暴跌,股价也一度从 16.31 元跌至退市时的 1.48 元。这些数字直观展现了在市场压力作用下,媒体报道对公司治理存在着明显的监管作用。

现有的大量研究结果表明,媒体能够通过行政介入、影响管理层的声誉或是引发市场压力这三大机制发挥对公司积极有效的治理作用。

2.2 媒体报道对公司行为的影响

2.2.1 公司投资角度

研究发现,媒体报道可以通过减少信息不对称、声誉机制和规范管理者行为三种渠道减少公司的过度投资行为,具体而言,媒体负面报道会降低公司的过度投资。遵循传统金融理论的投资者完全理性假设,媒体报道会加速信息扩散、提高信息可信度、降低投资者的信息获取成本，通过改变投资者信息结构、降低市场信息不对称程度或提高信息透明度等途径影响股票价格。新闻报道在收益公告期间，从降低买卖价差和提高市场深度的角度大大降低了信息不对称程度，广泛传播的信息无论是从数量上还是质量上都比传统纸质媒体提供的信息具有更大影响。有学者从公司代理成本的角度检验了媒体对公司的治理作用，发现媒体报道会降低保险公司的代理成本。进一步研究发现，媒体报道能够有效降低公司的双重代理成本，即股东与管理者间的第一类代理成本和大股东与中小股东间的第二类代理成本。从公司绩效视角来看，媒体负面报道与公司下一期的业绩改善存在显著正相关关系。具体来说，媒体负面报道有一定的负向市场反应，并且深度的、严重的负面报道引致的市场反应更为强烈。研究表明，财经媒体的曝光度和报道的正面倾向能够预测创业企业的发展前景。媒体报道越多，报道倾向越正面，创业企业在下轮融资中所获得的风险投资额越大，被收购或成功上市的可能性也越大。媒体报道通过影响公司的声誉与未来融资成本，迫使管理层放弃不利的并购计划（Borochin and Cu, 2018）。媒体报道越多，价值损失的并购行为（value-reducing acquisition）发生的概率就越低。此外，媒体报道会抑制公司创新，媒体负面报道数量与企业创新水平显著负相关，这一观点支持了"市场压力假说"（杨道广等，2017）。

以微信作为社交媒体代表研究其报道对三类代理成本的影响时发现，社交媒体报道对第一类（股东与管理者）和第三类代理成本（股东与债权人）产生显著的抑制作用，但是在对第二类（大股东与中小股东）代理成本的影响上，社交媒体的抑制作用显著降低，这可能是由社交媒体自身专业性不强、权威性弱、信息质量参差不齐导致的。推特（Twitter）所特有的推送技术能够让投资者在第一时间获得公司的相关信息，这为投资者的投资决策行为提供了丰富的信息，降低了信息获取成本（Blankespoor et al., 2014）。微信媒体能显著抑制国有上市公司的过度投资行为，缓解非国有上市公司的投资不足问题，从外部治理的角度为保护中小投资者利益提供了新渠道。在针对股吧的研究中发现，以股吧发帖量为代理变量的网络舆论能够降低企业创新（江轩宇等，2021）。

2.2.2　公司违规角度

国外学者首先研究了媒体报道对公司违规行为产生的影响。在对美国证券交易委员会（Securities and Exchange Commission，SEC）认定的存在会计舞弊行为的 263 家公司进行研究时发现，在美国证券交易委员会处罚前媒体已经曝光和揭示了其中 75 家（29%）公司的会计舞弊行为，国外学者认为媒体在揭示会计舞弊的过程中扮演了积极的"看门狗"角色。在对美国 1996~2004 年的公司违规样本做实证分析时发现，被忽视的行业自律组织、内部员工和媒体才是真正的"吹哨人"，而且，只有媒体记者才具有作为"吹哨人"的职业动机。媒体报道能够显著提升内部人未来的交易收益，抑制内部人的不良行为（Dai et al.，2015）。关于媒体是在事前发挥作用还是事后发挥作用仍存在一些争议，有人认为媒体曝光存在不正当交易或者不恰当行为的公司能够有效抑制其违规行为，但也有人指出，媒体报道会降低公司管理者隐瞒重大坏消息的能力，这证明了媒体具有事前作用，可以在公司透明度和披露方面发挥信息作用和纪律作用（An et al.，2020）。在研究《中国证券报》《证券日报》《证券时报》《中国经营报》《经济观察报》《21 世纪经济报道》中对 50 家"最差董事会"公司的负面报道时发现，随着媒体负面报道的增加，上市公司改正违规行为的概率也随之提高（李培功和沈艺峰，2010）。媒体关注度越高的公司，进行财务舞弊的可能性越小。与正面媒体报道倾向相比，负面媒体报道倾向更能抑制公司的财务舞弊行为。

随着近年来社交媒体的不断发展，越来越多的监管机构习惯于将互联网上的讨论内容作为侦查资本市场乱象的一个重要信息来源。有学者考察了社交媒体对中国上市公司违规行为的影响，他们分析了微博发帖数据，发现社交媒体在违规公告后所引起的投资者关注，促进了公司采取纠正措施，也缩短了公司采取纠正措施的时间（Zhou et al.，2021）。股吧作为监管机构履行监督职责、获取信息的补充渠道，其蕴含的大规模信息汇总、传播和交流使公众对公司行为更为敏感，公司的举动更易造成股价波动、引发监管者关注以及招致媒体报道，进而对公司市场价值、风险和形象产生影响。股吧发帖量、阅读量和评论量都会正向影响管理层发布自愿性业绩预告的概率，并且主要提升了公司自愿性披露坏消息的概率（王丹等，2020）。在互联网技术迅速发展的情况下，微信这样的新媒体对大股东的利益侵占行为及管理层不正常的在职消费行为发挥了更为及时、有效的监督作用。

2.2.3　盈余管理角度

媒体负面报道越多，管理者盈余管理的动机越强。大量的媒体关注给公司管理层带来的市场压力迫使他们为了满足市场预期而进行基于应计项目的盈余管理，这种压力在证券分析师数量较多、机构投资者持股比例较高的公司尤为显著（于忠泊等，2011）。也有文章指出，媒体关注会通过提升个人投资者的关注度进而对公司形成市场压力，这促进了应计项目的盈余管理（应千伟等，2017）。然而部分学者提出了反对意见，他们认为媒体关注度越高，管理层主观的盈余操纵行为越少。媒体关注能够有效抑制公司管理者的机会主义盈余管理行为，且当审计师的监督力度较弱和其他信息中介机构较为活跃时，影响尤为显著（Chen et al.，2021）。有研究表明，大量的媒体关注使得上市公司管理层在一定程度上采取盈余管理，但与此同时，媒体关注度的提升能够抑制上市公司真实的盈余管理行为，体现出媒体的监督管理职能。此外，基于媒体报道对上市公司会计盈余价值相关性的研究还表明，公司的会计盈余价值相关性随媒体报道数量的增加而提高，即更多的盈余信息融入股票价格之中（颜恩点和曾庆生，2018）。

有学者用样本企业在和讯网显示的关注度和 Wind 数据库中的微博关注度来综合衡量新媒体关注度，以此来探究新媒体关注、企业社会责任信息披露与盈余管理之间的关系，结果发现新媒体关注在企业社会责任信息披露对盈余管理的反向影响关系中起到调节作用，并且在这一调节作用下，新媒体关注对应计盈余管理的影响程度比对真实盈余管理的影响程度大（刘晓丰，2018）。基于 2013 年"被转发次数达到 500 次以上的"可追究发帖人刑事责任这一互联网信息环境整治举措，有学者研究发现，这一政策出台后，股吧上关于某公司的讨论越活跃，则该公司的正向盈余管理行为越少，而且这一效应主要表现在那些股吧发帖更关注财会信息、受这一政策影响更大，以及潜在盈余管理动机更强的公司。进一步研究发现，整治政策后社交媒体发挥公司治理作用的渠道主要是资本市场惩戒和引致监管风险（孙鲲鹏等，2020）。

2.2.4　股权质押角度

媒体关注对控股股东股权质押比例与企业价值之间的倒"U"形关系具有调节作用。具体来说，媒体关注程度会正向调节控股股东股权质押比例与企业价值间的关系，当控股股东股权质押比例促进企业价值提升时，媒体报道越多，这种促进作用越强；当控股股东股权质押比例损害企业价值时，媒体报道越多越能够抑制这种损害。公司年报本身也是一种媒体披露的形式。大股东质押期间，公司会通过业绩预告传递好消息。通过观察上市公司的临时公告发现，当控股股东质押的股票面临平仓风险时，上市公司会通过临时公告释放好消息。还有学者将目光聚焦到年度报告中的文本信息上，发现控股股东股权质押行为会驱动上市公司通过降低年报文本的可读性来实现策略性信息披露（逯东等，2020）。

以微博为代表的自媒体平台，让企业实现发布信息自由的同时，也给外部公众带来了接触企业的便利。上市公司在自媒体平台上发布的与经营活动相关的信息越多以及与公众互动频率越高，公司融资约束程度越低，而控股股东股权质押比例会对这一效应产生影响，股权质押比例越高，自媒体信息披露对企业融资约束的缓解效应越弱。

2.2.5　股票交易角度

新闻对上市公司股价的变动具有显著性影响。实证研究表明，新闻信息数量与金融市场交易活动直接相关，媒体信息能够引起股票价格、股票交易量和股票收益等指标变化，并且先后在美国、英国、中国的股票市场得到验证。有学者发现信息传播的广度会影响股票收益，即使在控制了众所周知的风险因素之后，没有媒体报道的股票也会比有媒体报道的股票获得更高的回报。金融信息通过新闻报道传递，投资者通过媒体形成预期从而做出决策，进而影响股票的市场价格。媒体报道，尤其是媒体语气，通过影响投资者情绪对资产定价产生显著影响（郑志刚等，2011）。

从雅虎财经论坛开始，国外学者开始关注互联网新媒体对资产定价的影响。研究发现，雅虎财经论坛上的评论数量可以用来预测未来的交易量。他们采用雅虎财经论坛的评论数量作为研究对象，发现评论数量与交易量、波动率正相关；进一步研究还发现，如果用户发表买入类评论代表正面情绪、持有类评论代表中性情绪、卖出类评论代表负面情绪，据此构建看涨情绪指标，则情绪指标对股价收益有显著正向影响，并且可以此来预测未来收益（Antweiler and Frank，2004）。基于雅虎财经论坛数据构建投资者情绪指数后发现，投资者情绪与股票市场活动有一定的相关关系。推特是美国证券交易委员会允许公司与投资者沟通的两个社交媒体平台之一。有研究指出，推文的情感走势与股票三日后的走势十分接近，推文的情感关键词能够很好地预测道琼斯工业平均指数的变化。推特推文情绪与股票回报、交易量以及分歧和波动性之间存在关联，公司利用推特进行补充信息披露时，能够降低信息不对称和股票买卖价差。在利用 Stocktwits 数据构建投资者情绪指标后发现，投资者情绪可以预测日内股指收益率。还有学者利用推文数据构建了意见分歧指标，考察意见分歧对股票回报和交易量的影响。结果显示，在牛市期间，意见分歧与股票收益率负相关；在熊市期间，意见分歧与股票收益率正相关。无论牛市还是熊市，意见分歧都会增加交易量。国内关于互联网新媒体对资产定价的影响的研究，从百度指数开始，国内学者从百度搜索引擎中获得的关于个股发帖数量的数据，验证了互联网开源信息蕴含着影响股票市场价格的信息。采用百度的媒体指数作为个股关注度的一个代理变量时发现，媒体关注度高的交易日中有较高的成交量。近年来，得益于互联网的普及与大量网络开源数据的积累，网络开源信息等对金融市场的影响日益受到关注。在中国市场上，学者大多关注股吧对股票市场的影响。通过分析投资者在中国互联网股票留言板上发布的信息发现，个人投资者更关注本地公司的股票，而不是关注非本地公司的股票（Huang et al.，2016）。使用股吧帖子文本数据构造情绪指数和恐慌指数后发现，恐慌指数可以预测股价崩盘，情绪指数越高，异常交易越多。当投资者持积极情绪时，本地关注对股票收益率有显著的正向影响；当投资者持消极情绪时，该影响显著为负。在积极情绪和消极情绪下本地关注对股票交易量都有显著正向影响，但积极情绪下的影响程度比消极情绪下更大（杨晓兰等，2016）。股吧包含了未反映在当前股票市场价格的信息，在利用股吧数据构造了情绪看涨指数、意见一致指数、发帖量等股吧特征变量后发现，情绪看涨指数与股票收益率、投资者意见分歧与波动性、发帖量与成交量之间可以双向预测。尽管股吧所蕴含的投资者情绪对市场收益率、交易量和波动性都没有预测能力，但对股票收益率和交易量有当期影响。微博是中国主要的社交媒体平台，通常被称为中国版的推特。微博信息质量与股价同步性呈现非线性"U"形关系。在微博中发布经营活动及策略类信息较多的公司，其股价同步性更低（何贤杰等，2018）。

2.2.6　公司指标角度

研究发现媒体报道能够有效提高公司发放现金股利的概率，降低公司费用黏性和公司的研发投入。媒体负面报道会抑制财务重述行为的发生，提高重大资产重组失败的概率，抑制公司的税收激进度。媒体报道数量的增加以及新闻的积极报道情绪还可以提高公司的杠杆调整速度。进一步研究发现，将媒体按照政策导向型和市场导向型进行划分，政策导向型媒体发布的报道越多，公司内部控制质量就越高，但市场导向型媒体与内部控制质量之间却并不存在显著相关性（逯东等，2015）。公司的媒体信息管理行为在提高 IPO 发行价的同时降低了 IPO 溢价水平，提高了资本市场的定价效率。进一步来说，媒体负面报道能够预判 IPO 公司业绩"变脸"，其数量与 IPO 公司上市后业绩亏损和业绩下滑的概率呈正相关（熊艳和杨晶，2017）。

互联网新媒体能够在事前发觉定向增发中可能存在的问题，研究发现，遭到网络舆论反对的增发公司，其定向增发公告后的股票超额收益率显著为负，随后该定向增发预案通过相关部门审核的概率也显著下降。有研究指出，小股东可以借助社交媒体平台集思广益，挖掘出有价值的增量信息从而提升企业价值（Ang et al.，2021）。有学者构造了个人投资者情绪，发现投资者的高度关注和乐观的投资者情绪正向影响了新股发行价格和初始回报，导致了随后的价格下跌，这表明投资者的过度乐观情绪可以部分解释 IPO 之谜。

2.2.7　公司的社会行为角度

基于公司的环保投资行为研究发现，媒体对公司环境污染的负面报道会增加企业的环保投资。就具体规制工具而言，媒体关注与环境规制的共同作用能够促进公司环保行为的改变。在慈善捐赠方面，中国上市公司受舆论压力的影响，随着媒体关注的增多，公司的捐赠可能性增大。基于中国家族企业的样本进行实证研究时发现，媒体报道能够促进企业慈善捐赠，这表明媒体报道作为一种非正式制度，在激励家族企业建立商业道德和塑造社会责任形象方面发挥着重要作用。在环境保护方面，媒体关注能够诱导企业在环境保护方面付出更多的努力，而且相较于非国有企业，国有企业更容易受到媒体的关注。媒体关注有时还会影响除公司外的其他实体。比如，媒体关注有利于提升政府审计功能，且负面媒体报道对政府审计的揭示、抵御和预防功能的促进作用更好（池国华等，2018）。再如，借助经济新闻和金融新闻构建关于媒体关注度与新闻文本情绪的乐观程度指标进行实证分析后发现，媒体关注度越高、新闻文本情绪越正面，网络借贷市场的交易量就越大（沈艳和王靖一，2021）。

有学者从市场反应角度出发，研究社交媒体信息披露的经济后果。他们发现在发生产品召回事件后，社交媒体如企业博客、简易信息聚合（really simple syndication，RSS）、脸书和推特会减弱市场对产品召回公告的负面价格反应（Lee et al.，2015）。

2.3 媒体报道对公司利益相关者的影响

媒体报道不仅会对公司的种种行为产生影响，还会对公司的利益相关者产生影响。本章分别从管理层、投资者、股东、审计师、债权人等方面，梳理了其具体表现。

2.3.1 管理层角度

公司文本信息也可以看作一种媒体曝光形式。有研究指出，上市公司管理层会基于自身利益和公司利益的双重角度进行"语调管理"，盈余公告的异常积极语调往往与财务重述、股票增发、兼并收购等重大事件呈正相关（Huang et al.，2014）。基于中国市场的数据也验证了内部人交易动机对财务报告语调的影响（曾庆生等，2018）。基于美国上市公司 2003~2015 年的实证数据研究发现，在 CEO 购买自己所在公司股票前的一个月，公司释放的新闻语调分歧度会上升，而这种情况在 CEO 购买股票之后不再显著，因此故意释放有情绪分歧的新闻是 CEO 的策略性行为。

已有的文献大多关注媒体报道对高管薪酬及高管更替的影响。

（1）通过行政介入机制，媒体能促使高管薪酬趋于合理。媒体报道在促进高管薪酬提升的同时也促进了公司未来经营业绩的提高（郭照蕊和黄俊，2018）。当媒体向读者提供有关高管薪酬的可靠信息时，企业会针对媒体的批评完善公司的薪酬政策，但是当媒体向读者提供轰动报道时，企业也会针对媒体报道对高管薪酬契约进行局部修正。对此也有学者提出了相反的意见，认为媒体的追捧报道不能提高公司经营业绩与 CEO 薪酬之间的敏感性，而且会进一步强化 CEO 在公司管理结构中无形的权威和影响力，使其获得丰厚的个人薪酬，导致公司治理有效性被弱化。尽管媒体对高管薪酬的负面报道并不会影响高管的薪酬总额，但是会改变其薪酬结构，有争议的期权部分会减少，而争议较少的直接工资部分会增加。甚至还有研究发现被媒体报道的 CEO 会获得更高的薪酬，尤其是当他们所在的公司是绩效较高的小公司时。

（2）在声誉机制的作用下，媒体负面报道量越多，独立董事的辞职概率越大。在美国标准普尔综合指数（S&P 1500）的成分公司中，其 CEO 在职期间的媒体报道水平和语调，会影响 CEO 退休后的外部董事会成员资格，也就是说，媒体报道会影响 CEO 的声誉和未来职业机会（Liu et al., 2017）。媒体可分为政策导向型和市场导向型两种类型，市场导向型媒体的负面报道会增加企业高管更替的概率，但政策导向型媒体的负面报道对高管更替概率不具有这样的影响。综合使用"上证 e 互动"和"互动易"平台中问答数据进行研究时发现，投资者与公司之间的互动增强了高管的业绩薪酬敏感性（窦超和罗劲博，2020）。由于启发式认知偏差的存在，"互动易"上自愿性信息披露质量越高，证券分析师预测盈余误差越大。

2.3.2　投资者角度

基于公司文本信息特征的研究发现，有风险投资机构支持的公司积极语调水平较低，因为风险投资机构要降低法律风险从而保护自己的声誉资本。短期导向的机构投资者会助长语调膨胀行为，而长期导向的机构投资者会抑制语调膨胀行为。此外，投资者对年报叙述中的积极词汇具有正向反应。企业社会责任报告中的语调也能够提供增量信息，从而引起投资者的正向反应。尽管有研究认为语调提供的信息含量增加了投资者和上市公司之间的信息不对称性，但语调特征对投资者的直接影响仍在多个研究中被证实。如果将那些与先前新闻相似度很高的公司新闻定义为老生常谈的公司新闻会发现，个人投资者在老生常谈新闻上的交易往往表现得更加激进（Tetlock，2011）。

有研究指出，CEO 在公司决策制定过程中处于核心地位并且是公司的"脸面"，因此对 CEO 的媒体报道会影响公司层面的投资者情绪，进而影响公司的投资水平。有学者通过理论建模的方式，直接构建了投资者情绪和公司投资水平之间的关系，他们认为公司投资水平在一定程度上是为了迎合投资者情绪，当投资者情绪高时公司会投资更多（Grundy and Li，2010）。近年来，随着"互动易"和"上证 e 互动"平台的兴起，一些学者从互联网新媒体传播信息的功能角度，发现互联网新媒体能够提高投资者信息利用能力。"互动易"的开通提升了深圳证券交易所上市公司股价非同步性，降低了分析师盈余预测绝对偏差，进而提升了市场信息效率水平。平台上的公司与投资者的互动过程能够提高投资者信息能力，投资者信息能力的提高能够显著降低股价崩盘风险，投资者信息获取和解读能力能够正向影响市场盈余预期准确性（丁慧等，2018）。

2.3.3　股东角度

媒体报道能够提高董事会的效率，增加股东财富。高强度的新闻报道倾向性有助于媒体信息中介效应的发挥,从而改善股东的利益及其与上市公司的关系(李君艳等,2018)。此外,如果控股股东违规减持被媒体曝光,社会舆论面上的负面信息会导致公司自身和控股股东声誉受损,从而导致公司发展前景和股东个人财富受到影响(吴先聪和郑国洪,2021)。媒体对掏空行为进行报道的举动会降低公司董事会和经理人的社会声誉,声誉受损的上市公司为挽回企业自身形象和投资者的信心,会减少控股股东的掏空行为(Kuhnen and Niessen,2012)。因此,媒体的负面报道能够有效减少控股股东的掏空行为,而且相较于国有企业,非国有上市公司在经历媒体负面报道之后,控股股东掏空行为会减少得更多(李明和叶勇,2016)。类似的研究也表明,媒体关注度与大股东是否违规减持呈显著负相关关系,公司受到的媒体关注度越高,大股东越容易站在公司利益的角度考虑选择不触碰法律底线(刘启亮等,2013)。有学者从研究公司文本信息的角度发现,控股股东为缓解控制权会转移风险甚至会降低年报文本的可读性(逯东等,2020)。

2.3.4　审计师角度

当媒体报道审计客户亏损消息后,审计师更有可能向客户签发保守的审计意见。媒体发布上市公司的负面报道后,即便该负面报道此前已被其他媒体报道过并且没有提供新的信息披露,依然会导致该负面报道在审计师心目中产生认知偏见。同时,媒体的负面报道会提升审计师判断其客户风险的程度,从而提高其客户的审计定价(张建平和余玉苗,2013)。通过审计收费,媒体报道和财务报告质量之间构成了正向的间接关联关系。媒体报道数量越多,公司的年度审计费用越高,审计师越倾向于出具非标准的审计意见,审计师的审计风险也越高,进而推高了内部控制审计定价(莫冬燕等,2020)。媒体负面报道越多,公司和审计师之间的审计聘用关系越不稳定,审计师变更的概率越大(刘启亮等,2013),上市公司越倾向于更换高质量审计师。审计师为其客户提供低质量的审计服务时会损害自身声誉,加之外部媒体议程设置的推波助澜,最终可能遭受诉讼风险和损失更多客户(Chen et al.,2021)。据此有学者指出,媒介环境发展程度对审计质量存在一定的积极影响,即在中国媒介环境发展越好的地区,其监督功能发挥得越好,越有助于提高审计师的审计质量(周兰和耀友福,2015)。此外,异常信息披露语调会导致异常审计调整,媒体对上市公司的不利报道也可能会让审计师的风险意识增强,不利于维护企业审计契约的稳定性。

2.3.5　债权人角度

媒体自身存在信息传递的作用,因此资本市场能够通过媒体获取可靠的企业经营信息,通过解除或削弱公司融资限制的方式,降低企业债务融资成本(韩朋辉,2016)。媒体的积极报道对于进一步减少企业资本成本压力具有显著效果。有学者发现，媒体关注能够有效解决债权人面临的信息不对称问题，且对于企业权益成本与债务成本都具有不同程度的影响，对前者的影响更为显著（罗进辉和杜兴强，2014）。还有研究指出，媒体报道数量与资本成本呈负相关关系，媒体关注能够显著降低企业权益资本成本和债务成本，媒体报道语气越积极，企业的融资成本就越低。具体来说，积极报道能够降低企业的债务成本，消极报道则会增加债务成本，有效的媒体监督能够促进企业债务融资成本不断下降。如果使用表内指标短期借款和长期借款来度量公司信贷融资会发现，消极报道能够减少公司获取的信贷资源，而非消极报道能够增加公司获取的信贷资源（赖黎等，2016）。如果使用表外指标银行授信来度量信贷融资会发现，媒体关注度越高、积极报道倾向越强，公司获取银行授信的概率越高。

2.4　媒体报道的"黑暗面"

学术界存在一些反对的声音，认为媒体报道存在偏差，会受到管理层操纵。这种偏差一部分来源于媒体自身的供给动机，还有一部分来源于相关利益集团的需求偏好（Mullainathan and Shleifer，2005）。

从政府角度来看，政府可以通过影响新闻报道内容的方式来操纵媒体在政府问责机制中的作用路径，从而产生它们希望达到的结果。这种操纵行为在选举活动中体现得尤为突出。从企业角度来看，为了追求良好的市场口碑和产品声誉，企业会倾向于提供迎合消费者先前信念的新闻。有学者根据企业产权属性和寻租费用的差异构造了最有可能发现媒体偏见的两个研究场景，研究结果表明，对于当地国有企业或者支付了更多寻租费用的当地企业，当地媒体的确可能存在报道偏差（孔东民等，2013）。在寡头垄断市场，广告会降低媒体报道的准确度；在竞争性市场，广告则对媒体报道准确度的影响较小。广告商的广告投入会对媒体报道的内容产生显著的正向效应；媒体对特定产业的依赖性越强，广告投入对媒体报道的影响越大。有研究发现，当地媒体倾向于对当地企业进行更多的正面报道，原因是当地媒体可以从当地企业获得更多的广告收入（Gurun and Butler，2012）。

以上研究结果表明，公司和媒体之间存在着某种合谋行为。通过研究公司并购事件不难发现，在并购谈判开始之后和公告公开发表之前这段时间，收购方得到了更多的新闻报道，收购方的公司股价出现了短暂的上升现象，这足以说明作为企业资本运作的重要事件，公司的股权再融资行为中很可能存在"媒企合谋"现象。有研究指出，公司董事会主席使用微博与股票收益率的同步性之间存在显著的负相关关系，他们的发现证实了公司会利用社交媒体来改善其信息环境（Feng and Johansson，2019）。公司在再融资阶段正面报道倾向显著增强，而且股权再融资相对规模越大，媒体对公司的炒作程度就越强，媒体对公司的报道水平直到股权再融资实施之后的一个季度才恢复正常（才国伟等，2015）。有研究表明，媒体对高管薪酬的负面报道不会降低其以后的薪酬，"天价薪酬"的报道只不过是媒体为了迎合受众的娱乐需求而制造出的轰动新闻。类似的研究结果显示，公司对董事独立性象征性的改进会引起媒体的正面报道，这说明媒体只注重新闻的轰动性而非实质性（Bednar，2012）。

参考文献

才国伟，邵志浩，徐信忠. 2015. 企业和媒体存在合谋行为吗?——来自中国上市公司媒体报道的间接证据. 管理世界, (7): 158-169.

池国华，杨金，谷峰. 2018. 媒体关注是否提升了政府审计功能?——基于中国省级面板数据的实证研究. 会计研究, (1): 53-59.

戴亦一，潘越，陈芬. 2013. 媒体监督、政府质量与审计师变更. 会计研究, (10): 89-95, 97.

丁慧，吕长江，黄海杰. 2018. 社交媒体、投资者信息获取和解读能力与盈余预期: 来自"上证e互动"平台的证据. 经济研究, 53(1): 153-168.

窦超，罗劲博. 2020. 中小股东利用社交媒体"发声"能否改善高管薪酬契约. 财贸经济, 41(12): 85-100.

郭照蕊，黄俊. 2018. 新闻媒体报道、高管薪酬与企业未来经营绩效. 中央财经大学学报, (6): 58-71, 82.

韩朋辉. 2016. 媒体关注、内部控制与融资约束. 商, (4): 150-151.

何贤杰，王孝钰，孙淑伟，等. 2018. 网络新媒体信息披露的经济后果研究: 基于股价同步性的视角. 管理科学学报, 21(6): 43-59.

江轩宇，朱琳，伊志宏. 2021. 网络舆论关注与企业创新. 经济学(季刊), 21(1): 113-134.

孔东民，刘莎莎，应千伟. 2013. 公司行为中的媒体角色: 激浊扬清还是推波助澜?. 管理世界, (7): 145-162.

赖黎，马永强，夏晓兰. 2016. 媒体报道与信贷获取. 世界经济, 39(9): 124-148.

李君艳，田高良，赵宏祥，等. 2018. 新闻报道倾向性对上市公司股东利益的影响: 媒体互动的中介效应. 系统工程理论与实践, 38(12): 3037-3049.

李明，叶勇. 2016. 媒体负面报道对控股股东掏空行为影响的实证研究. 管理评论, 28(1): 73-82.

李培功，沈艺峰. 2010. 媒体的公司治理作用: 中国的经验证据. 经济研究, 45(4): 14-27.

刘启亮，李祎，张建平. 2013. 媒体负面报道、诉讼风险与审计契约稳定性: 基于外部治理视角的研究. 管理世界, (11): 144-154.

刘晓丰. 2018. 新媒体关注、企业社会责任信息披露与盈余管理. 大连: 大连工业大学.

逯东，付鹏，杨丹. 2015. 媒体类型、媒体关注与上市公司内部控制质量. 会计研究, (4): 78-85, 96.

逯东，宋昕倍，龚祎. 2020. 控股股东股权质押与年报文本信息可读性. 财贸研究, 31(5): 77-96.

罗进辉，杜兴强. 2014. 媒体报道、制度环境与股价崩盘风险. 会计研究, (9): 53-59, 97.

莫冬燕, 杨真真, 王纵蓬. 2020. 媒体关注会影响内部控制审计定价吗. 宏观经济研究, (12): 152-165.

沈艳, 王靖一. 2021. 媒体报道与未成熟金融市场信息透明度: 中国网络借贷市场视角. 管理世界, 37(2): 35-50, 4, 17-19.

孙鲲鹏, 王丹, 肖星. 2020. 互联网信息环境整治与社交媒体的公司治理作用. 管理世界, 36(7): 106-132.

王丹, 孙鲲鹏, 高皓. 2020. 社交媒体上"用嘴投票"对管理层自愿性业绩预告的影响. 金融研究, (11): 188-206.

吴先聪, 郑国洪. 2021. 媒体关注对大股东违规减持有监督作用吗?. 外国经济与管理, 43(11): 86-103.

熊艳, 杨晶. 2017. 媒体监督与 IPO 业绩变脸: 甄别、传导还是治理. 财贸经济, 38(6): 66-79.

颜恩点, 曾庆生. 2018. 新闻媒体的信息和监督功能: 基于上市公司会计盈余价值相关性的研究. 外国经济与管理, 40(7): 99-112.

杨道广, 陈汉文, 刘启亮. 2017. 媒体压力与企业创新. 经济研究, 52(8): 125-139.

杨德明, 赵璨. 2012. 媒体监督、媒体治理与高管薪酬. 经济研究, 47(6): 116-126.

杨晓兰, 沈翰彬, 祝宇. 2016. 本地偏好、投资者情绪与股票收益率: 来自网络论坛的经验证据. 金融研究, (12): 143-158.

应千伟, 呙昊婧, 邓可斌. 2017. 媒体关注的市场压力效应及其传导机制. 管理科学学报, 20(4): 32-49.

于忠泊, 田高良, 齐保垒, 等. 2011. 媒体关注的公司治理机制: 基于盈余管理视角的考察. 管理世界, (9): 127-140.

曾庆生, 周波, 张程, 等. 2018. 年报语调与内部人交易: "表里如一"还是"口是心非"?. 管理世界, 34(9): 143-160.

张建平, 余玉苗. 2013. 媒体监督影响审计定价吗: 来自中国证券市场的初步证据. 山西财经大学学报, 35(3): 102-112.

郑志刚, 丁冬, 汪昌云. 2011. 媒体的负面报道、经理人声誉与企业业绩改善: 来自我国上市公司的证据. 金融研究, (12): 163-176.

周兰, 耀友福. 2015. 媒体监督、审计契约稳定性与审计质量. 外国经济与管理, 37(7): 58-73.

An Z, Chen C, Naiker V, et al. 2020. Does media coverage deter firms from withholding bad news? Evidence from stock price crash risk. Journal of Corporate Finance, 64: 101664.

Ang J S, Hsu C, Tang D, et al. 2021. The role of social media in corporate governance. The Accounting Review, 96(2):1-32.

Antweiler W, Frank M Z. 2004. Is all that talk just noise? The information content of internet stock message boards. The Journal of Finance, 59(3): 1259-1294.

Bednar M K. 2012. Watchdog or lapdog? A behavioral view of the media as a corporate governance mechanism. Academy of Management Journal, 55(1): 131-150.

Blankespoor E, Miller G S, White H D. 2014. The role of dissemination in market liquidity:

evidence from firms'use of Twitter. The Accounting Review, 89(1): 79-112.

Borochin P, Cu W H. 2018. Alternative corporate governance: domestic media coverage of mergers and acquisitions in China. Journal of Banking & Finance, 87: 1-25.

Chen Y Y, Cheng C S A, Li S, et al. 2021. The monitoring role of the media: evidence from earnings management. Journal of Business Finance & Accounting, 48(3/4): 533-563.

Dai L L, Parwada J T, Zhang B H. 2015. The governance effect of the media's news dissemination role: evidence from insider trading. Journal of Accounting Research, 53(2): 331-366.

Feng X N, Johansson A C. 2019. Top executives on social media and information in the capital market: evidence from China. Journal of Corporate Finance, 58: 824-857.

Grundy B D, Li H. 2010. Investor sentiment, executive compensation, and corporate investment. Journal of Banking & Finance, 34(10): 2439-2449.

Gurun U G, Butler A W. 2012. Don't believe the hype: local media slant, local advertising, and firm value. The Journal of Finance, 67(2): 561-598.

Huang X A, Teoh S H, Zhang Y L. 2014. Tone management. The Accounting Review, 89(3): 1083-1113.

Huang Y Q, Qiu H Y, Wu Z G. 2016. Local bias in investor attention: evidence from China's internet stock message boards. Journal of Empirical Finance, 38: 338-354.

Kuhnen C M, Niessen A. 2012. Public opinion and executive compensation. Management Science, 58(7): 1249-1272.

Lee L F, Hutton A P, Shu S S . 2015. The role of social media in the capital market: evidence from consumer product recalls. Journal of Accounting Research, 53(2): 367-404.

Liu B X, McConnell J J. 2013. The role of the media in corporate governance: do the media influence managers'capital allocation decisions?. Journal of Financial Economics, 110(1): 1-17.

Liu B X, McConnell J J, Xu W. 2017. The power of the pen reconsidered: the media, CEO human capital, and corporate governance. Journal of Banking & Finance, 76: 175-188.

Miller G S, Skinner D J. 2015. The evolving disclosure landscape: how changes in technology, the media, and capital markets are affecting disclosure. Journal of Accounting Research, 53(2): 221-239.

Mullainathan S, Shleifer A. 2005. The market for news. American Economic Review, 95(4): 1031-1053.

Rahman D, Oliver B, Faff R. 2020. Evidence of strategic information uncertainty around opportunistic insider purchases. Journal of Banking & Finance, 117: 105821.

Tetlock P C. 2011. All the news that's fit to reprint: do investors react to stale information?. The Review of Financial Studies, 24(5): 1481-1512.

Zhou J, Ye S L, Lan W, et al. 2021. The effect of social media on corporate violations: evidence from Weibo posts in China. International Review of Finance, 21(3): 966-988.

第 3 章

社交媒体对公司治理影响的研究进展分析

3.1 研究背景

  截至 2020 年 12 月，我国网民数量达 9.89 亿人，互联网普及率达 70.4%。随着互联网配套设施的不断完善，我国逐步迈进了新媒体时代。作为新媒体的主要表现形式，社交媒体在人们的生活中扮演着越来越重要的角色。特别是在近些年，5G 商业化开启，社交媒体借助网络协同和数据智能，不仅实现了服务质量和用户数目上的飞跃[①]，还持续对包括金融行业在内的其他行业赋能，其作为经济和社会治理帮手的地位也不断凸显。与此同时，在"发展数字经济"成为国家战略的大背景下，数字金融的重要价值不言而喻；社交媒体吸引了大量的资本市场参与者，汇聚了海量的金融相关数据，在数字金融的实践中发挥着不可忽视的作用。如何进行健康的社交媒体建设、发挥社交媒体的有效信息功能，以便其更好地在全面建设社会主义现代化国家的新征程中承担更多的责任，是一个值得深入探讨的话题。

  世界著名传播学者麦克卢汉的经典论断"媒介即讯息""媒介即人的延伸"深刻诠释了媒介在社会发展中所扮演的重要角色。受益于信息技术领域的突破，社交媒体的使用更加便捷，受众更加广泛。如果说大众媒体所提供的是一种单向的信息传播，那么社交媒体所倡导的就是信息的双向传播：每一个用户都可以实现听与说的自由切换。除了交互性，社交媒体的另一大特点在于去精英化，它把之前垄断在精英人士中的发声权利赋予了大众。由此，人们可以借由社交媒体聚拢起来，发表观点，分享见闻。

  这种改变不仅冲击了旧的舆论生态、催生了新的商业模式，也影响着公司治理的形式规则和参与者行为。比如，很多企业领导人都开始重视个人社交媒体账号的使用，前有特朗普的"推特治国"，后有马斯克的"推特经商"。作为一个精明的商人，马斯克发布的内容五花八门，而且基本上每次发推，都会引起人们的

---

①作为全球最大的社交媒体市场，中国移动社交用户规模在 2020 年突破了 9 亿人。

热议和市场的反应。除此类"大咖"之外，更重要的是原本"人微言轻"的个人投资者可以借着社交媒体团结起来。尽管安然丑闻是在 2001 年 10 月份才被公之于众的，但是早在 1997 年，就有"吹哨人"开始在雅虎金融论坛上发布内容质疑安然公司的企业文化和财务数据，并警告投资者及时卖出安然公司的股票。

这些新现象、新形势无疑暗含着一些颇具研究价值的学术问题，引发了学者的普遍关注和积极思考。

首先，社交媒体对公司信息披露的模式和效果产生了不可忽视的影响。与大众媒体相比，社交媒体可以让公司信息更快、更广地"辐射"到利益相关者。同时，由于缺少了大众媒体信息发布过程中的筛选、加工环节，社交媒体上的信息可能更接近公司的本来意图。换句话说，公众从公司的社交媒体账号上获取的信息大概率是公司想要投资者了解的信息，这一方面可以撤除大众媒体偏见的影响，提高信息的传播质量（Lee et al.，2015），另一方面可以助力公司直接的信息操纵（Jung et al.，2018），削弱信息的可信度。公司利用社交媒体发布消息的一大目的是进行危机公关或者维系投资者关系。很多研究表明，当公司遭遇产品召回或者面临投资者质疑时，使用社交媒体进行宣传，有利于平稳股价、重塑投资者信心（Elliott et al.，2018）。除了公司会开通官方社交媒体账号，高管也会开通个人社交媒体账号。有学者（Chen et al.，2019；Feng and Johansson，2019）将活跃在社交媒体上的 CEO 或者 CFO（chief financial officer，首席财务官）称作"社交高管"（social executive），并发现拥有社交高管的公司，其投资者规模更大、股票流动性更强、股价信息含量更高。

其次，由于监管部门要求公司高管密切关注网络社区舆情[①]，投资者也可以通过社交媒体对公司管理层"施压"。比如，股吧、维基百科上聚合的信息可以对公司的信息披露和并购决策等产生影响（孙鲲鹏等，2020；Ang et al.，2021），雇员评论可以提高企业对员工权益的保护。为帮助投资者更直接、更快捷地和上市公司高管进行交流，上海证券交易所、深圳证券交易所分别构建了线上沟通平台——"上证 e 互动"和"互动易"，投资者通过这种平台，不仅可以就公司的行业、产品、经营以及流言进行提问，也可以浏览其他投资者的提问以及公司的回复，借此了解上市公司的基本情况、市场关注的热点问题。这一举动降低了股票市场的信息不对称性和上市公司的股价崩盘风险（丁慧等，2018a）。

综上所述，学者对社交媒体如何影响公司治理的模式和效果进行了一系列探索，取得了一大批的研究成果。本章利用文献计量的相关方法以及 VOSviewer 可视化软件对"社交媒体与公司治理"相关主题的文献进行了回溯，期望通过展现

---

① 信息来源：《董秘信息披露实用手册》，http://www.szse.cn/lawrules/service/share/P02018032846
5749555003.pdf。

这些文献的发表时间、期刊分布、作者分布、基金支持、共词网络、被引网络等，展示这一系列文献的发展脉络、演化路径，明晰未来可能的研究趋势。

3.2　数据和方法

时下，社交媒体正处于蓬勃发展的阶段，各种平台层出不穷，在强化人与人之间的连接的同时，也为学者的研究工作提供了丰富的数据来源。由于学者在拟定文题、选择关键词、撰写摘要等时，未必突出"社交媒体"，而是以具体社交媒体平台的名称（如股吧、推特等）代之，单纯检索"社交媒体"可能会遗漏部分文献。此外，"公司治理"也是一个较为宏大的研究主题，涵盖投融资决策、财务报告、社会责任等众多方面以及公司高管、监管者、投资者等众多参与主体，很难确定合适的关键词以保证检索结果的绝对全面、完整。本章采取了如图 3-1 所示的检索和分析思路。

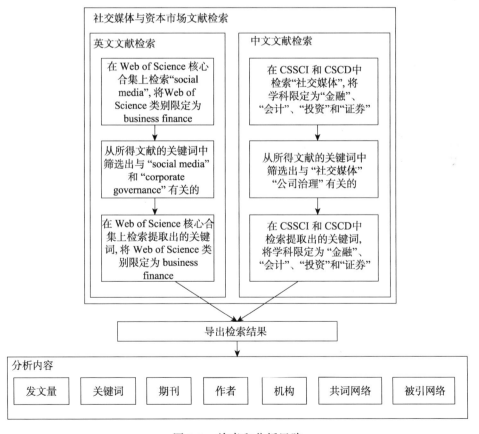

图 3-1　检索和分析思路

CSSCI（Chinese Social Sciences Citation Index，中文社会科学引文索引）和 CSCD（Chinese Science Citation Database，中国科学引文数据库）

对于英文文献，利用 Web of Science 数据库核心合集进行检索。先检索关键词"social media"，并将所得结果限定在"business finance"类别下（不包括 Forbes）。之所以选择这个类别，是因为这个类别下的文章和通常意义下的公司治理相关研究最为一致。然后对所得文献进行关键词筛选，提取出其中与"social media""corporate governance"相关的关键词，再利用这些关键词重新在 Web of Science 核心合集的"business finance"类别下进行文献精确检索（不包括 Forbes），检索命令的格式为 WC=BUSINESS FINANCE AND TS=（"A1" OR "B1" OR "C1"…）AND TS=（"A2" OR "B2" OR "C2"…）（A1、B1、C1 代指与"social media"相关的关键词，A2、B2、C2 代指与"corporate governance"相关的关键词，详情见附录）文献类型包括"论文""在线发表""综述论文"，不含"会议录论文""社论材料""修订""书籍章节"[①]。

中文文献的检索也遵循了这一逻辑。首先，在中国知网的 CSSCI 和 CSCD 中利用"社交媒体"作为关键词进行精确检索，将所得结果限制在"金融"、"会计"、"投资"和"证券"文献分类中。这四个文献类别也基本囊括了与"公司治理"有关的研究。其次，将提取得到的文献中与"社交媒体""公司治理"有关的关键词作为第二次检索的关键词。第二次精确检索同样是在 CSSCI 和 CSCD 中"金融"、"会计"、"投资"和"证券"分类下的文献中进行的，只不过关键词为第一次检索提取出的关键词。

基于上述规则，所检索到的最早的英文文献出现在 2002 年，中文文献出现在 2011 年，所以将英文文献的数据时间段限制到 2002 年 1 月到 2021 年 12 月之间[②]；将中文文献的数据时间段限制到 2011 年 1 月到 2021 年 12 月之间，一共检索到 212 篇英文文献和 74 篇中文文献。

除了常规的描述性统计，本章使用 VOSviewer 软件进行了共词网络与被引网络的构建。VOSviewer 是用于分析文献之间关系的软件，主要借助可视化手段来展现科学知识间的结构和规律。此外，还借助布拉德福德定律（Bradford law）和洛特卡定律（Lotka's law），对期刊和作者的分布进行了分析。

3.3 社交媒体与公司治理研究文献统计分析

3.3.1 发文量统计

一般来说，发文量是衡量科研产出情况的重要指标，本节将发文量按照发表

年度进行了统计①，结果如图 3-2 所示。可以看出，以"social media""corporate governance"为主题的英文文献在发表数量上大体呈现了逐步增加的态势。从 2002 年到 2014 年，每年只有零星的以"social media""corporate governance"为主题的文献发表。2015 年，探究社交媒体与公司治理之间联系的文献发表数目迎来了爆发式增长，共计发表了 17 篇。但在 2016 年，发表数目再度回落到 5 篇。而且在这之后，发表数目逐年递增，只有在 2020 年出现了短暂而微弱的下滑，即 2019 年和 2020 年分别发表了 31 篇和 30 篇，在 2021 年，发表数目进一步上升到 42 篇，2022 年上半年发表 25 篇。这一趋势说明，从国际上来看，随着社交媒体渗透率的提高，学者加强了对"社交媒体如何影响公司治理"这一问题的关注，并付出了大量的努力，取得了丰富的研究成果。

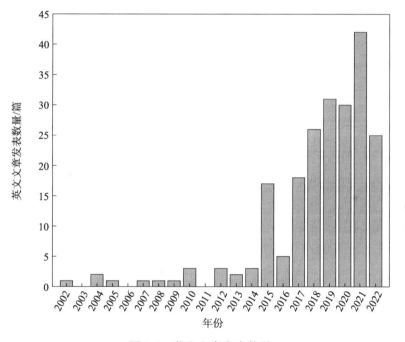

图 3-2　英文文章发表数量

图 3-3 展示了中文文献的发表情况。相较于英文文献的发表情况，以"社交媒体""公司治理"为主题的中文研究起步较晚，直到 2011 年才出现了第一篇。这可能是受到了中国公司治理的成熟度较低以及社交媒体处于发展初期的影响。之后，相关文献的发表数量也经历了数轮起落。2011 年至 2015 年分别发表 2 篇、1 篇、3 篇、2 篇和 2 篇。2016 年迎来第一波增长，共计发表了 6 篇，随后的 2017

---

① 由于英文文献存在已上线，但未被刊印的情况，本章在统计发文量时，将未给刊号的论文都计入了 2022 年的发文量中。

年和 2018 年分别发表 10 篇和 12 篇，而在 2019 年和 2020 年，发表数目再度下降至 8 篇，而 2021 年发表了 20 篇，是 2011~2021 年的顶峰。这一趋势意味着针对这一主题的研究还有很大的发展空间。

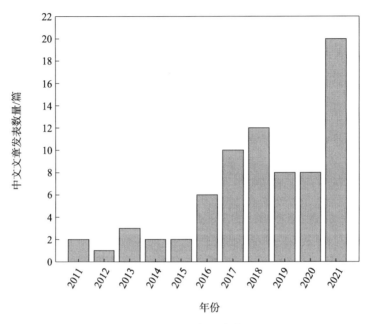

图 3-3　中文文章发表数量

综上，不论是在国内还是国外，学术界已经充分认识到了"社交媒体与公司治理"研究领域的巨大潜力，这个方向具有良好的发展前景。

3.3.2　关键词统计

从关键词的统计情况可以大致推断这一领域学者所关注的热点问题。因此，统计了检索得到的文献中关键词的分布情况，并根据它们出现的频率，从高到低对关键词进行了排序。

英文文献共有 707 个关键词。表 3-1 的左半部分给出了英文文献中排名前 12 的关键词①。作为检索最为核心的关键词，"social media"理所当然地成了第一，共计出现了 65 次，占全部关键词的 6.586%，远远高于其他关键词出现的次数。排名第二的是"Twitter"，出现了 17 次，这说明"社交媒体与公司治理"领域研究一个常用的数据源是推特。另外一个重要的数据来源是"Facebook"，共计出现

---

① Web of Science 的检索结果包含作者给出的关键词和数据库给出的关键词，而中国知网的检索结果只包含作者给出的关键词，为保持一致，本章在进行英文关键词统计的时候关注了作者给出的关键词。之所以给到排名前 12 的关键词，是因为在这之后的关键词存在出现次数大量相同的情况，不易区分。之后遇到类似情况，也采取了相同的处理方法。

了 8 次，和"corporate social responsibility"并列第 6 位。"disclosure"排在第 3 位，暗示着"社交媒体与公司治理"领域中较大一部分研究关注了社交媒体的出现如何影响公司的信息披露情况。"corporate governance"排在第 4 位，共计出现了 11 次。紧随其后的是"accountability"出现了 10 次。公司治理领域的又一重要主题，也是近些年来，学者普遍关注的话题"corporate social responsibility"出现了 8 次。随后，"information asymmetry"出现了 7 次，说明社交媒体上的内容和公司信息不对称性之间的关系也是这一领域研究的重点问题。"big data"出现了 6 次，证明大数据分析可能是这一领域的重要技术手段。

表 3-1　关键词统计

英文文献			中文文献		
关键词	出现次数/次	占比	关键词	出现次数/次	占比
social media	65	6.586%	社交媒体	12	3.960%
Twitter	17	1.722%	投资者情绪	9	2.970%
disclosure	16	1.621%	微博	8	2.640%
corporate governance	11	1.114%	信息披露	6	1.980%
accountability	10	1.013%	信息不对称	6	1.980%
corporate social responsibility	8	0.811%	股价同步性	5	1.650%
Facebook	8	0.811%	"上证 e 互动"	5	1.650%
information asymmetry	7	0.709%	自媒体信息披露	4	1.320%
big data	6	0.608%	文本分析	4	1.320%
stakeholder engagement	6	0.608%	"互动易"	4	1.320%
corporate disclosure	5	0.507%	新媒体	4	1.320%
dialogic accounting	5	0.507%	公司治理	4	1.320%
			分析师	4	1.320%

注：占比是按照关键词出现次数统计的，即被检索文献中某一关键词出现次数除以被检索文献中所有关键词出现次数总和

中文文献共有 220 个关键词，排名靠前的关键词分布如表 3-1 的右半部分所示。可以看出，相较于英文文献关键词，中文文献关键词的分布更加分散。排名第一的依然是检索最为核心的关键词"社交媒体"，总共出现了 12 次。值得注意的是，"投资者情绪"紧随其后，出现了 9 次，说明中文文献作者较为倾向于研究社交媒体发帖和投资者情绪，或者以投资者情绪作为联系社交媒体内容和公司治理结果之间的路径。与英文文献关键词类似，"微博"一词位列第三，说明微博也是中文文献的主要数据来源，同时"信息披露"和"信息不对称性"也处在较为靠前的位置，说明中文文献作者也十分关注社交媒体对公司信息披露和信息不对

称性的影响。"股价同步性"和"'上证 e 互动'"并列第六,都出现了 5 次,这意味着,"股价同步性"是该领域中文文献作者关心的话题,"'上证 e 互动'"这一中国情境中独特的制度创新也给中文文献作者提供了许多的研究机会。此外,与"'上证 e 互动'"功能一致的"'互动易'"作为关键词共计出现了 4 次,"文本分析"这一数据处理技术也出现了 4 次,说明了这一技术在该领域中文文献中的广泛应用。

总之,通过上述分析可知,目前"社交媒体与公司治理"这一领域的研究涉及信息披露、信息透明度等众多研究主题。将中文文献的关键词分布和英文文献的关键词分布相对比,可以发现,中英文文献使用的数据来源和数据方法具有一定的相似性。此外,"上证 e 互动"和"互动易"平台的设立也为这一领域的研究开拓了新的空间。

3.3.3 期刊统计

本章统计了中英文文献的来源。和前述分析一样,首先统计了不同期刊发表以"社交媒体与公司治理"为主题文献的数目,然后按照发表数目的多少对期刊进行从高到低的排序。在表 3-2 中仅展示了排名相对靠前的期刊。

表 3-2 期刊统计

英文文献			中文文献		
期刊名称	文章数目/篇	占比	期刊名称	文章数目/篇	占比
Accounting, Auditing & Accountability Journal	16	7.547%	《证券市场导报》	6	8.108%
Meditari Accountancy Research	14	6.604%	《山西财经大学学报》	4	5.405%
Journal of Information Systems	12	5.660%	《管理科学学报》	3	4.054%
Journal of Accounting Research	7	3.302%	《当代财经》	3	4.054%
Pacific-Basin Finance Journal	6	2.830%	《金融研究》	3	4.054%
Journal of Corporate Finance	6	2.830%	《经济问题》	2	2.703%
The Accounting Review	5	2.358%	《财经研究》	2	2.703%
Accounting, Organizations and Society	5	2.358%	《上海财经大学学报》	2	2.703%
Accounting & Finance	5	2.358%	《投资研究》	2	2.703%
Sustainability Accounting, Management and Policy Journal	5	2.358%	《管理科学》	2	2.703%
Journal of Risk and Financial Management	5	2.358%			
Critical Perspectives on Accounting	4	1.887%			
Contemporary Accounting Research	4	1.887%			
Corporate Governance: An International Review	4	1.887%			
Finance Research Letters	4	1.887%			

发表此类英文文献最多的期刊是 *Accounting, Auditing & Accountability Journal*，共计刊载了 16 篇"社交媒体与公司治理"领域文献，占比为 7.547%。排在第二位的是 *Meditari Accountancy Research*，共计发表了 14 篇，占比为 6.604%。排在第三位的是美国会计学会旗下一个专注于刊载与会计信息系统相关研究的期刊 *Journal of Information Systems*，共计发表了 12 篇文章，占比为 5.660%。而后是会计领域三大顶级期刊之一的 *Journal of Accounting Research*，总共发表了 7 篇"社交媒体与公司治理"领域文献。而专注于亚太地区资本市场问题的期刊 *Pacific-Basin Finance Journal* 和专注于公司金融问题的知名期刊 *Journal of Corporate Finance* 都发表了 6 篇文献，占比为 2.830%。而会计领域的顶级期刊 *The Accounting Review* 和权威期刊 *Contemporary Accounting Research* 分别发表了 5 篇和 4 篇文献。上述排名说明了优质期刊对"社交媒体与公司治理"领域文献的研究内容的认可，且从总体上来说，会计学的期刊比金融学的期刊对相关研究的接受度更高一些。

反观国内，可以看到，排名第一的是《证券市场导报》，发表了 6 篇文章，占比为 8.108%。紧随其后的是《山西财经大学学报》，发表了 4 篇论文，占比为 5.405%。《管理科学学报》《当代财经》《金融研究》都发表了 3 篇文章，并列第三。《经济问题》《财经研究》《上海财经大学学报》《投资研究》《管理科学》5 个期刊均发表了 2 篇论文。在这之后的 45 个期刊都发表了 1 篇与"社交媒体与公司治理"有关的论文。总之，国内管理学界或者经济学界的很多优秀期刊也对"社交媒体与公司治理"主题的文献采取开放包容的态度。

为了验证"社交媒体与公司治理"领域文献的发文期刊是否具有核心效应，借助布拉德福德定律分析。该定律可用于描述文献分布的规律，即少数的核心期刊集中了该学科中大量的论文。具体说来，如果将某一学科的期刊按照发表相关主题论文的多少按递减顺序排列，并以保证各个类型期刊上的文章数目大体相等的标准将该学科的期刊分成核心期刊、相关期刊以及非相关期刊，则核心期刊、相关期刊和非相关期刊的数量应该呈现 $1:n:n^2$ 的关系。

按照上述标准，将英文期刊和中文期刊进行分类，表 3-3 展示了英文文献的期刊分布，表 3-4 展示了中文文献的期刊分布。经过推算，英文文献的核心期刊、相关期刊和非相关期刊的比例为 6:18:65，n 大致为 3.253。而对于中文文献较难进行三等分，说明中文文献的分布基本不满足布拉德福德定律，只能暂且将三种期刊按照发文数的 19:10:45 进行分类，由此得到三个类型期刊比例为 5:14:36，假定布拉德福德定律成立，对应的 n 值大约为 2.702。可以看到，不论是英文文献还是中文文献，n 值都较小，说明"社交媒体与公司治理"领域期刊的核心效应尚未形成，目前还没有非常专业的期刊。

表 3-3　英文文献期刊分布

分类	发文数/篇	期刊数/种	累计期刊数/种	累计发文数/篇	三类期刊累计发文总数/篇
	16	1	1	16	16
	14	1	2	14	30
核心期刊	12	1	3	12	42
	7	1	4	7	49
	6	2	6	12	61
	5	5	11	25	86
相关期刊	4	4	15	16	102
	3	9	24	27	129
非相关期刊	2	18	42	36	165
	1	47	89	47	212

表 3-4　中文文献期刊分布

分类	发文数/篇	期刊数/种	累计期刊数/种	累计发文数/篇	三类期刊累计发文总数/篇
	6	1	1	6	6
核心期刊	4	1	2	4	10
	3	3	5	9	19
相关期刊	2	5	10	10	29
非相关期刊	1	45	55	45	74

进一步，基于布拉德福德定律计算了理论的期刊数和发文数，并与真实值进行了对比，表 3-5 展示了英文文献的情况，表 3-6 展示了中文文献的情况。可以看到，英文文献的实际核心期刊数和理论值相吻合，实际的相关期刊数少于理论值，但是非相关期刊数多于理论值。从发文量来看，结论也相似，核心期刊的发表水平与理论值大致相当，相关期刊发文量较少，而非相关期刊发文量较多。这意味着，在国际上，"社交媒体与公司治理"领域的研究还有待于进一步开展。对于中文文献，核心期刊数目和理论值相一致，但是相关期刊数目少于理论值，非相关期刊数目多于理论值。就发文数而言，除了非相关期刊，核心期刊和相关期刊的发文量均小于理论值，说明国内的核心期刊和相关期刊还需要加快发展。

表 3-5　英文文献符合布拉德福德定律理论发文数与统计样本数差距

分类	期刊数/种	发文数/篇	平均发文数/篇	理论期刊数/种	理论发文数/篇	期刊数−理论期刊数/种	发文数−理论发文数/篇
核心期刊	6	61	10	6	60	0	1
相关期刊	18	68	4	20	80	−2	−12
非相关期刊	65	83	1	63	63	2	20

表 3-6　中文文献符合布拉德福德定律理论发文数与统计样本数差距

分类	期刊数/种	发文数/篇	平均发文数/篇	理论期刊数/种	理论发文数/篇	期刊数−理论期刊数/种	发文数−理论发文数/篇
核心期刊	5	19	4	5	20	0	−1
相关期刊	5	10	2	14	28	−9	−18
非相关期刊	45	45	1	36	36	9	9

3.3.4　作者统计

作者分布对于厘清一个细分研究领域的发展脉络有着重要意义。本章统计了"社交媒体与公司治理"领域发文作者的分布[①]。从表 3-7 的结果可以看出，该研究领域作者的分布较为分散。以英文文献为例，共有 522 名学者发表了以"社交媒体与公司治理"为主题的论文。两位学者并列第一，都发表了 4 篇文章，占比为 0.710%，紧随其后的 3 位学者发表了 3 篇文章，之后共有 29 位学者发表了 2 篇文章。中文文献的分布比英文文献集中，排在第一位的学者发表了 8 篇文章，占比高达 4.469%，后面的 9 位学者发表了 3 篇论文，7 位学者发表了 2 篇论文，发表 1 篇论文的学者达一百余人。表 3-8、表 3-9 更清晰地展示了上述分布情况。可以看到高达 93.487%的学者发表了 1 篇以"社交媒体与公司治理"为主题的英文论文，87.671%的学者发表了 1 篇相应主题的中文论文。

表 3-7　作者统计

英文文献			中文文献		
作者姓名	发文数目/篇	占比	作者姓名	发文数目/篇	占比
Manetti, Giacomo	4	0.710%	黄宏斌	8	4.469%
Bellucci, Marco	4	0.710%	高敬忠	3	1.676%
Lodhia, Sumit	3	0.533%	杨朝	3	1.676%
Zhang, Wei	3	0.533%	杨凡	3	1.676%
Feng, Xu	3	0.533%	张玉明	3	1.676%
Mohamed, Ehab K.A.	2	0.355%	刘倩茹	3	1.676%
Elragal, Ahmed	2	0.355%	李岩	3	1.676%
Filip, Andrei	2	0.355%	金德环	3	1.676%
Hasan, Rajib	2	0.355%	岑维	3	1.676%
Moon, Jr.James R.	2	0.355%	童娜琼	3	1.676%
Lei, Lijun (Gillian)	2	0.355%	罗劲博	2	1.117%
Stone, Gerard	2	0.355%	张维	2	1.117%
Zhou, Mi (Jamie)	2	0.355%	孙雅妮	2	1.117%
Xiong, Xiong	2	0.355%	李然	2	1.117%

①　作者统计不区分作者的身份（如第一作者、通讯作者等）。如果一篇文章有三位作者，那么就会给三位作者各记一篇发表。

英文文献			中文文献		
作者姓名	发文数目/篇	占比	作者姓名	发文数目/篇	占比
Shen, Dehua	2	0.355%	王孝钰	2	1.117%
Lynn, Theo	2	0.355%	胡军	2	1.117%
Rosati, Pierangelo	2	0.355%	王甄	2	1.117%
Debreceny, Roger S.	2	0.355%			
Wang, Tawei	2	0.355%			
Grant, Stephanie M.	2	0.355%			
Hodge, Frank D.	2	0.355%			
Lombardi, Rosa	2	0.355%			
Secundo, Giustina	2	0.355%			
Dumay, John	2	0.355%			
Brennan, Niamh M.	2	0.355%			
Jiang, Wei	2	0.355%			
Campbell, John L.	2	0.355%			
Xu, Qifa	2	0.355%			
Jiang, Cuixia	2	0.355%			
Hope, Ole-Kristian	2	0.355%			
Moldovan, Rucsandra	2	0.355%			
Corbet, Shaen	2	0.355%			
Goncharenko, Galina	2	0.355%			
Hazelton, James	2	0.355%			

注：占比是按照作者出现次数统计的，即被检索文献中某一作者出现次数除以被检索文献中所有作者出现次数总和

表 3-8 英文文献作者分布

发文数/篇	作者数/人	发文数×作者数	发文数×作者数累计	发文数×作者数累计占比	作者数累计/人	作者数占比	作者数累计占比
4	2	8	8	1.421%	2	0.383%	0.383%
3	3	9	17	3.020%	5	0.575%	0.958%
2	29	58	75	13.321%	34	5.556%	6.513%
1	488	488	563	100%	522	93.487%	100%

表 3-9 中文文献作者分布

发文数/篇	作者数/人	发文数×作者数	发文数×作者数累计	发文数×作者数累计占比	作者数累计/人	作者数占比	作者数累计占比
8	1	8	8	4.469%	1	0.685%	0.685%
3	9	27	35	19.553%	10	6.164%	6.849%
2	8	16	51	28.491%	18	5.480%	12.329%
1	128	128	179	100%	146	87.671%	100%

基于上述分布，使用洛特卡定律对国内外"社交媒体与公司治理"领域作者与发文数目之间的关系进行了检验。该定律由 Lotka（1926）提出，描述了科学生产率分布的经验规律，即发表 n 篇论文的学者数量是发表 1 篇论文的学者数量的 n 次方分之一。在此基础上，Pao（1985）经过进一步的整理和挖掘，提出了"广义洛特卡定律"：

$$y_x = C/x_n \qquad\qquad（3\text{-}1）$$

其中，y 为发表 x 篇文章的作者数；n 为参数，可以由回归得到；C 为某领域的特征常数。

由 Pao（1985）文献所给出的方法可以计算得到，在英文文献中，n=4.165，C=0.933[①] 符合广义洛特卡定律的分布范围。n 值较大，说明高产学者的发文数量与普通作者的发文数量存在比较大的差距，这意味着"社交媒体与公司治理"研究正处于发展初期。除此之外，还对上述结论进行了基于非参数检验方法的 K-S（Kolmogorov-Smirnov，科尔莫戈罗夫–斯米尔诺夫）检验。具体来说，将观测值与广义洛特卡定律的理论值之间的最大差值记为 D。

$$D=\max\left|F_0(x) - F_n(x)\right| \qquad\qquad（3\text{-}2）$$

其中，$F_0(x)$ 为累计作者数占全部作者比例的理论值；$F_n(x)$ 为累计作者数占全部作者比例的观察值。计算得出的各个参数值如表 3-10、表 3-11 所示。

表 3-10　英文文献广义洛特卡定律的分布 K-S 检验

发文数	作者数	作者百分比	累计($F_n(x)$)	理论作者百分比	理论值($F_0(x)$)	$\left|F_0(x)-F_n(x)\right|$
1	488	0.935	0.935	0.933	0.933	0.002
2	29	0.056	0.990	0.052	0.985	0.005
3	3	0.006	0.996	0.010	0.995	0.002
4	2	0.004	1.000	0.003	0.998	0.002

表 3-11　中文文献广义洛特卡定律的分布 K-S 检验

发文数	作者数	作者百分比	累计($F_n(x)$)	理论作者百分比	理论值($F_0(x)$)	$\left|F_0(x)-F_n(x)\right|$
1	128	0.877	0.877	0.670	0.670	0.206
2	8	0.055	0.932	0.146	0.817	0.115
3	9	0.062	0.993	0.060	0.876	0.117
8	1	0.007	1.000	0.007	0.883	0.117

① $C = \dfrac{1}{\sum 1/x^{4.165}} = 0.933$ 。

K-S 检验的样本数为 522 的 1%显著性水平的临界值为 0.071[①]，而观察值与理论值之间的最大差值 0.005 远小于 0.071，说明"社交媒体与公司治理"领域学者的科学生产率符合广义洛特卡定律，也说明学者队伍、科研力量具有了一定的规模。但是反观中文文献，根据计算，$n=2.199$，$C=0.670$[②]，对于样本数为 146 的 1%显著性水平的临界值为 0.135[③]，而观察值与理论值之间的最大差值 0.206 大于0.135，说明中文文献作者的分布不符合广义洛特卡定律。

3.3.5 机构统计

本节统计"社交媒体与资本市场"领域研究机构的分布情况[④]。英文文献共涉及 342 个单位，分散在各个国家。在表 3-12 展示的前 17 名中，中国的学术单位占据 2 席，分别是天津大学和西南财经大学，分别发表了 6 篇（占比为 1.330%）、3 篇（占比为 0.665%）。中文文献共涉及 51 个单位，在表 3-12 展示的前 21 名中，天津财经大学发表文献最多，共计 12 篇，占比高达 12.121%，上海财经大学、中央财经大学和厦门大学紧随其后，分别发表了 6 篇、5 篇和 4 篇论文，此外共有 7所大学发表了 3 篇论文。总体而言，英文文献在机构上的分散程度要远大于中文文献。

表 3-12   机构统计

英文文献			中文文献		
学校名称	发文数目/篇	占比	学校名称	发文数目/篇	占比
Tianjin University	6	1.330%	天津财经大学	12	12.121%
The University of Georgia	4	0.887%	上海财经大学	6	6.061%
University of Florence	4	0.887%	中央财经大学	5	5.051%
Macquarie University	4	0.887%	厦门大学	4	4.040%
The University of Manchester	3	0.665%	山东大学	3	3.030%
University of Houston - Clear Lake	3	0.665%	东南大学	3	3.030%
University of Toronto	3	0.665%	天津大学	3	3.030%
Georgia Institute of Technology	3	0.665%	广东外语外贸大学	3	3.030%
University of Wisconsin	3	0.665%	华东师范大学	3	3.030%
University of Illinois	3	0.665%	北京大学	3	3.030%

---

① $D(522,0.01) = 1.63 / \sqrt{522} = 0.071$。

② $C = \dfrac{1}{\sum 1/x^{2.199}} = 0.670$。

③ $D(146,0.01) = 1.63 / \sqrt{146} = 0.135$。

④ 机构统计不考虑一篇文章机构重复出现的情况，即如果一篇文章出现两个作者属于同一个单位，该单位记一次文章发表。

英文文献			中文文献		
学校名称	发文数目/篇	占比	学校名称	发文数目/篇	占比
University of South Australia	3	0.665%	江西财经大学	3	3.030%
Southwestern University of Finance and Economics	3	0.665%	兰州大学	2	2.020%
The University of Sydney	3	0.665%	中国人民大学	2	2.020%
Georgia State University	3	0.665%	对外经济贸易大学	2	2.020%
Dublin City University	3	0.665%	上海对外经贸大学	2	2.020%
University of Bath	3	0.665%	山东财经大学	2	2.020%
University of Sussex	3	0.665%	上海市金融信息技术研究重点实验室	2	2.020%
			复旦大学	2	2.020%
			南京大学	2	2.020%
			西安交通大学	2	2.020%
			西南财经大学	2	2.020%

注：占比是按照机构出现次数统计的，即被检索文献中某一机构出现次数除以被检索文献中所有机构出现次数总和

3.4　网络分析

3.4.1　共词网络分析

利用 VOSviewer 软件绘制了"社交媒体与公司治理"主题文献关键词的共现网络。为了便于分析，选择了出现 3 次以上的关键词作为网络的节点。绘制结果如图 3-4（英文文献）和图 3-5（中文文献）所示。节点的大小代表着关键词出现的频率，而节点之间的连线代表着关键词之间联系的紧密程度。英文网络中一共有 43 个节点，和表 3-1 所展示的结果一致，最大的节点是"social media"。与它距离较近的节点有"corporate reporting""sustainability reporting"，说明被检索到的英文文献很容易将社交媒体和财务报告、可持续报告等内容联系在一起。此外，从图中的关键词可以看出"社交媒体与公司治理"领域文献的研究主题丰富多样，覆盖社会责任、创新、信息披露、员工满意度、企业数字化等众多维度。

中文文献的网络共有 20 个节点。其中，和"社交媒体"联系最为紧密的关键词是"微博"、"信息披露"、"文本分析"和"股价同步性"，说明中文文献作者在"社交媒体与公司治理"主题下，最为关注社交媒体与信息披露、股价同步性等相关的话题，倾向应用微博数据和文本分析技术。另外，对比图 3-4 和图 3-5 可以发现，中文文献关键词类型不如英文文献关键词丰富，这说明中文文献作者可以尝试进行思路更宽广、主题更多样的研究。

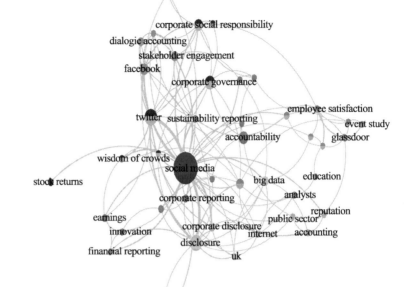

图 3-4　英文文献共词网络

软件自动导出的关键词统一为小写

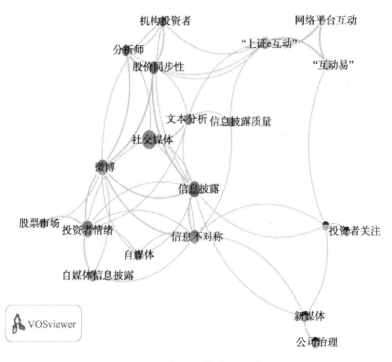

图 3-5　中文文献共词网络

3.4.2　被引网络分析

为了更好地找到"社交媒体与公司治理"领域中的核心文献，利用 VOSviewer 软件绘制了检索得到的英文文献之间的引用网络①。图 3-6 中的节点代表着不同的文献，节点的大小代表文献被 Web of Science 数据库收录的文献引用的次数（简称为总体被引），连线的数目（简称为边数）表示被检索到的文献引用的次数（简称为局部被引）。

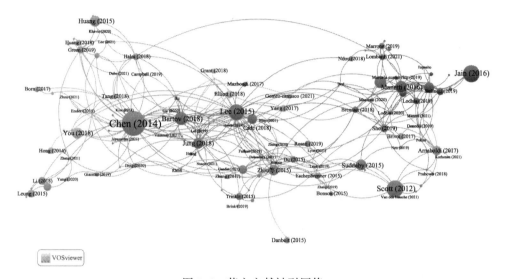

图 3-6　英文文献被引网络

图中英文文献只显示第一作者和年份，与正文中的参考文献的引用格式不同；
图片是软件自动导出的，部分文献年份未显示

边数最多的节点是于 2014 年发表在金融学顶级期刊 *The Review of Financial Studies* 上的 Chen 等（2014）的文章。Chen 等（2014）对 Seeking Alpha 上的股评文章进行了信息含量分析。相较于股吧，Seeking Alpha 上的讨论更加专业，篇幅也更长，这或许和 Seeking Alpha 的初始定位、用户素养以及激励设置有关。本节使用文本挖掘的手段对 Seeking Alpha 上的文章和评论进行了情感分析，发现从文章和评论中传达出的投资者观点可以显著地预测股票未来的收益和公司的未预期盈余，进一步证实了投资者在和投资有关的社交媒体上发表的个人观点是具有信息含量的。

边数第二多的节点是 Lee 等（2015），这篇文章关注的是公司如何运用社交媒体维持股价的稳定。具体来说，这篇文章研究了发生产品召回时企业通过社交媒体进行危机公关对于股票价格的影响。本节瞄准了四种不同类型的社交媒体：企

---

① 由于从中国知网上导出的中文文献没有引用信息，所以此小节的分析不包括中文文献。

业博客、RSS、推特和脸书，并发现相较于没有社交媒体账号的企业来说，使用社交媒体公关的企业可以显著地降低市场对其产品召回的不良反应，但是使用推特和脸书进行公关的效果要逊色于使用企业博客和 RSS 的效果。这是因为，推特和脸书的交互性更强，企业对其信息内容的掌控能力更弱，因此来自投资者的不同解读可能会扭曲公司的意图，引起股价的下跌。这一研究结果证明，企业通过使用社交媒体传播信息确实能够对资本市场产生影响，这种影响也因社交媒体平台特点的不同而不同。这篇文章于 2015 年发表在会计学领域顶级期刊 *Journal of Accounting Research* 上。

边数第三多的节点是于 2018 年发表在会计领域顶级期刊 *The Accounting Review* 上的 Bartov 等（2018）的文章。这篇文章利用了推特上的推文，研究了个体在公司盈余公告发布之前的推文发送是否可以预测公司的盈余公告信息和公告所引起的市场反应。他们发现，从个体推文中汇总而得的观点能够预测公司的盈余表现和盈余公告所引发的股票价格变动。这一结果在控制了同时期的其他信息以及来自传统媒体的观点之后依然稳健，且对于处在不透明信息环境中的公司更为显著。

边数第四多的节点是 Bellucci 和 Manetti（2017），于 2017 年发表在 *Accounting, Auditing & Accountability Journal* 上。这篇文章探讨了脸书作为慈善基金会的对话会计工具，在识别、吸引组织利益相关者并与其进行交流方面的价值。为此，作者对美国 100 家最大的慈善基金会的主要特征及其官方脸书页面的内容进行了分析，发现这些基金会在使用脸书方面存在巨大差别：在美国最大的 100 个基金会中，只有 59 个拥有官方脸书页面，而在这 59 个组织中，只有 15 个基金会发布内容的平均评论数高于 2 条。换言之，只有少数组织依赖社交媒体与利益相关者进行互动。此外，一些组织（如比尔及梅琳达·盖茨基金会、洛克菲勒基金会）似乎已经部署了专门的工作人员在其官方页面上与脸书用户进行互动，因为它们几乎每天都会发布新帖子，准确回复用户的评论，并经常通过问答环节与员工互动。

边数第五多的节点 Jung 等（2018）论证了企业会有策略、有选择地利用社交媒体进行信息发布。他们以美国标准普尔综合指数的成分公司作为研究对象，发现企业在经营业绩不理想的季度，会减少对推特的使用。特别地，当季度盈余表现不好时，这些企业很少使用推特发送季报新闻。这篇文章于 2018 年发表在会计学领域顶级期刊 *The Accounting Review* 上。

边数第六多的节点为发表在 *Journal of Information Systems* 上的 Zhou 等（2015）的文章，其研究调查了 9861 家上市公司，以探究脸书和推特的当前采用状态及其在公司披露中的应用。该调查主要考虑了使用的平台、所在的行业、公司的规模、使用社交媒体的时间和强度（即拥有的账户、发布的消息和用户交互）变化。结果显示，49% 的公司采用了一个社交媒体平台，30% 的公司采用了两个社交媒体平台。然而，尽管超过一半的公司尚未同时采用这两个平台，但自 2010 年以来，这两个平台上的新采用者数量持续下降。结果还显示，分别有 7.06%和 3.45%的脸书和推特消息与公司披露有关。平均而言，用户对脸书上信息的反应（13 分钟）比推特上信息的反应（25 分钟）更快，但是脸书上的用户参与时间（427 分钟）比推特上的用户参与时间（10 分钟）长。

边数第七多的节点是 Manetti 和 Bellucci（2016），该文章于 2016 年发表在 *Accounting, Auditing & Accountability Journal* 上。这项研究评估了通过社交媒体（尤其是脸书、推特和 YouTube）进行的在线互动是否能够成为一种有效的利益相关者的参与机制，以定义社会环境可持续发展报告（society environment sustainable report，SESR）的内容。为此，他们收集了全球 332 份可持续发展报告，并分析了脸书、推特和 YouTube 相关页面的内容。他们发现，只有少数组织通过使用社交媒体来吸引利益相关者、定义 SESR 的内容，并且互动水平普遍较低。这些互动不是采用就如何解决特定的企业社会责任或 SESR 问题以达成民主共识的审议方法，而是侧重于从竞争的角度收集不同的社会政治观点。

边数第八多的节点是于 2018 年发表在 *Accounting, Organizations and Society* 上的 Hales 等（2018）的文章。社交媒体的出现使得公众对公司的意见可以更容易地被访问和汇总。多项研究表明，各种平台，如推特、Seeking Alpha 和 Estimize，提供了可以用来预测未来公司披露的信息。他们在这篇文章中选择了 Glassdoor，在该平台上员工可以就包括公司近期业务前景在内的许多问题自愿分享他们的意见。他们从大约 150 000 条员工评论的样本中，提取了员工对公司前景的明确评估，并通过因子分析得出了潜在前景的衡量标准。然后，他们研究了员工在社交媒体上分享的意见是否与未来的公司披露有关。他们发现，员工意见有助于预测关键收入信息、临时报告项目（如重组费用）、盈利意外和管理层预测。这些证据表明，普通员工正在削弱高层管理人员对公司自愿披露的独家控制权。

边数第九多的节点是 2019 年发表在 *Journal of Accounting Literature* 上的 Lei 等（2019）的文章。这篇文章是一篇文献综述。社交媒体成为新的企业信息披露渠道，使企业信息的生产和传播方式发生了重大变化。这篇综述确定了关于社交媒体如何影响企业信息环境研究中的重要主题，并为进一步探索这一研究领域提供了建议。具体来说，他们先回顾了基于互联网的公司披露和相关法规的演变，然后重点关注最近的三个研究主题：①公司对社交媒体的使用；②非企业用户产生的信息及其对资本市场的影响；③企业信息在社交媒体平台上的可信度。

边数第十多的节点是 2018 年发表在 *Accounting, Organizations and Society* 上的 Cade（2018）的文章。在这篇文章中，他研究了公司与投资者在社交媒体上的交流如何影响投资者对公司的看法。他主要聚焦于一个案例，即管理层如何对一名推特用户关于酌情权责发生制的调整进行回应。他使用了多个实验收集数据，在这些实验中，他通过收到的转发数量和公司的回应来度量批评的感知有效性。结果表明，非专业投资者对批评的看法取决于该推文被转发的次数。在批评被认为是有效的之后，相对于不回应，直接解决批评或将注意力转移到公司披露的积极亮点是有好处的。这些发现加深了对公司如何通过参与而不是放弃社交媒体上有关公司的对话来管理投资者看法的理解。

3.5　本章小结

受益于信息技术的发展，社交媒体迅速崛起，在为我们提供丰富多样信息产品的同时，也在重塑、改造着我们：一方面，社交媒体拓宽了上市公司发布信息和收集信息的渠道；另一方面，社交媒体也扩展了投资者获取资讯和发表观点的平台。针对社交媒体如何影响公司，各学者在借鉴传统媒体研究内容并结合社交媒体自身属性的基础上，进行了大量的研究工作。就整体而言，通过利用推特等社交媒体数据和文本分析等手段，学者普遍肯定了社交媒体在公司治理方面的价值——方便了上市公司与投资者的直接沟通，壮大了公司监管的潜在力量。

本章利用文献计量的方法，对此领域的文献进行了整理和分析，得出了如下结论：①从发文量来看，以"社交媒体与公司治理"为主题的文章正处于蓬勃发展的阶段，英文文献和中文文献在总体上均基本呈现逐年递增的趋势。②从发表期刊来看，"社交媒体与公司治理"领域的中英文文献的核心期刊尚未形成或仅具雏形，还需进一步发展。③从发文作者和所在机构以及基金资助来看，不论是国内还是国外，"社交媒体与公司治理"领域的学者和机构均比较分散。④从研究热点来看，英文文献触及的公司治理话题更广，而中文文献主要聚焦于信息披露等方面。

总之，这是一个很有前景的研究方向，现有的研究覆盖了公司治理相关的诸多主题，层次丰富。但是，由于社交媒体的技术更先进、内容更多样、用户更多元、交互更频繁等特点，关于社交媒体的研究一般涉及经济学、心理学、计算机等多个学科的知识，需要交叉学科的努力，难度较大。所以，截至目前，尚未形成一个完善的理论体系。从目前的研究趋势来看，未来关于"社交媒体与公司治理"主题的研究可以从以下几方面展开：首先，社交媒体使用者的背景千差万别，能力参差不齐，所以不论是投资相关还是非投资相关的社交媒体上都存在着大量的噪声，如何剔除噪声、保留真正有价值的内容是该领域学者面临的重要问题。其次，现有文献的分析对象大多集中在社交媒体的文字信息上，但是社交媒体上的内容不仅限于文字，还有图像、声音、视频，特别是在当下，短视频、直播火爆的情况下，利用非结构化数据开展研究将是一个重要的方向。最后，现在的研究大多只是在研究社交媒体的介入会对公司治理产生何种影响，较少有研究会考虑社交媒体的核心特点，如交互性和平等性。未来的研究可以更多关注社交媒体上的关注网络、交互情况和言论表达特点，以丰富现有的研究结论。

参考文献

丁慧, 吕长江, 黄海杰. 2018a. 社交媒体、投资者信息获取和解读能力与盈余预期: 来自"上证 e 互动"平台的证据. 经济研究, 53(1): 153-168.

丁慧, 吕长江, 陈运佳. 2018b. 投资者信息能力:意见分歧与股价崩盘风险: 来自社交媒体"上证 e 互动"的证据. 管理世界, 34(9): 161-171.

孙鲲鹏, 王丹, 肖星. 2020. 互联网信息环境整治与社交媒体的公司治理作用. 管理世界, 36(7): 106-132.

Ang J S, Hsu C, Tang D, et al. 2021. The role of social media in corporate governance. The Accounting Review, 96(2): 1-32.

Bartov E, Faurel L, Mohanram P S. 2018. Can Twitter help predict firm-level earnings and stock returns?. The Accounting Review, 93(3): 25-57.

Bellucci M, Manetti G. 2017. Facebook as a tool for supporting dialogic accounting? Evidence from large philanthropic foundations in the United States. Accounting, Auditing & Accountability Journal, 30(4): 874-905.

Cade N L. 2018. Corporate social media: how two-way disclosure channels influence investors. Accounting, Organizations and Society, 68/69: 63-79.

Chen H L, De P, Hu Y, et al. 2014. Wisdom of crowds: the value of stock opinions transmitted through social media. The Review of Financial Studies, 27(5): 1367-1403.

Chen H L, Hwang B H, Liu B X. 2019. The Emergence of "Social Executives"and Its Consequences for Financial Markets. New York :SSRN.

Elliott W B, Grant S M, Hodge F D. 2018. Negative news and investor trust: the role of $ firm and# CEO Twitter use. Journal of Accounting Research, 56(5):1483-1519.

Feng X N, Johansson A C. 2019. Top executives on social media and information in the capital market: evidence from China. Journal of Corporate Finance, 58: 824-857.

Hales J, Moon J R, Swenson L A. 2018. A new era of voluntary disclosure? Empirical evidence on how employee postings on social media relate to future corporate disclosures. Accounting, Organizations and Society, 68/69: 88-108.

Jung M J, Naughton J P, Tahoun A, et al. 2018. Do firms strategically disseminate? Evidence from corporate use of social media. The Accounting Review, 93(4): 225-252.

Lee L F, Hutton A P, Shu S S. 2015. The role of social media in the capital market: evidence from consumer product recalls. Journal of Accounting Research, 53(2): 367-404.

Lei L J, Li Y T, Luo Y. 2019. Production and dissemination of corporate information in social media: a review. Journal of Accounting Literature, 42: 29-43.

Lotka A J. 1926. The frequency distribution of scientific productivity. Journal of the Washington Academy of Sciences, 16: 317-323.

Manetti G, Bellucci M. 2016. The use of social media for engaging stakeholders in sustainability reporting. Accounting, Auditing & Accountability Journal, 29(6): 985-1011.

Pao M L. 1985. Lotka's law: a testing procedure. Information Processing & Management, 21(4): 305-320.

Zhou M J, Lei L G, Wang J L, et al. 2015. Social media adoption and corporate disclosure. Journal of Information Systems, 29(2): 23-50.

附录

分类	关键词			
social media	airbnb	average rating	blog	blogs
	consumer opinions	consumer reviews	customer review	customer reviews
	discussion forums	electronic word of mouth	enterprise social media	ewom
	facebook	facebook pages	financial community	financial social media
	forums	glassdoor	group-level	internet message board
	linkedin	message board	message boards	microblog
	microblogging	microblogs	online comments	online communities
	online community	online reviews	online social media	online social networks
	opinion leader	organizational social media	postings	product reviews
	retweet	seeking alpha	social media	social media analytics
	social media bots	social media content	social media marketing	social media platform
	social media sentiment	social media text mining	social-media	stock message boards
	stock opinions	tweets	twitter	twitter activity
	user reviews	user-generated content	value of Facebook	web 2.0
	web 2.0 technologies	weibo	wiki	wikipedia
	wisdom of crowds	wisdom of the crowd	youtube	
corporate governance	accountability	accounting communication	accounting firms	accounting interventions
	accounting narratives	acquisitions	announcements	cash flow surprises
	cash flows	ceo turnover	company performance	conference calls
	corporate accountability	corporate disclosure	corporate disclosures	corporate fraud
	corporate governance	corporate information environment	corporate political activity	corporate reporting
	corporate social responsibility	corporate social responsibility (csr)	csr	csr disclosure
	earnings	earnings announcement	earnings announcements	earnings forecasts
	earnings management	environmental disclosures	financial disclosure	financial disclosures
	financial performance	financial reporting	financial reporting opacity	fraud detection
	fundamental analysis	innovation	intangible assets	leverage
	management disclosure	negative earnings surprise	private meetings	productivity
	regulation fair disclosure	research-and-development	stakeholder engagement	stakeholder interactions
	stakeholder management	stakeholder perceptions	strategic disclosure	tobin's q
	voluntary disclosure			

注：关键词为软件检索，统一为小写，故附录中均为小写

第 4 章

CEO 媒体报道语调对公司投资行为影响分析

4.1 研究背景

在公司金融学中，公司如何分配资本是一个重要的议题。公司资本投资决策会驱动未来现金流进而影响公司价值。在完美理论框架下，公司投资决策只由公司的投资机会决定。但在真实世界中，各种各样的市场摩擦都可能会影响公司投资，导致实际投资水平偏离理论模型的预测值。本章探索了媒体报道语调对公司投资的影响。具体地，本章研究了 CEO 的媒体报道语调如何影响他们所在公司的投资水平。

在公司中，CEO 是重要的决策者。以往的研究发现，公司 CEO 的曝光度有显著的经济后果，CEO 媒体报道语调的正面程度与在并购中支付的溢价高度相关。获奖的 CEO 所在的公司通常未来表现欠佳，并且会进行更多的盈余管理，CEO 的商业报道与公司表现显著相关。这些 CEO 会攫取更多的报酬、花费更多的时间加入其他公司的董事会或者写书等。与这些研究相似，本章研究了 CEO 媒体报道语调对另一重要话题——资本支出决策的影响。

本章通过实证的方法，研究了 2331 家中国上市公司的 CEO 媒体报道语调对公司投资决策的影响。本章所使用的 CEO 媒体报道语调数据来自 CNRDS，包括了基于 AI（artificial intelligence，人工智能）算法的财经新闻的文本分析数据。对于投资结果变量，本章使用了在公司投资领域文献中常用的变量：资本支出除以滞后一期的总资产。本章的基准结果表明：CEO 媒体报道语调的积极程度（即积极新闻数量占所有新闻数量的比例）与公司投资水平显著正相关。该结果在控制了各种变量以及公司、年度固定效应后依然稳健。

虽然基准结果较为稳健，但是一个可能的顾虑是 CEO 媒体报道语调变量可能具有内生性。比如，做出激进的、扩张性投资决策的 CEO 可能在媒体中常常被塑造为正面的形象（即反向因果关系）。此外，与 CEO 媒体报道语调变量和公司投资变量都相关的不可观测公司异质性也可能使结果产生偏差（即遗漏变量问题）。

为了解决这些内生性问题进而建立因果关系，本章采用了两种方式。为了缓解反向因果问题，采用了格兰杰领先–滞后检验方法。首先，用 CEO 媒体报道语调变量对公司投资变量进行回归，并加上公司投资变量的滞后项。其次，用滞后的公司投资变量和 CEO 媒体报道语调变量对当期的语调变量进行回归。结果显示：CEO 媒体报道语调即使在控制了前期的投资变量后依然对公司投资水平有显著正向影响。然而，前期的公司投资变量并不影响当期的 CEO 媒体报道语调变量，表明了本章的结果并不受反向因果的影响。为了解决遗漏变量问题，本章采用了两阶段工具变量法，工具变量的构建基于 CEO 媒体报道的媒体属性。You 等（2018）发现，中国国有媒体的语调比市场化媒体要更加积极，即媒体的属性（是否是国有媒体）会影响媒体报道语调。然而，媒体是否为国有与公司投资之间并不存在直接的关联关系。因此，本章使用国有媒体的新闻报道比例作为积极语调的工具变量。两阶段最小二乘回归的结果进一步确认了基准结果的稳健性。总的说来，本章的内生性检验排除了基准结果产生于内生性驱动的可能性。

本章的研究结果对于文献有两方面的贡献。一方面，通过研究一种特定的媒体报道（即对于 CEO 的媒体报道语调）对公司投资的影响，本章丰富了媒体领域的研究。以往的对财经新闻的研究主要围绕对公司的报道，而本章的主要研究变量是对公司 CEO 的媒体报道的语调。本章发现对 CEO 的积极报道会导致公司过度投资并且这种效应是由 CEO 的过度自信驱动的。据作者所知，本章的实证研究是首次记录了 CEO 积极新闻与 CEO 过度自信之间的关系。另一方面，本章提出了一个公司投资水平影响因素的行为视角，丰富了公司投资领域的文献。具体来说，本章发现对 CEO 的正向报道与高投资者情绪相关。Malmendier 和 Tate（2005）发现公司投资水平不仅受理性因素影响，也同样受行为偏差的影响。本章的研究扩展了他们的结果，揭示了 CEO 的行为偏差和投资者的行为偏差与公司投资之间的关系。

4.2　CEO 媒体报道语调影响公司投资行为分析

CEO 的媒体报道语调可能会从几个方面影响公司投资。例如，对 CEO 的积极报道可能会使得 CEO 变得过度自信，引发过度投资，这会导致公司决策出现问题。Hayward 和 Hambrick（1997）通过理论建模的方式，描述了当记者把公司的行动和结果归因于 CEO 的能力而不是更宽泛的其他因素时，CEO 会接受并内化这种正面报道，然后会变得对自己的过去的行为和未来的能力过度自信。类似地，Kim（2013）发现被美国消费者新闻与商业频道（Consumer News and Business Channel, CNBC）采访的 CEO 通常会把公司好的表现归因于自己的能力而把公司的表现不佳归因于坏运气或其他的外部因素，这种自我归因偏差最终会导致 CEO 的过度自信。

过度自信也会对公司的投资决策产生深远的影响。通过研究 CEO 如何持有并交易其所在公司的股票和股票期权发现，当公司有充足的内部资金时，CEO 会倾向于过度投资，而当公司需要外部融资时，CEO 通常投资不足。其他的研究也验证了 CEO 的过度自信对公司投资的扭曲作用。本章认为，当报道 CEO 的媒体报道语调越积极时，CEO 越倾向于过度自信。积极的新闻报道意味着 CEO 在做出正确的公司决策和最大化股东利益方面可能基于他们自己的能力做对了某些事，而不是因为外部的他们无法控制的有利因素。这种过度自信揭示了积极的 CEO 媒体报道语调与公司投资水平之间的关系。

积极的 CEO 媒体报道语调也可能提升投资者情绪，导致公司为了迎合投资者情绪而扭曲投资决策。媒体报道语调在改变投资者情绪方面发挥了至关重要的作用。比如，Tetlock（2007）发现《华尔街日报》的悲观新闻报道可以预测股票市场价格和交易量。对 CEO 的新闻报道属于一般财经报道的子集，所以通常也会影响投资者情绪。CEO 在公司决策的制定过程中处于核心地位并且是公司的"脸面"，所以对于 CEO 的媒体报道语调会影响公司层面的投资者情绪，最终影响公司的投资水平。

Polk 和 Sapienza（2009）构建了公司投资的迎合理论，在他们的理论模型中，公司会在股价被高估时投资净现值（net present value，NPV）为负的项目，而在股价被低估时放弃 NPV 为负的项目。Grundy 和 Li（2010）也是通过理论建模的方式，直接构建了投资者情绪和公司投资水平之间的关系。他们认为公司投资水平在一定程度上是为了迎合投资者情绪，当投资者情绪高时，公司会投资更多。很多学者同样发现股票的错误定价对公司投资有显著的影响。在本章，我们认为因为投资者会把 CEO 当作公司的代表，所以积极的 CEO 媒体报道语调会使投资者对公司的发展前景更加过度乐观，从而扭曲了公司投资水平。有关公司投资决定因素的两个理性模型为道德风险理论和信息不对称理论。道德风险理论认为 CEO 会把自己的利益放在最大化股东利益之前，从而更倾向于商业帝国构建和过度投资。信息不对称理论认为由于公司管理层和外部投资者之间存在信息不对称，管理层会在股价被低估时参与正净现值的项目。本章的研究扩展了他们的结论，研究了 CEO 和投资者的行为偏差如何影响公司投资。

4.3   研究设计和描述性统计

4.3.1   样本选择

本章的研究包括了从 2007 年到 2018 年所有在上海证券交易所和深圳证券交易所上市的有可得数据的公司，共计 2331 家。样本从 2007 年开始是因为股权分置改革从这一年开始，到 2018 年截止是因为这是有可得数据的最后一年。本章描述了样本选择的过程。本章所使用的数据来自 CNRDS 数据库。本章收集了来自 CNRDS 数据库的子库——上市公司高管新闻数据库的报道上市公司 CEO 的积极、中性和消极的新闻数量。公司投资数据是来自 CNRDS 数据库的子库——中国公司财务报表数据库，包括了中国所有上市公司的年度财务信息。为了计算公司–年度控制变量，本章从 CNRDS 数据库的各种其他子库里获取了必要的数据。我们剔除了金融行业的公司（由中国证监会定义的行业分类由 "J" 开头的公司），因为这些公司的财务信息与其他行业的公司不能进行直接对比（表 4-1）。

表 4-1　样本筛选过程

筛选步骤	公司–年度数量/个
上海证券交易所上市公司	+12 323
深圳证券交易所上市公司	+17 190
高管新闻缺失的公司	−8 632
CEO 新闻缺失的公司	−11 377
投资变量缺失的公司	−1 091
控制变量缺失的公司	−630
外部融资变量缺失的公司	−2 418
最终数量	5 365

4.3.2　衡量 CEO 媒体报道语调的变量

我们从 CNRDS 数据库的子库——上市公司高管新闻数据库中收集了 CEO 新闻报道的数据并且计算了本章所使用的主要变量 CEO 媒体报道语调。CNRDS 数据库的子库中国上市公司财经新闻数据库包含了来自 400 多个网络媒体平台和超过 300 个报刊新闻媒体的超过 4000 万条新闻数据。这些数据包含了投资者可以获得的最重要的财经新闻信息。数据库还专门筛选出了报道上市公司高管和 CEO 的新闻数据，基于机器学习算法和手动筛选的方式通过新闻标题和内容匹配关键词（如高管姓名、公司名称等）来实现。对于每条新闻数据，数据库还提供了与之相似的新闻报道的数量，如被其他媒体转载的数量。最终，数据库基于文本分析的方法把所有的新闻数据划分为积极、中性和消极语调。划分语调的方法如下：首先，数据库随机抽取新闻数据并手动把它们划分为积极（10 370 条）、中性（4500 条）和消极（9100 条）。其次，使用支持向量机（监督机器学习算法）的方法来训练样本并得到训练模型。最后，基于训练的监督机器学习模型，自动把所有新闻数据打上积极、中性和消极的标签。新闻的数据包含公司名称、高管姓名、新闻来源、发布日期、新闻语调和相似新闻数量。

为了衡量报道 CEO 的媒体报道语调，我们计算了各种语调的新闻数量占所有新闻数量的比例。具体来说，我们先从 CNRDS 数据库中获取了公司–年份–CEO 数据，之后剔除了在同一年份中有 CEO 轮换情况的数据。基于这些数据，我们匹配了相应报道该公司该 CEO 的新闻数据。然后，我们计算了每年报道该 CEO 的总新闻数量（totalnews）。我们使用了新闻的语调数据并且计算了积极（positive）、中性（neutral）和消极（negative）新闻占总新闻数量的比例。为了计算 CEO 媒体报道净语调（nettone），我们用积极新闻减去消极新闻的数量然后再除以总新闻数量（不管当年的中性新闻数量）。

我们把 CEO 媒体报道语调变量（positive、neutral、negative 和 nettone）与公司投资变量合并得到本章实证研究所使用的主要数据集。与其他研究中国财经新闻语调的研究不同的是，我们直接使用了一个知名的数据库所计算的新闻语调数据，而不是基于我们自己的文本分析结果。相比于其他基于文本分析的研究，这样的方式可以提供研究的可比性和可复现性。

4.3.3　衡量公司投资的变量

本章的研究的主要因变量为公司投资。公司投资数据是来自 CNRDS 数据库的子库中国公司财务报表数据库。基于主流公司投资文献（Deng et al.，2020），我们衡量公司投资（investment）的方式为资本支出除以滞后一期的总资产。资本支出为年度现金流量表中的用于资产、无形资产和其他长期资产的现金支出。公司的总资产数据来自终止年度的资产负债表。公司投资变量是公司–年度变量。

基于公司投资文献，在基准回归中，我们控制了一系列同样可以影响投资的公司特征变量。这些控制变量包括公司规模（logmktcap，公司市值的自然对数）、账面市值比（bm，账面价值和市场价值的比例）、现金流（cashflow，经营活动所产生的现金流量）、托宾 Q 值（TobinQ，市值加上总负债除以滞后一期的总资产）、年度销售额（sales）、公司杠杆率（lev，总负债对总资产的比例）、资产收益率（roa）、净资产收益率（roe）、高管持股比例（execshare）、波动率（volatility，一年内日度收益率的标准差）、收入增长率（revgrowth）和外部融资（exfinance，长期负债和股权融资的和除以总资产）。

4.3.4　描述性统计和相关性分析

为了剔除极端值的影响，我们对所有的连续变量都进行了 1% 和 99% 的缩尾处理。表 4-2 提供了所使用的变量的描述性统计。其中除上文提到的变量，还包括报道 CEO 的消极新闻的数量（rawneg）、报道 CEO 的中性新闻的数量（rawneu）、报道 CEO 的积极新闻的数量（rawpos）、非国有媒体报道 CEO 的新闻数量（rnosoenews）、国有媒体报道 CEO 的新闻数量（rsownews）、非国有媒体报道 CEO 的新闻的比例（nosoenews）、国有媒体报道 CEO 的新闻的比例（soenews）、年度的销售收入的变化比率（salesgrowth）、财年末的资产规模（asset）、年度的股票收益率（rawstkret）。CEO 新闻报道总数量变量是高度有偏的，平均值为 240.58 篇而中位数为 13 篇，表明了 CEO 所受到的媒体报道是不平衡的，少数 CEO 获得了大部分的媒体曝光机会。一些学者也发现了报道美国高管的新闻数量也是高度有偏的。把所有媒体报道按照语调进行拆分，平均的积极、中性和消极新闻的比例分别为 40%、30%和 30%。在不同语调之间比例大概是平均分布的，但积极新闻的比例会稍高。积极新闻减去消极新闻的比例的平均值（中位数）为 10%（0）。相关 CEO 新闻语调的数据表明了 CEO 新闻报道是稍许偏向正面的。

表 4-2 描述性统计

变量	变量观测值数量	平均值	标准差	最小值	25%分位数	50%分位数	75%分位数	最大值
investment	7 794.00	6.99	7.18	0.01	2.15	4.84	9.34	62.39
rawneg	7 794.00	232.52	4 264.14	0.00	0.00	0.00	17.00	266 251.00
rawneu	7 794.00	106.05	1 996.00	0.00	0.00	1.00	12.00	132 892.00
rawpos	7 794.00	92.60	1 034.09	0.00	0.00	2.00	19.00	56 857.00
totalnews	7 794.00	240.58	961.29	1.00	3.00	13.00	80.00	10 874.00
positive	7 794.00	0.40	0.41	0.00	0.00	0.26	0.85	1.00
neutral	7 794.00	0.30	0.37	0.00	0.00	0.10	0.54	1.00
negative	7 794.00	0.30	0.39	0.00	0.00	0.66	1.00
nettone	7 794.00	0.10	0.71	−1.00	−0.50	0.00	0.83	1.00
rnosoenews	7 794.00	361.27	5 543.20	0.00	3.00	12.00	68.00	357 447.00
rsownews	7 794.00	69.91	1 054.57	0.00	0.00	0.00	6.00	72 417.00
nosoenews	7 794.00	0.91	0.19	0.00	0.87	1.00	1.00	1.00
soenews	7 794.00	0.09	0.19	0.00	0.00	0.00	0.13	1.00
calltone	3 298.00	0.55	0.20	−0.20	0.44	0.57	0.68	1.00
sentiment	7 786.00	−9.15	8.05	−41.67	−13.77	−8.18	−3.76	24.04
salesgrowth	7 792.00	20.75	43.17	−66.26	−0.89	13.21	32.32	370.75
logmktcap	7 786.00	12.04	18.68	0.62	3.48	6.29	12.25	305.41
bm	7 786.00	0.39	0.26	0.01	0.20	0.32	0.50	1.92
cashflow	7 794.00	0.55	1.92	−5.87	0.01	0.12	0.40	17.81
TobinQ	7 786.00	3.47	2.98	0.76	1.67	2.54	4.20	31.70
asset	7 794.00	11.19	26.53	0.20	1.60	3.29	8.08	268.28
sales	7 794.00	6.97	17.00	0.07	0.71	1.70	4.79	166.08
lev	7 794.00	41.51	20.96	2.83	24.63	40.22	57.25	97.96
roa	7 794.00	4.41	6.20	−83.84	1.79	4.15	7.22	24.88
roe	7 794.00	7.32	13.26	−144.27	3.60	7.49	12.12	355.13
execshare	7 791.00	8.64	15.37	0.00	0.00	0.18	10.03	65.19
revgrowth	7 794.00	18.37	34.83	−71.99	0.36	13.26	30.12	291.50
volatility	7 786.00	2.90	0.92	0.88	2.25	2.73	3.36	11.71
rawstkret	7 778.00	20.36	72.35	−84.97	−25.91	0.44	44.14	652.77
exfinance	5 370.00	0.06	0.09	0.00	0.00	0.02	0.10	0.50

至于公司投资变量，公司平均会花费总资产的 6.99%用于资本支出（中位数为 4.84%）。但在不同的公司–年度之间，该变量的差异较大，最小值为 0.01%（几乎没有新增投资）到最大值的 62.39%（非常激进的投资）。表 4-3 提供了所使用变量的相关系数矩阵。CEO 媒体报道的净语调变量和公司投资变量的相关系数为 0.06。净语调与 CEO 过度自信变量（calltone）和投资者情绪变量（sentiment）的相关系数分别为 0.06 和 0.06。

表 4-3 相关系数矩阵

变量	investment	nettone	calltone	sentiment	logmktcap	bm	cashflow	TobinQ
investment	1.00							
nettone	0.06	1.00						
calltone	−0.05	0.06	1.00					
sentiment	−0.03	0.06	−0.01	1.00				
logmktcap	0.03	0.05	0.02	0.16	1.00			
bm	−0.04	0.01	−0.06	0.12	0.02	1.00		
cashflow	0.06	0.02	−0.04	0.12	0.61	0.24	1.00	
TobinQ	0.13	0.01	0.07	−0.09	0.09	−0.56	−0.10	1.00
asset	−0.02	0.02	0.01	0.14	0.67	0.43	0.68	−0.19
sales	−0.02	0.02	0.04	0.12	0.60	0.37	0.62	−0.18
lev	−0.01	−0.01	−0.03	0.13	0.12	0.21	0.14	−0.27
roa	0.12	0.11	0.05	0.06	0.18	−0.17	0.10	0.26
roe	0.09	0.08	0.04	0.09	0.18	−0.11	0.13	0.16
execshare	0.09	0.01	0.06	−0.18	−0.14	−0.17	−0.13	0.17
revgrowth	0.13	0.04	0.05	−0.01	0.06	−0.13	−0.01	0.25
exfinance	0.12	0.01	−0.01	0.14	0.21	0.33	0.25	−0.22

变量	asset	sales	lev	roa	roe	execshare	revgrowth	exfinance
investment								
nettone								
calltone								
sentiment								
logmktcap								
bm								
cashflow								
TobinQ								
asset	1.00							
sales	0.82	1.00						
lev	0.34	0.33	1.00					
roa	−0.04	−0.02	−0.33	1.00				
roe	0.05	0.06	−0.08	0.73	1.00			
execshare	−0.17	−0.17	−0.28	0.08	0.01	1.00		
revgrowth	−0.02	−0.02	−0.01	0.22	0.20	0.10	1.00	
exfinance	0.42	0.26	0.53	−0.16	−0.05	−0.20	−0.02	1.00

表 4-4 报告了所使用的主要变量的年度分布情况（公司投资变量和 CEO 媒体报道语调变量）。公司投资变量从 2007 年到 2018 年呈现递减的趋势，表明了中国上市公司的投资机会正逐年变少。投资的高峰在 2011 年（10.12%，在样本期间是最高的），可能是因为在金融危机之后由政府主导的激进的基础设施投资增加。在2015 年之前，CEO 新闻报道的数量迅速上升，之后逐渐下降。除了 2009 年之外，CEO 媒体报道净语调一直是正的。总的来说，CEO 在媒体上基本呈现正面形象，虽然这种效应并没有在某些年份更强或更弱。

表 4-4 主要变量年度变化

年份	investment	totalnews	positive	neutral	negative	nettone
2007	9.14%	17.66	0.47	0.33	0.20	0.27
2008	9.57%	9.63	0.41	0.37	0.22	0.18
2009	8.42%	39.35	0.33	0.34	0.34	−0.01
2010	8.95%	125.62	0.40	0.30	0.30	0.10
2011	10.12%	169.02	0.42	0.23	0.35	0.08
2012	8.10%	264.35	0.40	0.26	0.34	0.06
2013	7.19%	376.68	0.38	0.25	0.37	0.01
2014	6.44%	390.10	0.45	0.27	0.28	0.17
2015	6.01%	365.83	0.49	0.26	0.25	0.23
2016	5.57%	290.07	0.39	0.34	0.27	0.12
2017	5.38%	156.09	0.31	0.43	0.26	0.04
2018	5.97%	61.73	0.39	0.25	0.36	0.03
平均年度变化	6.99%	240.59	0.40	0.30	0.30	0.10

4.4 实证结果

4.4.1 单变量分析

为了研究 CEO 媒体报道语调如何影响公司投资决策，我们基于 CEO 媒体报道语调对样本进行了分组，比较了不同组之间的公司投资水平的差异，报告了单变量分析的结果。公司–年度的投资变量按照 CEO 新闻报道的总量和净语调的比例分成了三组。表 4-5 报告了总新闻数量的情况。三组 CEO 新闻报道的公司的投资水平的平均值分别为 6.89%、7.10% 和 6.98%。公司投资在不同的新闻数量组之间的变化并不是单调的，组与组之间的差异也较小。CEO 新闻数量最高组和最低组之间的公司投资水平差值仅为 0.02%，并且在统计上并不显著。

表 4-5　单变量分析

项目	totalnews	nettone
最高组	6.89%	7.43%
中间组	7.10%	7.13%
最低组	6.98%	6.41%
最高组–最低组	−0.02%	1.02%[***]
t 统计量	−0.12	5.18

***表示在 1%的水平下显著

表 4-5 展示了基于 CEO 媒体报道净语调的分组情况。随着 CEO 媒体报道净语调从最高到最低，公司投资水平平均值逐渐从 7.43%到 7.13%再到 6.41%，单调递减变化。CEO 媒体报道净语调最高组和最低组之间的公司投资差值为 1.02%，并且在 1%的水平下显著。总的说来，结果表明了 CEO 媒体报道净语调与公司投资之间存在正向的关系。在影响公司投资水平方面，媒体报道语调起了显著的作用，而新闻报道的数量并没有影响。

4.4.2　回归分析

在描述性统计部分，我们展示了 CEO 媒体报道净语调与公司投资之间存在正相关的关系。为了在排除其他因素的影响之后研究 CEO 媒体报道语调如何影响公司投资，我们估计了如下的回归模型。

$$\text{investment}_{it} = \alpha + \beta\,\text{tone}_{it} + \lambda\,\text{control}_{it} + \text{year}_{it} + \text{firm}_{it} + \varepsilon_{it} \tag{4-1}$$

其中，i 为公司；t 为年份。因变量 investment_{it} 描述了公司投资决策，即用于资本支出的现金占总资产的比例。主要的自变量，CEO 媒体报道语调，是报道 CEO 的新闻中积极（positive）、中性（netrual）和消极（negative）语调分别占总新闻数量的比例。我们同样研究了总新闻数量（totalnews）和 CEO 媒体报道净语调（nettone）的影响。控制变量 control_{it} 是一个公司–年度的变量向量，用于控制其他可能影响公司投资的因素。year_{it} 和 firm_{it} 分别捕捉了年度固定效应和公司固定效应。标准误在公司层面聚集。

我们首先分析了总新闻数量如何影响公司投资，其次分别分析了积极、中性和负面新闻语调对公司投资的影响，最后分析了 CEO 媒体报道净语调对公司投资的影响。表 4-6 报告了回归结果。第（1）列展示了总新闻数量的回归系数为 0.000，并且在统计上不显著，代表了公司投资不随 CEO 新闻报道数量的增加而增多。与一系列揭示媒体报道对公司行为的影响的文献[如（Fang and Peress，2009）]相似，我们发现总新闻数量并不影响公司投资决策。表 4-6 的第（2）列展示了积极 CEO 新闻比例变量的回归系数为 0.654，并且在 1%的水平下显著。第（4）列展示了消极 CEO 新闻比例变量的回归系数为–0.805，并且同样在统计上显著。结合第（2）列和第（4）列，结果表明公司投资水平与积极 CEO 新闻比例正相关，与消极 CEO

新闻比例负相关。然而，在第（3）列，我们发现中性的 CEO 新闻语调比例变量的回归系数为 0.0349 并且在统计上不显著，表明中性语调的新闻比例并不影响公司投资水平。第（5）列表明了 CEO 媒体报道净语调（积极新闻减去消极新闻的比例）的回归系数为 0.467 并且在 1%的水平下显著。其他控制变量的回归结果与以往的文献相一致。

表 4-6　基准回归

变量	（1）	（2）	（3）	（4）	（5）
totalnews	0.000				
	(−0.136)				
positive		0.654***			
		(2.916)			
neutral			0.035		
			(0.130)		
negative				−0.805***	
				(−3.076)	
nettone					0.467***
					(3.458)
logmktcap	0.410	0.383	0.406	0.386	0.378
	(0.860)	(0.800)	(0.846)	(0.804)	(0.789)
bm	0.081	0.041	0.078	0.002	0.007
	(0.081)	(0.041)	(0.078)	(0.002)	(0.007)
cashflow	−0.032	−0.036	−0.031	−0.035	−0.037
	(−0.492)	(−0.556)	(−0.485)	(−0.534)	(−0.564)
TobinQ	0.628***	0.630***	0.628***	0.630***	0.631***
	(6.371)	(6.416)	(6.364)	(6.405)	(6.425)
asset	0.009	0.010	0.009	0.010	0.011
	(0.850)	(0.926)	(0.848)	(0.951)	(0.963)
sales	0.022	0.022	0.022	0.021	0.021
	(1.428)	(1.412)	(1.419)	(1.344)	(1.370)
lev	−0.034**	−0.034**	−0.034**	−0.034**	−0.034**
	(−2.482)	(−2.468)	(−2.480)	(−2.447)	(−2.452)
roa	0.047**	0.047**	0.047**	0.043**	0.042**
	(2.530)	(2.378)	(2.521)	(2.272)	(2.273)
execshare	0.032	0.031	0.031	0.030	0.030
	(1.579)	(1.557)	(1.579)	(1.521)	(1.529)
revgrowth	0.007**	0.007**	0.007**	0.007*	0.007**
	(2.015)	(2.032)	(2.011)	(1.948)	(1.988)
exfinance	20.500***	20.350***	20.510***	20.400***	20.330***
	(7.133)	(7.069)	(7.136)	(7.100)	(7.068)

变量	（1）	（2）	（3）	（4）	（5）
常数项	5.811***	5.557***	5.812***	6.046***	5.762***
	(4.123)	(3.936)	(4.067)	(4.282)	(4.080)
样本数	5 365	5 365	5 365	5 365	5 365
调整的 R^2	0.194	0.196	0.194	0.196	0.197
公司数量	1487	1487	1487	1487	1487
公司固定效应	控制	控制	控制	控制	控制
年度固定效应	控制	控制	控制	控制	控制
聚类调整	是	是	是	是	是

注：括号内为 t 统计量

***、**、*表示显著性水平分别小于 1%、5%、10%

4.5 内生性问题

对本章的研究的可能质疑是：基准研究的结果是由内生性所驱动的。比如说，基准结果可能由反向因果驱动，因为媒体有可能将那些做出激进投资决策 CEO 刻画为正面的形象。为了解决该顾虑，我们参考了 Call 等（2014）的研究并进行了格兰杰领先–滞后检验。我们发现当控制了潜在反向因果关系后，CEO 媒体报道语调与公司投资水平的正向关系依然成立。我们的基准研究结果还有可能是由同时影响 CEO 媒体报道语调和公司投资的不可观测的遗漏变量所驱动的。我们基于 You 等（2018）的关于媒体属性的研究，构建了工具变量，采用了两阶段最小二乘回归的方法来解决该问题。

4.5.1 反向因果

虽然我们想要研究的是 CEO 媒体报道语调对于公司投资水平的影响，但公司投资水平的高低有可能会影响媒体采用什么样的语调来报道该 CEO。比如，那些年轻的、处于快速成长期的公司的 CEO 可能被媒体描绘为志向远大的创业者。投资者阅读了这些关于 CEO 的报道后，会认为这些 CEO 是精明能干的，从而提升对该公司的情绪。在这种情况下，CEO 媒体报道语调与公司投资之间的正相关关系的方向和本章的基准结果是相反的，即产生了反向因果的问题。

为了探索 CEO 媒体报道语调与公司投资水平之间的因果关系的方向性，我们参考了 Call 等（2014）的研究并采用了格兰杰领先–滞后检验。具体来说，我们估计了如下的回归方程。

$$\text{investment}_{it} = \alpha + \beta_1 \text{tone}_{it} + \beta_2 \text{investment}_{it-1} + \lambda \text{control}_{it} + \text{year}_t + \text{firm}_i + \varepsilon_{it} \quad （4\text{-}2）$$

$$\text{tone}_{it} = \alpha + \beta_1 \text{investment}_{it-1} + \beta_2 \text{tone}_{it-1} + \lambda \text{control}_{it} + \text{year}_t + \text{firm}_i + \varepsilon_{it} \quad （4\text{-}3）$$

其中因变量、自变量和其他控制变量的定义与基准回归方程中一致。式（4-2）检验了 CEO 媒体报道语调在控制了滞后一期的公司投资之后对当期的投资变量的影响。显著的 β_1 系数表明 CEO 媒体报道语调对公司投资水平的影响与基准结果是一致的，并且该结果不受前期的投资变量驱动。式（4-3）检验了前期的投资变量对于当期 CEO 媒体报道语调的影响，并且包含了滞后一期的 CEO 媒体报道语调变量。显著的 β_1 系数表明滞后一期的公司投资变量会影响当期的 CEO 媒体报道语调。如上方程回归主要是基于 CEO 媒体报道净语调变量，我们同样控制了公司、年度固定效应，标准误在公司层面聚集。

表 4-7 报告了回归结果。第（1）列展示了式（4-2）的回归结果。滞后一期的公司投资变量的系数是显著为正的，表明过去采用比较激进的投资策略的公司在未来可能会延续这种投资水平。CEO 媒体报道的净语调也同样是显著为正的，与我们的基准研究结果相一致，表明了在控制了滞后一期的公司投资水平之后，CEO 媒体报道语调依然正向影响公司投资水平。表 4-7 的第（2）列报告了式（4-3）的回归结果。L. investment 和 L.nettone 分别表示滞后一期的公司投资和媒体报道净语调。CEO 媒体报道语调的回归系数是显著为负的，表明媒体对 CEO 的积极报道通常不会持续。然后，滞后的公司投资变量的系数并不显著，表明了过去的公司投资水平并不会影响当期的 CEO 媒体报道语调。结合两个结果来看，CEO 媒体报道语调正向影响公司投资水平（即使在控制了前期的投资水平之后），但是前期的公司投资并不会影响当期的 CEO 媒体报道语调。该结果表明因果关系与我们的基准研究结果是相一致的。

表 4-7　反向因果：格兰杰领先–滞后检验

变量	（1） investment	（2） nettone
nettone	0.523***	
	(2.963)	
L.investment	0.116***	0.001
	(3.152)	(0.555)
L.nettone		−0.150***
		(−6.418)
logmktcap	−0.192	0.086
	(−0.296)	(1.314)
bm	1.179	0.126
	(0.782)	(0.800)
cashflow	−0.054	−0.001
	(−0.665)	(−0.050)
TobinQ	0.563***	0.000
	(4.316)	(−0.042)

续表

变量	（1） investment	（2） nettone
asset	0.045**	−0.002
	(2.394)	(−0.958)
sales	−0.014	0.001
	(−0.656)	(0.675)
lev	−0.022	6.76e−05
	(−1.020)	(0.032)
roa	0.028	0.012***
	(1.161)	(3.567)
execshare	0.030	0.003
	(0.954)	(0.943)
revgrowth	0.002	0.000
	(0.315)	(0.726)
exfinance	17.340***	0.517
	(4.181)	(1.485)
常数项	5.729***	−0.069
	(2.858)	(−0.361)
样本数	2 782	2 782
调整的 R^2	0.182	0.049
公司数量	942	942
公司固定效应	控制	控制
年度固定效应	控制	控制
聚类调整	是	是

注：括号内为 t 统计量

***、**表示显著性水平分别小于 1%、5%

4.5.2　工具变量法

我们解决构建了 CEO 媒体报道语调的工具变量，并采用了两阶段最小二乘回归来纠正 CEO 媒体报道语调变量可能包含的内生性。一个理想的工具变量应该能捕捉 CEO 媒体报道语调变量的变化程度，且对于公司投资变量来说是外生的。我们受到 You 等（2018）关于政府控制如何影响媒体报道的语调的研究的启发，使用了报道 CEO 的媒体的属性（是否为国有）作为 CEO 媒体报道语调的工具变量。

You 等（2018）手动收集了大量报道中国上市公司的财经新闻数据，并把它们划分为国有媒体的报道和市场化媒体的报道（基于媒体公司的股权结构和控制权）。在分析了媒体报道的语调、准确性、全面性和及时性之后，他们发现相比于国有媒体的报道，来自市场化媒体的报道更加客观、准确、全面和及时。

一个理想的工具变量应该同时满足两个条件：工具变量相关性和工具变量外

生性。我们所使用的工具变量的相关性是基于 You 等（2018）的研究结果。我们主要的自变量，CEO 媒体报道语调，是 You 等（2018）研究的一个子集。媒体是否为国有的属性与公司投资水平之间似乎不存在直接的关联。因此，工具变量外生性条件也得到满足。

基于 You 等（2018），我们使用来自国有媒体的新闻比例作为语调的工具变量，计算方法如下。

$$soenew_{it} = \frac{StateArticle_{it}}{AllArticle_{it}} \tag{4-4}$$

其中，$StateArticle_{it}$ 即来自国有媒体的 CEO 新闻数量，而 $AllArticle_{it}$ 为总 CEO 新闻数量。除了 You 等（2018）定义的国有媒体之外，我们还加入了《人民日报》、新华网、中央电视台新闻频道、《环球时报》、《光明日报》、《经济日报》和《中国青年报》。

表 4-8 报告了两阶段回归的结果。第（1）列展示了第一阶段回归的结果。国有媒体报道 CEO 的新闻的比例变量回归系数显著为负，表明了国有媒体对于 CEO 的积极报道更少，可能是因为国有媒体的报道更加严格谨慎。第（2）列展示了第二阶段回归的结果。CEO 媒体报道净语调的回归系数依然显著为正，表明我们的基准研究结果的稳健性，即 CEO 媒体报道语调与公司投资水平之间显著正相关。

表 4-8　工具变量法与两阶段最小二乘回归

变量	（1）第一阶段	（2）第二阶段
soenews	−0.117**	
	(−2.300)	
nettone		9.898*
		(1.839)
logmktcap	0.091***	−3.499***
	(3.970)	(−6.449)
bm	0.112	−2.902***
	(1.650)	(−2.818)
cashflow	0.001	−0.041
	(0.130)	(−0.383)
TobinQ	0.005	0.587***
	(1.130)	(8.766)
asset	−0.001	0.015
	(−1.190)	(0.878)
sales	0.001	−0.001
	(0.530)	(−0.036)
lev	−0.001	0.009

续表

变量	（1） 第一阶段	（2） 第二阶段
	（−1.420）	（0.542）
roa	0.007***	0.046
	（3.650）	（0.958）
execshare	0.002	0.031
	（1.350）	（1.289）
revgrowth	0.000	0.011***
	（0.330）	（2.865）
常数项	−0.109	10.660***
	（−1.370）	（9.197）
样本数	7783	7783
公司数量	2331	2331
公司固定效应	控制	控制
年度固定效应	控制	控制
聚类调整	是	是

注：括号内为 t 统计量

***、**、*表示显著性水平分别小于 1%、5%、10%

4.6 进一步分析

在基准实证研究结果中，我们展示了当报道 CEO 的新闻语调越积极，公司的投资水平越高。在这一部分，我们将探讨这种关系可能的作用机制。如前文所述，CEO 的过度自信可能会被 CEO 的媒体报道语调所影响，那么这可能是一个潜在的传导机制。当报道 CEO 的新闻越积极时，CEO 越有可能过度自信。Malmendier 和 Tate（2005）进而认为 CEO 的过度自信程度与公司投资水平显著正向相关。除此之外，我们还展示了投资者情绪也可能是另一个可能的作用机制。如果投资者认为 CEO 是公司关键的决策者并且感知到的 CEO 公众形象较为正面时，他们可能会对公司的发展前景更加乐观。最终，高涨的投资者情绪会提升公司投资水平，如同 Grundy 和 Li（2010）的理论模型所刻画的那样。

4.6.1 机制分析——CEO 过度自信

在这一部分，我们将研究受到 CEO 媒体报道语调影响的 CEO 过度自信能否揭示 CEO 媒体报道语调与公司投资之间的关系。直观的逻辑有两点：第一，CEO 可能把媒体对自己的积极报道归因于自己的能力优秀（自我归因偏差）而不是外界因素或好运气。Gervais 和 Odean（2001）认为人类持续不断地通过观察自己行为的结果来了解自己的能力高低，因此更倾向于在解释成功的结果时高估自己能力所起的作用。将成功归因于自己的能力而将失败归因于自己无法控制的外部因素最终会导致过度自信。因此，当媒体对 CEO 的报道较为正面时，CEO 更倾向于将此归因于自己的能力较强，从而导致了他们对于自己决策能力的过度自信。第二，CEO 也可能向媒体传递过度自信的情绪。例如，Kim（2013）发现接受美国消费者新闻与商业频道电视台采访的 CEO 所使用的语言可能会反映他们的过度自信程度。Malmendier 和 Tate（2005）进一步揭示了过度自信的 CEO 可能会在公司投资决策方面更加激进。因此，因媒体的积极报道而产生的 CEO 过度自信可能是 CEO 媒体报道语调影响公司投资水平的潜在影响渠道。

为了检验这一猜想，我们研究了 CEO 媒体报道语调如何影响 CEO 过度自信。最常用的衡量 CEO 过度自信的变量是基于 CEO 执行股票期权的行为数据（Malmendier and Tate，2005）。这种方法在中国市场不太可行，因为中国的上市公司一般不使用股票期权作为激励手段。另一种方法是研究管理层对公司业绩的预测。例如，Otto（2014）通过比较管理层的业绩预测与实际的业绩之间的差值来衡量 CEO 的过度自信程度。但考虑到中国上市公司的财务数据质量，这种方法可能也不太准确。因此，我们使用一种基于文本的测度，分析了 CEO 在业绩说明会上的回答。我们认为，如果 CEO 由于新闻报道变得过度自信的话，他们在业绩说明会上的回答就会包含更多的正面词汇。

为了计算 CEO 过度自信，我们首先从 CNRDS 数据库的子库上市公司业绩说明会数据库中提取了分析数据，该数据库使用了 Loughran 和 Mcdonald（2011）创建的被广泛引用的字典来衡量业绩说明会的回答中的积极和消极词汇的数量。然后，我们通过匹配公司信息和 CEO 信息，提取了所有 CEO 在业绩说明会上的回答数据。最终我们按照如下方式计算过度自信的变量：

$$\text{calltone}_{it} = \frac{\text{PosWords}_{it} - \text{NegWords}_{it}}{\text{PosWords}_{it} + \text{NegWords}_{it}} \tag{4-5}$$

其中，PosWords_{it} 为 CEO 在业绩说明会上的回答的总积极词汇数量；NegWords_{it} 为总消极词汇数量，按照年度进行加总；calltone_{it} 为 CEO 业绩说明会回答的净积极语调情况。然后，我们将 CEO 过度自信指标作为被解释变量，将 CEO 媒体报道语调作为解释变量，进行回归分析。

表 4-9 报告了结果。总新闻数量和中性新闻的比例的回归系数都不显著，表明总新闻数量和中性新闻比例不会使得 CEO 变得过度自信。积极（消极）CEO 新闻比例的回归系数在 5%的水平下显著，并且 CEO 媒体报道净语调的回归系数为正且在 1%的水平下显著，表明了报道 CEO 的积极新闻与 CEO 在业绩说明会上做出积极回答的程度是正相关的。

表 4-9 CEO 过度自信

变量	（1）	（2）	（3）	（4）	（5）
totalnews	0.000				
	(−0.271)				
positive		0.022 9**			
		(2.339)			
neutral			−0.001 26		
			(−0.118)		
negative				−0.025 0**	
				(−2.393)	
nettone					0.015 2***
					(2.648)
logmktcap	−0.007	−0.008	−0.007	−0.008	−0.008
	(−0.434)	(−0.495)	(−0.443)	(−0.487)	(−0.504)
cashflow	−0.008	−0.008	−0.008	−0.007	−0.008
	(−0.907)	(−0.930)	(−0.898)	(−0.866)	(−0.900)
TobinQ	−0.000 141	−3.69e−05	−0.000 184	−2.31e−05	1.09e−05
	(−0.068)	(−0.018)	(−0.089)	(−0.011)	(0.005)
asset	0.000 331	0.000 427	0.000 355	0.000 305	0.000 374
	(0.215)	(0.279)	(0.229)	(0.198)	(0.244)
sales	0.002 33	0.002 28	0.002 31	0.002 31	0.002 29
	(1.604)	(1.554)	(1.582)	(1.562)	(1.551)
lev	−0.000 622	−0.000 610	−0.000 628	−0.000 573	−0.000 583
	(−1.312)	(−1.298)	(−1.329)	(−1.220)	(−1.243)
bm	−0.035 7	−0.037 4	−0.035 9	−0.037 9	−0.038 1
	(−0.753)	(−0.792)	(−0.757)	(−0.808)	(−0.811)
execshare	−5.88e−05	−0.000 105	−6.52e−05	−0.000 107	−0.000 117
	(−0.087)	(−0.156)	(−0.097)	(−0.158)	(−0.173)
volatility	0.002 48	0.003 45	0.002 36	0.003 62	0.003 84
	(0.284)	(0.395)	(0.271)	(0.417)	(0.441)
rawstkret	0.000 186*	0.000 184*	0.000 187*	0.000 178*	0.000 180*
	(1.835)	(1.827)	(1.854)	(1.781)	(1.793)
常数项	0.408***	0.391***	0.409***	0.407***	0.396***
	(5.776)	(5.540)	(5.818)	(5.879)	(5.683)
样本数	3 297	3 297	3 297	3 297	3 297
调整的 R^2	0.018	0.020	0.018	0.020	0.021
公司数量	1 071	1 071	1 071	1 071	1 071
公司固定效应	控制	控制	控制	控制	控制
年度固定效应	控制	控制	控制	控制	控制
聚类调整	是	是	是	是	是

注：括号内为 t 统计量

***、**、*表示显著性水平分别小于 1%、5%、10%

结果表明，CEO 媒体报道语调会提升 CEO 过度自信程度。基于 Malmendier 和 Tate（2005）关于 CEO 过度自信与公司投资关系的研究，我们的结果表明 CEO 过度自信是 CEO 媒体报道语调影响公司投资水平的一个可能作用渠道。

4.6.2　机制分析——投资者情绪

第二个可能的影响渠道是投资者情绪。一系列研究都发现媒体报道对于投资者情绪有显著影响。例如，Tetlock（2007）发现《华尔街日报》的负面报道可以预测日度的股票收益率。García（2013）发现《纽约时报》的积极和消极的报道都可以预测日度股票收益率。Hanna 等（2020）发现英国《金融时报》的报道语调同时影响股票收益率和交易量。CEO 媒体报道语调影响投资者情绪的逻辑来自两个方面：第一，虽然上述的研究主要集中于一般的财经新闻对投资者情绪的影响，对 CEO 的新闻报道可以看成一般财经新闻的子集，因此它们之间的关系也可以适用于 CEO 新闻。第二，CEO 在制定重大公司决策方面具有重要作用。因此，对于 CEO 的积极报道可能会使投资者对公司的发展前景更加乐观。同时，Grundy 和 Li（2010）认为公司投资水平与投资者情绪是正相关的，因为公司管理层做出投资者决策的时候在一定程度上可能是为了迎合投资者的预期。因此，投资者情绪可能是 CEO 媒体报道语调影响公司投资者的一个潜在作用机制。

为了检验这个猜想，我们使用了 Aboody 等（2018）的基于股票收益率的投资者情绪测度方法，他们认为股票的隔夜收益率是公司层面的投资者情绪的合理衡量指标。基于这个指标，我们可以测度由 CEO 新闻引起的公司层面的投资者情绪的变化。具体来说，我们按照以下方法计算公司层面的投资者情绪：

$$\mathrm{CTO}_{id} = \frac{O_{id} - C_{id-1}}{C_{id-1}} \tag{4-6}$$

其中，O_{id} 为股票 i 在第 d 日的开盘价；C_{id-1} 为第 d–1 日的收盘价。我们取日度隔夜收益率的年度平均值，作为年度的投资者情绪指标。年度投资者情绪指标代表了该年投资者对该公司的情绪。

我们用年度投资者情绪指标对 CEO 媒体报道语调进行回归，并且控制其他的控制变量和公司、年度固定效应。标准误在公司层面聚集。表 4-10 报告了回归结果。总新闻数量的回归系数并不显著，并且积极新闻、中性新闻的比例的回归系数也不显著。但是，CEO 消极新闻（净语调）的回归系数为–0.545（0.269），并且在 5%的水平下显著。这表明总的说来，CEO 媒体报道净语调与投资者情绪是正向相关的，但是这个效应主要是由消极的新闻报道驱动的。这个结果与之前的研究一致，如 Tetlock（2007），表明消极的新闻对市场情绪有更明显的作用。

表 4-10　投资者情绪

变量	（1）	（2）	（3）	（4）	（5）
totalnews	0.000				
	(−0.054 4)				
positive		0.305			
		(1.363)			
neutral			0.217		
			(0.936)		
negative				−0.545**	
				(−2.258)	
nettone					0.269**
					(2.012)
logmktcap	0.705*	0.694*	0.703*	0.685*	0.686*
	(1.941)	(1.927)	(1.949)	(1.903)	(1.907)
bm	3.025***	3.001***	3.016***	2.960***	2.972***
	(3.011)	(2.992)	(3.003)	(2.956)	(2.967)
TobinQ	0.033 3	0.033 6	0.033 0	0.033 2	0.033 6
	(0.424)	(0.428)	(0.419)	(0.423)	(0.427)
asset	−0.028 1**	−0.027 8**	−0.028 1**	−0.027 6**	−0.027 6**
	(−2.181)	(−2.159)	(−2.179)	(−2.138)	(−2.141)
sales	0.008 96	0.008 75	0.008 79	0.008 31	0.008 47
	(0.442)	(0.431)	(0.432)	(0.407)	(0.416)
lev	0.045 7***	0.045 8***	0.045 8***	0.046 0***	0.045 9***
	(3.986)	(3.996)	(3.993)	(4.013)	(4.008)
roa	0.020 7	0.019 2	0.020 8	0.018 2	0.018 1
	(0.314)	(0.292)	(0.315)	(0.275)	(0.275)
roe	0.037 8	0.038 0	0.037 8	0.038 0	0.038 0
	(1.218)	(1.224)	(1.213)	(1.217)	(1.222)
execshare	−0.044 4**	−0.044 7**	−0.044 5**	−0.045 1**	−0.045 0**
	(−2.526)	(−2.538)	(−2.527)	(−2.558)	(−2.553)
rawstkret	0.012 5***	0.012 4***	0.012 5***	0.012 3***	0.012 4***
	(4.702)	(4.684)	(4.698)	(4.645)	(4.656)
volatility	−3.960***	−3.957***	−3.957***	−3.945***	−3.950***
	(−9.117)	(−9.142)	(−9.126)	(−9.117)	(−9.131)
常数项	8.798***	8.679***	8.724***	8.928***	8.756***
	(4.630)	(4.575)	(4.620)	(4.740)	(4.636)
样本数	7 775	7 775	7 775	7 775	7 775
调整的 R^2	0.253	0.253	0.253	0.254	0.254
公司数量	2 330	2 330	2 330	2 330	2 330
公司固定效应	控制	控制	控制	控制	控制
年度固定效应	控制	控制	控制	控制	控制
聚类调整	是	是	是	是	是

注：括号内为 t 统计量

***、**、*表示显著性水平分别小于 1%、5%、10%

这一结果表明，CEO 媒体报道净语调会提升投资者情绪。Grundy 和 Li（2010）的理论模型和经验证据表明了公司投资与投资者情绪是正向相关的，因为公司管理层做出投资者决策时在一定程度上是为了迎合投资者情绪。与他们的看法相一致，我们发现投资者情绪可能是 CEO 媒体报道语调影响公司投资者的另一作用渠道。

4.6.3　对于投资效率的影响

在这一部分，我们对 CEO 媒体报道语调对公司投资效率做出了进一步的分析。在 Miller（1958）的理论框架中，公司投资决策的唯一驱动因素是公司的投资机会。公司会持续进行资本支出直到投资的边际效益等于边际成本。但是在现实中，由于市场摩擦的存在，公司实际的投资水平可能会偏离理论预测水平，进而导致过度投资或投资不足。

过去的理论和实证研究主要确认了两种影响投资效率的途径，即道德风险和逆向选择理论。道德风险模型认为管理层将自身的利益放置于股东的利益之前，所以有时为了自身利益（而不是股东利益）最大化，可能会投资于净现值为负的项目。例如，Jensen（1986）展示了管理层进行商业帝国构建的倾向，他们会将公司扩张到超出最优的规模，导致过度投资。逆向选择模型认为公司管理层相较于外部投资者来说对公司的真实价值和前景有更好的判断，并且会择时在股价高估时发行新股（Myers and Majluf，1984）。当外部投资者意识到这一点时，他们会对发行的新股进行折价。管理层进而拒绝以折价的价格发行新股融资，从而导致管理层放弃净现值为正的投资机会。在本章的主要实证检验中，我们发现了 CEO 媒体报道语调对公司投资水平有正面影响，但是没有检验对投资效率的影响。在这一部分，我们进一步分析这种正向的关系主要由过度投资还是投资不足所驱动。

为了计算投资效率，我们参考了 Benlemlih 和 Bitar（2018）的方法并估计了如下的等式：

$$\text{investment}_{it} = \beta_0 + \beta_1 \text{salesgrowth}_{it-1} + \varepsilon_{it} \tag{4-7}$$

其中，investment_{it} 为在基准研究中使用的公司投资变量；$\text{salesgrowth}_{it-1}$ 为滞后一期的销售收入增长率。投资效率是该回归方程的估计残差：正残差说明进行了过度投资，负残差说明投资不足。我们将负残差乘以-1，数值越高说明投资不足水平越高。然后，我们分别用过度投资和投资不足变量对 CEO 媒体报道净语调进行回归。我们同样加入其他控制变量，公司、年度固定效应。标准误在公司层面聚集。

表 4-11 报告了回归结果。第（1）列展示过度投资的结果。CEO 媒体报道净语调的回归系数为 0.715，并且在 10%的水平下显著，表明 CEO 媒体报道净语调会增加过度投资的水平。第（2）列报告了投资不足的结果。CEO 媒体报道净语调的回归系数为-0.203 并且在 1%的水平下显著，表明 CEO 媒体报道语调显著影响

投资不足的水平。总的说来，结果表明了 CEO 媒体报道语调与公司投资水平之间的关系由过度投资和投资不足共同决定，但是投资不足的效应更加明显。

表 4-11　投资效率

变量	（1） 过度投资	（2） 投资不足
nettone	0.715*	−0.203***
	(1.890)	(−2.851)
logmktcap	−0.458	−0.694**
	(−0.315)	(−2.508)
bm	−2.015	−0.536
	(−0.670)	(−0.974)
cashflow	−0.375*	−0.030
	(−1.673)	(−0.994)
TobinQ	0.661***	−0.013
	(3.217)	(−0.378)
asset	0.090**	−0.013
	(2.557)	(−1.565)
sales	−0.054	0.001
	(−1.303)	(0.086 3)
lev	−0.030	−0.003
	(−0.572)	(−0.480)
roa	−0.090	−0.005
	(−0.831)	(−0.794)
execshare	0.024	−0.033***
	(0.403)	(−2.945)
revgrowth	0.015	0.002
	(1.189)	(1.454)
exfinance	20.290***	0.595
	(2.926)	(0.503)
常数项	7.046	6.790***
	(1.477)	(9.614)
样本数	1 109	1 672
调整的 R^2	0.133	0.279
公司数量	526	716
公司固定效应	控制	控制
年度固定效应	控制	控制
聚类调整	是	是

注：括号内为 t 统计量

***、**、*表示显著性水平分别小于 1%、5%、10%

我们的发现不仅支持了道德风险理论也支持了逆向选择理论。当报道 CEO 的新闻更加积极时，CEO 可能会变得更加过度自信并进行更多的帝国构建行为，把公司扩张到超出最优规模。当报道 CEO 的新闻更加消极时，CEO 可能会减少投资并放弃一些投资机会。

4.7　本章小结

在本章，我们研究了 CEO 媒体报道语调如何影响公司投资水平。基于 2007 年到 2018 年的 2331 家中国上市公司的数据，我们发现 CEO 媒体报道语调对公司投资具有显著的正向影响。为了解决内生性问题，我们采用了格兰杰领先–滞后检验和工具变量法。内生性检验表明，这种正向关系是具有因果性的。我们进一步讨论了两种潜在的可能作用机制。我们发现 CEO 媒体报道语调通过提高 CEO 过度自信程度和投资者情绪来影响公司投资水平。本章对于已有文献的贡献在于，研究了一种特别的媒体报道——CEO 媒体报道报道语调对 CEO 过度自信的影响和对公司投资的影响。我们的工作还为公司投资的决定因素提供了一个基于行为金融学的视角。

参考文献

Aboody D, Even-Tov O, Lehavy B, et al. 2018. Overnight returns and firm-specific investor sentiment. Journal of Financial and Quantitative Analysis, 53(2): 1-21.

Benlemlih M, Bitar M. 2018. Corporate social responsibility and investment efficiency. Journal of Business Ethics Forthcoming, 148（3）: 647-671.

Call A C, Chen S P, Miao B, et al. 2014. Short-term earnings guidance and accrual-based earnings management. Review of Accounting Studies, 19(2): 955-987.

Deng L, Jiang P, Li S F, et al. 2020. Government intervention and firm investment. Journal of Corporate Finance, 63: 101231.

Fang L, Peress J. 2009. Media coverage and the cross-section of stock returns. The Journal of Finance, 64(5): 2023-2052.

García D. 2013. Sentiment during recessions. Journal of Finance, 68 (3): 1267-1300.

Gervais S, Odean T. 2001. Learning to be overconfident. The Review of Financial Studies, 14(1): 1-27.

Grundy B D, Li H. 2010. Investor sentiment, executive compensation, and corporate investment. Journal of Banking & Finance, 34(10): 2439-2449.

Hanna A J, Turner J D, Walker C B. 2020. News media and investor sentiment during bull and bear markets. The European Journal of Finance, 26(14): 1377-1395.

Hayward M L A, Hambrick D C. 1997. Explaining the premiums paid for large acquisitions:

evidence of CEO hubris. Administrative Science Quarterly, 42(1): 103..

Jensen M C. 1986. Agency costs of free cash flow, corporate finance, and takeovers. The American Economic Review ,76 (2): 323-329.

Kim Y H. 2013. Self attribution bias of the CEO: evidence from CEO interviews on CNBC. Journal of Banking & Finance, 37(7): 2472-2489.

Loughran T, Mcdonald B. 2011. When is a liability not a liability? Textual analysis, dictionaries, and 10-Ks. The Journal of Finance, 66(1): 35-65.

Malmendier U, Tate G. 2005. CEO overconfidence and corporate investment. The Journal of Finance , 60 (6): 2661-2700.

Miller M H. 1958.The cost of capital, corporation finance and the theory of investment. The American Economic Review , 48 (3): 261-297.

Myers S C, Majluf N S. 1984. Corporate financing and investment decisions when firms have information that investors do not have. Journal of Financial Economics, 13(2): 187-221.

Otto C A. 2014. CEO optimism and incentive compensation. Journal of Financial Economics, 114(2): 366-404.

Polk C, Sapienza P. 2009. The stock market and corporate investment: a test of catering theory. Review of Financial Studies, 22(1): 187-217.

Tetlock P C. 2007. Giving content to investor sentiment: the role of media in the stock market. The Journal of Finance, 62(3): 1139-1168.

You J X, Zhang B H, Zhang L. 2018. Who captures the power of the pen?. The Review of Financial Studies, 31(1): 43-96.

第 5 章

控股股东股权质押、业绩说明会的语调及其市场反应

5.1　股权质押的制度背景

质押是一种担保方式，出质人通过向质权人提供担保物，获得质权人的借款。股权质押指的是公司股东用其所持有的公司股权作为担保，向证券公司、商业银行、信托公司、资产管理公司等金融机构申请借款的行为，其本质上是股东的一种融资方式。由于该融资方式仅需要备案登记，不需要资产过户，因而可以在不影响股东实际控制权的前提下，便捷地实现融资。2013 年 5 月证券监管部门放开对券商股权质押业务的限制，这一便捷的融资方式逐步成为 A 股上市公司股东普遍使用的主流融资方式之一。

1995 年 10 月起实施的《中华人民共和国担保法》第一次从法律制度上对中国公司的股权质押行为进行明确的界定。《中华人民共和国担保法》的第七十五条第（二）项明确规定公司股东可以质押"依法可以转让的股份、股票"。2000 年 2 月颁布的《证券公司股票质押贷款管理办法》则第一次明确上市公司股权的质押管理规范。自此以后，股权质押成为上市公司股东的债务融资方式之一。但在相当长的一段时间内，商业银行和信托公司是 A 股上市公司股东的主要质权人，而证券公司的股权质押业务由于受到严格的监管和限制，规模一直很小。2013 年 5 月颁布的《股票质押式回购交易及登记结算业务办法（试行）》改变了这一情况，解除了对证券公司股权质押业务的限制，将证券公司单笔股权质押业务的时间期限提升到三年，并大大简化了业务办理的流程，提高了业务办理的效率。自此以后，证券公司股权质押业务迅速地发展起来，这带动了股权质押市场整体的繁荣。2013 年 5 月底时，整个 A 股市场的质押市值仅为 845 亿元。仅仅两年半的时间，到 2015 年 12 月底，这一数字就已经迅速膨胀到 4.7 万亿元市值的水平。2018 年，由于整个 A 股市场单边下行，很多上市公司股东被不断要求追加质押，全市场的质押市值规模也因此进一步增加，曾达到 7.14 万亿元的历史峰值水平，后来由于

纾困政策的介入及资本市场行情的变化，总质押规模有所下降，并逐步趋于稳定。截止到 2021 年 2 月 18 日，A 股市场的质押市值规模为 5.14 万亿元，约占整个 A 股市场总市值水平的 5.5%。

在股权质押业务中，借贷双方需要约定质押期限和质押率。质押率指的是质押融资规模与质押股权市值的比例。按照惯例，主板上市公司的平均质押率为 50%，中小板上市公司的平均质押率为 40%，创业板上市公司的平均质押率为 30%。这背后体现了金融机构对资本市场中不同信用资质上市公司的差异化风险控制策略。除此之外，金融机构另一个重要的风险控制方法就是设定预警线和平仓线。当股票价格下跌到低于预警线所对应的股票价格时，质权人有权要求股东在下一交易日的收盘前追加保证金或者股份，否则质权人可以对所质押的股份进行强制平仓，而强制平仓可能会造成控股股东丢失对公司的控制权。

如果与不同国家和地区的股权质押制度横向对比，中国 A 股市场股权质押制度最核心的两个特点：①信息披露要求高；②不限制质押股东的投票权。

首先，根据《上市公司股东、董监高减持股份的若干规定》的要求，上市公司大股东的股权被质押的，该股东应当在该事实发生之日起 2 日内通知上市公司，并予公告。不按此规则进行及时披露的大股东和上市公司会被证券监管部门处罚。因此根据质押临时公告研究 A 股市场的股权质押问题，可以获得较为准确而及时的数据。但以美国为代表的发达市场国家对质押信息披露的要求却很少，上市公司不需要在一定时间范围内披露质押行为和质押交易的细节。因此尽管股权质押行为对上市公司行为有至关重要的影响，但是由于缺乏准确及时的数据，基于美国上市公司股东的股权质押行为的实证研究还非常少。

其次，与台湾地区的股权质押制度相比，大陆 A 股市场不会对质押股份的股东的投票权进行限制，因此即使控股股东已经质押了持有的全部股份，其对公司人事任免和经营决策的绝对主导仍然不受影响。这也为其干预上市公司的文本信息特征提供了基本的条件。与 A 股市场不同的是，台湾地区自 2011 年起开始对高比例质押的股东进行投票权限制。当股东质押股份的数量占其个人持股数量的 50% 以上时，超过 50% 的部分就要被限制投票权（Dou et al.，2019）。对于台湾地区上市公司的控股股东来讲，过高的质押比例可能会导致其在重大决策上失去主导权。这种情况不会在样本期内的 A 股上市公司中出现。

5.2　理论分析与研究假设

5.2.1　控股股东股权质押风险与业绩说明会语调

现有文献认为二级市场的投资者会关注、解读、利用公司文本信息进行投资决策，因而上市公司会通过对文本信息的策略性披露向投资者传递信号，以引导其认知和决策，为公司及公司内部人的利益服务。特别是当定量化的信息披露存在较大限制时，具有较高自由裁量权的文本信息就可以帮助上市公司向市场提供私有信息。上述逻辑在中国 A 股市场也有成立的条件。作为高语境传播国家中的社会成员，中国 A 股市场的参与者素来就具备"听话听音"的意识和语言解读能力（林乐和谢德仁，2016）。通过对公司文本信息进行分析和理解，投资者可以运用隐藏在字里行间的"言外之意"进行决策。而 A 股上市公司的管理层也会利用投资者对文本信息的关注，操控文本内容，进而影响股票价格，最终达成自身目的（曾庆生等，2018）。

基于从宏观到微观的逻辑，股权质押的影响因素可以分为内外部影响因素，其中股东的个人动机是股权质押的重要影响因素。Li 等（2020）基于中国 A 股上市公司的数据发现，非国有企业控股股东的个人融资需求是影响股权质押的重要因素。股东会通过质押个人在上市公司的股权获得资金，反哺上市公司体外的非上市公司。他们通过手工整理企查查数据库的记录发现，上市公司股东质押资金的一个重要流向就是个人名下的私营企业。一些学者发现股东的流动性需求是台湾地区上市公司股权质押的重要动机之一。DeJong 等（2020）认为股权质押行为与 A 股市场对内部人减持的严格监管有直接关系。股权质押可以绕过上市锁定期限制，规避年报发布前的减持限制，在免于缴纳减持所得税的同时实现变相减持，因此股权质押是股东减持的重要替代。

就股权质押所产生的对公司行为的影响来说，股权质押对信息披露的研究主要以传统的定量信息披露内容为主。谢德仁和廖珂（2018）则关注真实盈余管理行为，他们发现控股股东股权质押会带来向上操纵的真实盈余管理，内部制衡机制的缺失会强化这一关系。DeJong 等（2020）也确认盈余管理是控股股东质押后避免平仓的重要途径。在控股股东进行重复质押后，应计盈余管理水平会下降，但控股股东会继续通过真实盈余管理的途径进行盈余操纵。Huang 等（2014）指出上市公司管理层会基于自身利益和公司利益的考虑进行"语调管理"（tone management）。盈余公告的异常积极语调与财务重述、股票增发、兼并收购等重大事件正相关，因此语调管理实际上承担了正向盈余管理的功能。Arslan-Ayaydin 等（2016）延续了语调管理的逻辑，发现管理层股权激励收入与资本市场表现的相关性程度将直接影响语调管理行为。除针对定期财务报告的盈余管理之外，大股东质押期间公司也会通过业绩预告传递好消息。比如，当控股股东质押的股票面临平仓风险时，上市公司会通过临时公告释放好消息。逯东等（2020）聚焦年度报告中的文本信息，发现控股股东股权质押行为会驱动上市公司通过降低年报文本的可读性来实现策略性信息披露。

现有文献在探讨管理层动机和文本信息特征的关系时，发现的机制均为线性关系。例如，为了最大化公司在股票增发中的利益，管理层会把语调膨胀（tone inflation）水平提升到最高。因此，信息披露的语调与公司出现股票增发行为的可能性呈现正相关关系。研究股权质押行为对市值管理手段的影响时也基于类似的逻辑。他们发现高质押比例的上市公司会更加倾向于进行回购，这一机制在股价大幅下跌时成效尤为显著。而在控制权不受威胁时，质押对回购的驱动便不再显著。

在上述研究中，学者倾向于把与财务行为相关的变量仅仅视为管理层动机的代理变量。然而，在现实的金融实践之中，财务行为不仅仅代表着动机，同时也代表着公司的行动能力。从动机的角度看，高质押比例意味着高质押风险和强语调管理动机。但如果考虑到管理空间维度，高质押比例也意味着小的语调管理空间。因为高质押比例与糟糕的财务状况相关，而不佳的经营绩效或流动性匮乏又是造成财务状况欠佳的原因（Li et al.，2020）。相似的逻辑也可以应用在公司股价与质押平仓股价的距离这一指标上，这一距离越近，意味着股票被平仓的风险越高，控股股东市值管理的动机越强。但股价的大幅下跌往往又同时意味着公司基本面的恶化。文本语调往往与公司的业绩表现及流动性状况相关。因此，上市公司很难在质押风险处在高水平的状态下呈现十分积极的语调。

业绩说明会恰恰也是一个可以同时体现语调管理动机和语调管理空间的场景。一方面，业绩说明会为上市公司提供了一个向投资者输出信息，从而影响其认知的渠道；另一方面，业绩说明会问题来源的广泛性、业绩说明会问题回答内容的低自由裁量权、业绩说明会出现尖锐问题的高可能性都会抑制语调管理的空间。尤其是对于高质押风险公司而言，其管理层很难在业绩说明会情境下提升其语调水平。只有同时具备语调管理动机和语调管理空间的中等质押风险公司才能呈现出更积极的语调。由此提出 H5-1。

H5-1：控股股东股权质押风险与业绩说明会语调呈现倒"U"形关系。

5.2.2 业绩说明会语调与市场反应

随着学术研究的演进和发展，公司文本信息对上市公司股票流动性、股票收益、未来经营状况的预测作用在多个场景中得到证明。因此公司文本内容对资本市场的信号传递作用被学者接收和认可，公司文本特征被视为金融市场异象的重要来源之一，相关研究话题不断涌现。除定期公告和盈余电话会议之外，还有学者针对其他众多场景中公司文本特征的资本市场影响展开研究。部分权威的 CEO 会在财务重述和业绩指引中减少负面情绪词汇的使用，这种通过操控文本特征隐藏坏消息的行为增加了股价崩盘风险，与积极情绪披露相比，消极情绪信息对市场收益率的影响更大。Caglio 等（2020）发现 ESG（环境、社会和公司治理，Environmental, Social and Governance）报告的可读性正向影响市场估值和流动性。

现有文献在探讨国际资本市场上与业绩说明会制度对标的盈余电话会议制度

时证明了投资者行为会被盈余电话会议中的信息影响。股票市场价格中包含与盈余电话会议语调相关的信息,他们发现盈余电话会议的语调可以预测会议窗口期的市场收益。语调对市场的影响可以持续 60 个交易日,属于盈余公告后价格漂移现象(post earnings announcement drift,PEAD)的范畴。这说明投资者需要花一定时间去解读和吸收盈余电话会议中的文字信息。Blau 等(2015)发现盈余电话会议中积极的情绪会影响卖空者的行为,导致其减少卖空交易。

相较于盈余电话会议制度,中国的业绩说明会制度具备更强的开放性,可以直接影响到更多的投资者。业绩说明会中的语调信息可以直接体现管理层在互动过程中的情绪状态,对投资者有重要的决策参考意义,因此会引起显著的市场反应。市场收益中也会包含投资者对管理层积极情绪的正向计价。由此提出 H5-2。

H5-2:业绩说明会语调正向影响业绩说明会窗口期的市场收益。

5.2.3　控股股东股权质押风险与市场反应

股权质押对公司资本市场表现的影响主要包括对股票风险和企业价值的影响。谢德仁等(2016)认为控股股东质押存续期间,上市公司会采取一系列手段降低股价崩盘风险。一旦质押解除,维护股价的动机不复存在,股价崩盘风险会上升,高比例的质押放大了股票价格的波动性。Li 等(2019)以托宾 Q 值作为企业价值的衡量标准,发现与没有质押的上市公司相比,有质押的上市公司有更高的企业价值,而质押比例与企业价值存在非线性关系。在质押比例达到一定阈值前,与市场收益正相关,一旦超过阈值,过高的质押比例会损害企业价值。Dou 等(2019)则主要强调股权质押对企业价值的伤害。他们发现增加质押比例对投资者而言是一个负向信号。质押宣告的三日窗口期有平均 0.77%的负向收益。如果质押的用途是用来购买其个人股份,平均负向收益达 0.97%。Wang 和 Chou (2018)则利用台湾地区三个与质押相关的监管限制措施为观察窗口,反向证明了质押对企业价值的负向影响。

现有文献在探讨股权质押对公司资本市场表现的影响时,大多都基于上市公司股票的风险特征、托宾 Q 值、质押相关事件的宣告收益展开。从现有文献描绘的关系机制来看,也多以线性关系为主。Li 等(2019)则基于非线性的权变视角,探讨了股权质押比例与企业价值的倒"U"形关系。他们发现当上市公司的质押比例超过阈值之后,因股价崩盘风险所带来的负面影响就会在边际上超过质押比例增加所带来的企业价值增值作用。因此只有质押比例处在中等水平的上市公司才会有更高的企业价值水平。

研究投资者对控股股东质押引致的市值管理行为的反应,在逻辑上与 Li 等(2019)的思路有一定相似性。当控股股东的质押风险很高时,上市公司往往处于基本面情况严重恶化的境地，难以通过语调管理等市值管理手段拉动资本市场。只有中等质押风险水平的上市公司同时具备市值管理的能力和动力。由此提出如下假设。

H5-3：控股股东股权质押风险与业绩说明会窗口期的市场收益呈现倒"U"形关系。

5.3 研究设计与描述性统计

5.3.1 样本与数据

本章以 2005~2020 年召开上一年年度业绩说明会（业绩说明会对应的会计年度为 2004~2019 年）的上市公司作为研究样本。股权质押风险的数据来自巨潮资讯网发布的上市公司股权质押临时公告。股票市场收益和控制变量的数据来自国泰安数据库。业绩说明会文本数据来自在全景网上召开的年度业绩说明会。全景网是官方指定的业绩说明会在线平台，在这一平台上，投资者可以同上市公司的管理层在公司战略、财务状况、经营情况等重大问题上进行直接沟通。投资者和管理层的问答互动信息会被保留在网页上，这给本章的研究提供了直接的研究素材。除了部分新上市的公司以外，绝大部分公司都会在披露上一年的年度财务报告之后召开年度业绩说明会。

根据研究需要，本章剔除了：①缺少财务数据、市场交易数据及其他相关必要数据的样本。②金融类公司或 ST（special treatment，特别处理）类公司样本。③上市不满一年的公司样本。④少部分上市公司在同一年召开了两次年度业绩说明会，本章剔除第二次说明会样本，仅保留第一次说明会的样本。经过剔除后，本章共得到公司–年度样本共 12 622 个。

5.3.2 研究变量及其测算方法

本章使用代表控制权转移风险的 PledgeRate(C) 和代表质押平仓风险的 MarginDistance 来衡量上市公司控股股东股权质押风险的情况。PledgeRate(C)指的是在召开业绩说明会时，控股股东质押股份的数量占所持股份数量的比例。这一比例越高，控制权转移风险越高，控股股东推动上市公司管理层进行业绩说明会语调管理的动机越大。

MarginDistance 指的是经过股票价格水平调整后，上市公司股票价格与质押平仓线对应价格的距离。这一距离越近，质押平仓风险越高，控股股东推动上市公司管理层进行业绩说明会语调管理的动机越大。在本章选取的样本期间内，上市公司不需要披露控股股东质押股份的平仓价格，因此这一数据需要研究者自行估算。本章结合 Choice 数据库和 Wind 数据库的算法，以及如是金融研究院、华创证券、太平洋证券、西南证券相关研究报告的算法，将质押股份平仓价格的算法分为以下四个步骤：①获取质押起始日的公司股票收盘价格（PBSP）。②根据上市公司所在板块确认质押率（LVO）。依照惯例，主板上市公司的平均质押率为50%，中小板上市公司的平均质押率为 40%，创业板上市公司的平均质押率为30%。③确认融资成本。依照中国 A 股市场的惯例，这一比例为（1+10%）。④计算平仓线对应的股票价格（PMC）。

$$PMC = PBSP \times LVO \times (1+10\%) \times 140\% \qquad (5\text{-}1)$$

将业绩说明会召开日的股票收盘价格（PEC）与计算出来的平仓线对应价格（PMC）按照以下公式进行计算，就可以得到

$$MarginDistance = (PEC - PMC) / PEC \qquad (5\text{-}2)$$

需要特别说明的是，上市公司控股股东在说明会召开时可能有多笔未解除的质押，对应大小不同的多个平仓距离。本章在进行分析时仅使用最小的一个平仓距离。

本章选用词频法计算业绩说明会的语调，这一方法已被用于语调、可读性、风险、前瞻性等众多文本信息指标的计算之中。运用词频法进行计算的前提是要找到一个合适的文本词典。在国际学术期刊的学术论文中，有两类词典是最为常用的，即通用型词典和专业型词典。常用的通用型词典包括哈佛大学的 General Inquirer（GI）词典、Diction 7.0 词典、LIWC（Linguistic Inquiry and Word Count）。这些词典不仅被金融与会计领域的学者使用，还被其他社会科学领域的学者使用。但是 Li（2010）认为，通用型词典并非为金融与会计领域的研究设计，所以并不能很好地满足研究需要。Loughran 和 McDonald（2011）指出词汇在某些特定领域的特定含义无法直接迁移到其他领域，因此使用通用词典对文本进行分类常常会出现错误。为了解决这一问题，Loughran 和 McDonald（2011）设计了一个被广为引用的金融词典。这一词典中的词汇在解释股票收益、交易量、收益波动性、异常盈余等指标上十分有效。近些年来，一些聚焦中国上市公司信息披露文本特征的研究在国际学术期刊出现，这些研究大多数基于特定研究目的自制了词汇列表。这类人工干预的词汇列表在词汇选择上具有较大的主观性。为了减少主观性的影响，本章选择了一个全新的专业型中文金融词典，其是由姚加权等（2021）基于深度学习算法设计的。该词典通过对 Loughran 和 McDonald（2011）的金融文本词典、大连理工大学信息检索研究室的情感词汇本体库、中国知网的 Hownet 知识库、清华大学李军中文褒贬义词典等权威的中英文词典进行筛选、重组、再造，得到了一套适用于中国金融文本情景的词汇语料。姚加权等（2021）经过大样本实证研究指出基于该词典计算的公司文本情绪指标可以预测收益率、交易量、股价崩盘风险等市场表现。在计算步骤上，本章通过 Python2.0 软件获取全景网上年

度业绩说明会的文字信息并利用结巴分词工具包完成分词、停用词删除等预处理环节，然后运用该词典中的词汇比对业绩说明会文本，找出业绩说明会文本中的积极和消极词汇。参考现有文献本章定义业绩说明会中管理层回答部分的语调为

$$Tonecona = (Poscona – Negcona) / (Poscona + Negcona) \quad (5\text{-}3)$$

其中，Poscona 为积极词汇数量占业绩说明会中管理层回答部分总词汇数量的比重；Negcona 为消极词汇数量占业绩说明会中管理层回答部分总词汇数量的比重。Tonecona 水平越高则意味着业绩说明会的语调越积极，乐观程度越高。

本章使用累计超额收益（CAR）来衡量市场对业绩说明会中管理层回答部分语调的反应。CAR 由日度的超额收益累加而成。超额收益等于股票实际收益与对应市场指数收益的差值。参考林乐和谢德仁（2016）的做法，本章分别计算了（0,2）和（1,2）两个短交易日窗口及（3,20）和（3,30）两个长交易日窗口的累计超额收益。

本章使用的控制变量包括：资产收益率（ROA）、是否出现亏损（LOSS）、财务困境（Financial Distress）、每股收益的增长率（SUE）、资产负债率（LEV）、账面市值比（BTM）、第一大股东持股比例（Big1）、董事长的性别（Gender）、董事长年龄的自然对数（lnAge）、董事长的最高学历（Degree）、业绩说明会召开后三个月内公司是否发布与兼并收购相关的公告（MA）、业绩说明会召开后三个月内公司是否发生增发融资（SEO）、业绩说明会召开后三个月内公司是否进行股权激励（Stock Grant）、分析师盈余预测偏差（AFE）、分析师盈余预测偏差是否为正（PosAFE）、年度业绩说明会与年度财务报告之间相隔的交易日个数的自然对数（lnInterval）、年度业绩说明会召开前累计超额收益[CAR(–61,–1)]、年度业绩说明会召开前一年的月度收益率标准差（Volatility）。为了减少离群值对实证研究结果的影响，本章对连续变量进行了上下 1%分位数的缩尾处理。本章还设置了代表年份和行业的虚拟变量以控制时间和行业固定效应的影响。表 5-1 展示了上述研究变量的测算方法。

表 5-1　研究变量的测算方法

变量名	变量算法
Tonecona	Tonecona =(Poscona–Negcona)/(Poscona+Negcona)，Poscona 为积极词汇数量占业绩说明会中管理层回答部分总词汇数量的比重；Negcona 为消极词汇数量占业绩说明会中管理层回答部分总词汇数量的比重
PledgeRate(C)	PledgeRate(C)指的是在召开业绩说明会时，控股股东质押股份的数量占所持股份数量的比例
MarginDistance	MarginDistance =(PEC – PMC)/PEC，其中，PEC 为业绩说明会召开日的股票收盘价，PMC 为平仓线对应价格，由质押起始日的收盘价、质押率（主板公司按 50%，中小板公司按 40%，创业板公司按 30%）、财务成本（按 10%）、平仓线比例（按 140%）四个部分相乘得到

续表

变量名	变量算法
CAR(0,2)	年度业绩说明会窗口期(0,2)的累计超额收益
CAR(1,2)	年度业绩说明会窗口期(1,2)的累计超额收益
CAR(3,20)	年度业绩说明会窗口期(3,20)的累计超额收益
CAR(3,30)	年度业绩说明会窗口期(3,30)的累计超额收益
ROA	营业利润除以总资产
LOSS	营业利润小于 0 取 1，否则取 0
Financial Distress	参考 Altman 等（1998）和 Fan 等（2013）的算法，当 Z 值连续两年小于 0 的时候取 1，否则取 0。Z 值＝（6.56×营运资本/总资产）+（3.26×留存收益/总资产）+（6.72×营业收入/总资产）+（1.05×净资产市场价值/总负债）+3.25
SUE	年度业绩说明会对应会计年度的每股收益与上一年度每股收益的差值除以上一年度每股收益的绝对值
LEV	负债总额除以资产总额
BTM	股东权益除以公司市值
Big1	第一大股东的持股比例
Gender	董事长为男性时取 1，为女性时取 0
lnAge	董事长年龄的自然对数
Degree	董事长的学历，1=中专及以下，2=大专，3=本科，4=硕士，5=博士
MA	年度业绩说明会后三个月内公司若发布与兼并收购相关的公告取 1，否则取 0
SEO	年度业绩说明会后三个月内公司若发生增发融资取 1，否则取 0
Stock Grant	年度业绩说明会后三个月内公司若进行股权激励取 1，否则取 0
AFE	经过股价调整后的，分析师预期的每股收益与实际每股收益的差异
PosAFE	分析师预期的每股收益大于实际每股收益时取 1，否则取 0
lnInterval	年度业绩说明会与年度财务报告之间相隔的交易日个数的自然对数
CAR(−61,−1)	年度业绩说明会前窗口期(−61,−1)的累计超额收益
Volatility	年度业绩说明会前一年的月度收益率标准差

5.3.3　描述性统计分析

表 5-2 展示了本章数据的描述性统计情况。在本章的样本中，Tonecona 的平均值为 0.6957，最大值接近 1。尽管最小值为负数，但其绝对值 0.1033 要远小于最大值的绝对值 0.9837。这说明业绩说明会中管理层回答部分的语调整体偏乐观。PledgeRate(C)的最大值为 1，说明样本中有公司的控股股东全部质押了其股份。这种情景常常发生在公司基本面情况极其糟糕的时候。往往是股票价格不断下跌造成其市值不断缩水，质权人多次要求追加质押，才导致控股股东质押其全部持有的股份。MarginDistance 的最小值小于 0，这说明在召开业绩说明会的时候，很多上市公司的控股股东质押的股份已经跌破了质押平仓线，这种情况下控股股东通过业绩说明会语调进行印象管理的动机非常强烈。值得注意的是，由于 MarginDistance 仅存在于有控股股东质押的样本中，因此其样本总数小于 PledgeRate(C)的样本总

数。短窗口期（0,2）和（1,2）的累计超额收益平均值分别为–0.0011和–0.0025，均小于0。与之相似的是，长窗口期（3,20）和（3,30）的累计超额收益平均值分别为–0.0093和–0.0131，也均小于0。从样本数据波动性的角度来看，长窗口期的（3,20）和（3,30）累计超额收益的标准差分别达到了0.0902和0.1108，而短窗口期（0,2）和（1,2）的累计超额收益标准差为0.0296和0.0283。说明相对于短窗口期，长窗口期的累计超额收益数据有更大的波动性。

表 5-2　描述性统计分析

变量名	样本数	均值	标准差	最小值	最大值
Tonecona	12 622	0.695 7	0.171 9	–0.103 3	0.983 7
PledgeRate(C)	12 622	0.276 2	0.324 6	0	1
MarginDistance	5 448	0.577 4	0.208 2	–0.468 8	0.936 1
CAR(0,2)	9 942	–0.001 1	0.029 6	–0.180 9	0.198 3
CAR(1,2)	9 942	–0.002 5	0.028 3	–0.157 7	0.179 4
CAR(3,20)	9 942	–0.009 3	0.090 2	–0.305 5	0.396 0
CAR(3,30)	9 942	–0.013 1	0.110 8	–0.391 1	0.555 4
ROA	12 622	0.070 8	0.063 8	–0.179 0	0.304 1
LOSS	12 622	0.069 9	0.280 9	0	1
SUE	12 622	–0.397 3	1.913 6	–15.299 3	9.087 6
LEV	12 622	0.370 2	0.200 2	0.021 5	0.880 9
BTM	12 622	0.360 3	0.304 5	0.032 2	1.308 7
Big1	12 622	0.345 2	0.142 1	0.090 2	0.720 0
Gender	12 622	0.930 8	0.267 1	0	1
lnAge	12 622	3.910 3	0.152 3	3.196 6	4.479 6
Degree	12 622	3.290 4	0.970 1	1	5
MA	12 622	0.378 1	0.485 9	0	1
SEO	12 622	0.016 7	0.129 7	0	1
Stock Grant	12 622	0.047 8	0.199 5	0	1
AFE	9 942	0.007 3	0.012 5	–0.015 0	0.077 5
PosAFE	9 942	0.807 8	0.381 3	0	1
lnInterval	9 942	1.770 4	0.635 6	0	5.090 1
CAR(–61,–1)	9 942	0.112 0	0.320 3	–0.378 3	0.996 4
Volatility	9 942	0.150 8	0.091 1	0.047 5	0.492 8

5.4　主回归检验

5.4.1　实证检验：控股股东股权质押风险与业绩说明会语调

式（5-4）检验了H5-1。其中的解释变量为PledgeRate(C)及PledgeRate(C)^2，被解释变量Tonecona，解释变量PledgeRate(C)^{2}前的系数β_1预期为负数：

$$\text{Tonecona} = \beta_0 + \beta_1 \text{PledgeRate}(C)^2 + \beta_2 \text{PledgeRate}(C) + \beta_3 \sum \text{Controls} + \varepsilon \quad （5-4）$$

参考现有文献中的做法并结合中国资本市场的实践,本节控制了 ROA、LOSS、SUE、LEV、BTM、Big1、Gender、lnAge、Degree、MA、SEO、Stock Grant 以及时间和行业固定效应的影响。表 5-3 的第一列展示了式(5-4)的实证检验结果,可以发现 PledgeRate(C)^2 对应的回归系数为–0.100,在 1% 的置信水平下显著。这一结果证实了 H5-1 的逻辑,控股股东股权质押风险确实与业绩说明会语调呈现倒 "U" 形关系。对于低控制权转移风险的上市公司来说,控股股东无丢失控制权之忧,管理语调的动力不足,因此其语调的积极程度较低。根据现有文献的逻辑,高质押风险的公司拥有更强的动力去进行印象管理,因而其语调水平也会越高。但这种观点没有被本节的实证结果所证实。式(5-4)的实证检验结果说明高控制权转移风险的公司缺乏管理语调的能力,控股股东增加股权质押融资对于很多基本面情况糟糕的公司来讲已经是 "最后的选择" 了。因此这些公司也难以在自由裁量空间有限的业绩说明会中进行语调管理。只有同时具备语调管理动机和空间的中等质押风险水平公司才能展现出更积极的语调。

式(5-5)同样检验了 H5-1。其中的解释变量 MarginDistance 及其二次项 MarginDistance^2,被解释变量为 Tonecona,解释变量 MarginDistance^2 前 β_1 的系数预期为负数:

$$\text{Tonecona} = \beta_0 + \beta_1 \text{MarginDistance}^2 + \beta_2 \text{MarginDistance} + \beta_3 \sum \text{Controls} + \varepsilon$$

$$(5\text{-}5)$$

式(5-5)与式(5-4)的控制变量保持一致,表 5-3 的第(2)列展示了其实证检验结果,可以发现 MarginDistance^2 对应的回归系数为–0.108,在 1% 的置信水平下显著。这一结果再次证实了 H5-1 的逻辑。控股股东的质押平仓风险与业明会的语调呈现倒 "U" 形关系。与前述逻辑一致,只有同时具备语调管理动机和语调管理空间的中等质押平仓风险的上市公司才能展现出更为积极的语调。

表 5-3　控股股东股权质押风险与业绩说明会语调

变量	Tonecona	
	(1)	(2)
PledgeRate(C)^2	−0.100***	
	(−4.133)	
PledgeRate(C)	0.095***	
	(4.787)	
MarginDistance^2		−0.108***
		(−3.683)
MarginDistance		0.127***
		(4.683)
ROA	0.049	0.053
	(1.617)	(1.000)
LOSS	−0.085***	−0.070***
	(−9.480)	(−5.107)

续表

变量	Tonecona	
	（1）	（2）
Financial Distress	−0.018**	0.004
	(−2.212)	(0.301)
SUE	0.001**	0.001**
	(2.404)	(2.505)
LEV	−0.045***	−0.026
	(−4.212)	(−1.494)
BTM	−0.072***	−0.046***
	(−7.377)	(−2.843)
Big1	0.020	0.021
	(1.621)	(1.024)
Gender	−0.010	−0.010
	(−1.513)	(−1.102)
lnAge	0.011	−0.011
	(0.995)	(−0.622)
Degree	0.000	−0.002
	(0.142)	(−0.753)
MA	−0.001	−0.004
	(−0.216)	(−0.710)
SEO	0.004	−0.005
	(0.272)	(−0.313)
Stock Grant	0.010	0.002
	(1.156)	(0.139)
常数项	0.657***	0.707***
	(5.088)	(5.820)
年度固定效应	控制	控制
行业固定效应	控制	控制
样本数	12 622	5 448
调整的 R^2	0.059 9	0.057 8

注：括号内为 t 统计量

、*分别表示统计量在 5% 和 1% 的置信水平下显著

5.4.2　实证检验：业绩说明会语调与市场反应

式（5-6）检验了 H5-2。式中的解释变量为代表年报语调的 Tonecona，被解释变量为不同时间窗口的累计超额收益 CAR，解释变量前的系数 β_1 预期为正数：

$$CAR = \beta_0 + \beta_1 \text{Tonecona} + \beta_2 \sum \text{Controls} + \varepsilon \qquad （5-6）$$

参考现有文献中的做法（Davis et al.，2015；林乐和谢德仁，2016）并结合中国资本市场的实践，本节控制了 ROA、LOSS、LEV、BTM、Big1、AFE、PosAFE、lnInterval、CAR(−61,−1)、Volatility 以及时间和行业固定效应的影响。

表 5-4 的前两列展示了短时间窗口下的实证结果，可以发现实证结果与研究 H5-2 的逻辑一致，Tonecona 对应的回归系数在 1%的置信水平下保持正显著。这说明市场参与者对业绩说明会中管理层回答部分的语调有正向反应。这不但再次证明了现有文献中针对文本语调有用性的观点，而且也证明了中国市场业绩说明会制度的有效性。

表 5-4　业绩说明会语调与市场反应

变量	（1）CAR(0,2)	（2）CAR(1,2)	（3）CAR(3,20)	（4）CAR(3,30)
Tonecona	0.005***	0.005***	0.009	0.002
	(2.642)	(2.671)	(1.436)	(0.294)
ROA	0.006	−0.001	0.133***	0.202***
	(0.841)	(−0.168)	(6.411)	(7.230)
LOSS	−0.005**	−0.003	0.010*	0.024***
	(−2.322)	(1.596)	(1.826)	(3.054)
LEV	−0.001	−0.002	−0.019***	−0.029***
	(−0.678)	(−1.011)	(−2.966)	(−3.386)
BTM	0.009***	0.005***	0.104***	0.174***
	(4.214)	(3.241)	(17.933)	(21.988)
Big1	−0.005*	−0.001	−0.026***	−0.030***
	(−1.937)	(−0.309)	(−3.630)	(−3.020)
AFE	−0.043**	−0.023	−0.008	−0.010
	(−2.283)	(−1.480)	(−0.159)	(−0.140)
PosAFE	0.000	0.000	−0.010***	−0.011***
	(0.066)	(0.105)	(−3.587)	(−2.939)
lnInterval	−0.000	−0.000	−0.002	0.003
	(−0.610)	(−0.701)	(−1.117)	(1.128)
CAR(−61,−1)	0.002	0.000	−0.008	−0.005
	(0.923)	(0.313)	(−1.367)	(−0.591)
Volatility	0.008**	0.005*	−0.012	0.022
	(2.178)	(1.759)	(−1.266)	(1.478)
常数项	−0.007	−0.011*	−0.026	−0.067*
	(−0.953)	(−1.783)	(−0.949)	(−1.747)
年度固定效应	控制	控制	控制	控制
行业固定效应	控制	控制	控制	控制
样本数量	9942	9942	9942	9942
调整的 R^2	0.0447	0.0379	0.1006	0.1087

注：括号内为 t 统计量

*、**、***分别表示统计量在 10%、5%、1%的置信水平下显著

表 5-4 的后两列展示了长窗口下的实证结果。与 H5-2 的逻辑不同，在较长的时间窗口内，市场对业绩说明会语调的反应并不显著，与林乐和谢德仁（2016）的发现有所区别。这说明基于美国市场盈余电话会议情景所发现的价格漂移现象并没有在中国情景中得到验证。这背后的原因是，业绩说明会制度的开放性、匿名性保证了互动沟通的质量。投资者在这种高质量的互动式沟通中获取了充分多的定制化信息（Matsumoto et al., 2011），有效地促进了文本信息的迅速吸收和使用。所以市场对语调的反应在短窗口期内就完成了，不存在反应不足的现象。这也与第 4 章中投资者需要在较长时间窗口内才能对年报文本信息内容产生显著反应的经济现象产生了鲜明对比。

5.4.3　实证检验：控股股东股权质押风险与市场反应

式（5-7）检验了 H5-3。式中的解释变量为代表控制权转移风险的 PledgeRate(C) 及 PledgeRate(C)^2，被解释变量为不同时间窗口的累计超额收益 CAR，解释变量前的系数 β_1 预期为负数，控制变量与式（5-6）保持一致：

$$CAR = \beta_0 + \beta_1 \text{PledgeRate(C)}^2 + \beta_2 \text{PledgeRate}(C) + \beta_3 \sum \text{Controls} + \varepsilon \qquad （5-7）$$

表 5-5 的第（1）列和第（3）列展示了式（5-7）的实证结果，可以发现 PledgeRate(C)^2 前的系数不显著，不符合研究假设的逻辑。本节又设计了式（5-8），其中的解释变量为代表质押平仓风险的 MarginDistance 及其二次项 MarginDistance^2，被解释变量为 CAR，解释变量 MarginDistance^2 前的系数 β_1 预期为负数，控制变量与回归模型（5-6）及回归模型（5-7）保持一致：

$$CAR = \beta_0 + \beta_1 \text{MarginDistance}^2 + \beta_2 \text{MarginDistance} + \beta_3 \sum \text{Controls} + \varepsilon \qquad （5-8）$$

表 5-5　控股股东股权质押风险与业绩说明会的市场反应

变量	CAR(0,2)		CAR(1,2)	
	（1）	（2）	（3）	（4）
PledgeRate(C)^2	0.000		−0.001	
	(0.023)		(−0.586)	
PledgeRate(C)	0.002		0.003	
	(0.774)		(1.548)	
MarginDistance^2		−0.020***		−0.014***
		(−3.247)		(−2.668)
MarginDistance		0.004		0.007
		(0.632)		(1.404)
ROA	0.008	−0.004	0.000	−0.011
	(1.093)	(−0.392)	(0.021)	(−1.255)
LOSS	−0.004**	−0.001	−0.002	−0.000
	(−2.118)	(−0.477)	(−1.398)	(−0.132)

续表

变量	CAR(0,2)		CAR(1,2)	
	（1）	（2）	（3）	（4）
LEV	−0.004*	0.001	−0.003*	−0.001
	(−1.706)	(0.241)	(−1.910)	(−0.323)
BTM	0.010***	0.004	0.006***	0.003
	(5.093)	(1.349)	(3.803)	(1.429)
Big1	−0.003	−0.000	0.000	0.003
	(−1.179)	(−0.091)	(0.250)	(0.919)
AFE	−0.037**	−0.077**	−0.021	−0.046*
	(−1.969)	(−2.423)	(−1.343)	(−1.764)
PosAFE	0.000	−0.000	0.000	0.001
	(0.260)	(−0.002)	(0.207)	(0.761)
lnInterval	−0.000	−0.001	−0.000	−0.001
	(−0.595)	(−1.213)	(−0.735)	(−1.558)
CAR(−61,−1)	0.005**	0.003	0.002	0.002
	(2.482)	(1.012)	(1.395)	(0.854)
Volatility	0.010***	0.006	0.006**	0.011***
	(2.758)	(1.298)	(2.152)	(3.496)
常数项	−0.002	−0.015	−0.007	−0.011
	(−0.320)	(−0.918)	(−1.210)	(−0.812)
年度固定效应	控制	控制	控制	控制
行业固定效应	控制	控制	控制	控制
常数项	9942	4340	9942	4340
调整的 R^2	0.0363	0.0443	0.0340	0.0253

注：括号内为 t 统计量

*、**、***分别表示统计量在 10%、5%和 1%的置信水平下显著

表 5-5 的第（2）列和第（4）列展示了式（5-8）的实证结果，可以发现 MarginDistance² 前的系数在 1%的置信水平下显著，符合 H5-3 的逻辑。其中（0,2）时间窗口对应的系数达到了−0.020，t 值达到了−3.247。其系数和 t 值的绝对值均大于（1,2）时间窗口的−0.014 及−2.668。因此中等质押平仓风险水平的上市公司同时具备印象管理的空间和动力，它们通过业绩说明会的语调向市场传递了积极信号，成功地引起了市场的正向反应，从而达到了缓解质押平仓风险的目的。

5.5　稳健性检验

5.5.1　替换股权质押风险的测量方式

本节分别使用 PledgeRate(T)和 WarningDistance 来替代主回归中对控制权转移风险和质押平仓风险的衡量方式。其中，PledgeRate(T)为业绩说明会召开时，

控股股东质押的股份数量占公司总股份数量的比例。WarningDistance 为经过股票价格水平调整后，上市公司股票价格与质押预警线对应价格的距离。计算预警线对应股票价格所需的信息元素与计算平仓线对应股票价格的基本一致，因此我们可以迁移式（5-1）的计算方式来测算预警线的股价（PWL）：

$$PWL = PBSP \times LVO \times (1+10\%) \times 140\% \qquad (5-9)$$

将说明会举行日公司股票的收盘价格（PEC）与计算出来的平仓线对应的股票价格（PWL）按照以下公式进行计算，就可以得到

$$WarningDistance = (PEC - PWL) / PEC \qquad (5-10)$$

和质押平仓距离的处理方式相类似，当面对多笔未解质押对应的多个预警距离时，本节仅取最小的预警距离，然后分别模仿式（5-4）和式（5-5）设计了以下回归模型：

$$Tonecona = \beta_0 + \beta_1 PledgeRate(T)^2 + \beta_2 PledgeRate(T) + \beta_3 \sum Controls + \varepsilon \qquad (5-11)$$

$$Tonecona = \beta_0 + \beta_1 WarningDistance^2 + \beta_2 WarningDistance + \beta_3 \sum Controls + \varepsilon \qquad (5-12)$$

表 5-6 展示了式（5-11）和式（5-12）的实证检验结果，可以发现 PledgeRate(T)^2 和 WarningDistance^2 对应的回归系数分别为 –0.297 和 –0.085，并分别在 5% 和 1% 的置信水平下显著。这再次印证了控制权转移风险和质押平仓风险与业绩说明会语调呈现倒"U"形关系，再次支持了 H5-1 的逻辑。

表 5-6　控股股东股权质押风险与业绩说明会语调：替换股权质押风险衡量指标

变量	Tonecona	
	（1）	（2）
PledgeRate(T)^2	–0.297**	
	(–2.570)	
PledgeRate(T)	0.148***	
	(3.594)	
WarningDistance^2		–0.085***
		(–3.851)
WarningDistance		0.094***
		(5.010)
ROA	0.051*	0.043
	(1.679)	(0.823)
LOSS	–0.086***	–0.068***
	(–9.551)	(–4.985)
Financial Distress	–0.018**	–0.009
	(–2.237)	(–0.811)
SUE	0.001**	0.001**
	(2.427)	(2.273)

续表

变量	Tonecona	
	（1）	（2）
LEV	−0.045***	−0.014
	(−4.255)	(−0.812)
BTM	−0.071***	−0.061***
	(−7.315)	(−3.986)
Big1	0.019	0.012
	(1.535)	(0.570)
Gender	−0.010	−0.009
	(−1.562)	(−0.962)
lnAge	0.011	−0.002
	(0.996)	(−0.118)
Degree	0.000	−0.001
	(0.081)	(−0.466)
MA	−0.001	−0.000
	(−0.173)	(−0.084)
SEO	0.004	−0.009
	(0.324)	(−0.515)
Stock Grant	0.010	0.003
	(1.180)	(0.245)
常数项	0.657***	0.599***
	(6.082)	(5.416)
年度固定效应	控制	控制
行业固定效应	控制	控制
样本数	12 622	5 448
调整的 R^2	0.059 0	0.049 9

注：括号内为 t 统计量

*、**、***分别表示统计量在 10%、5% 和 1% 的置信水平下显著

　　然后本节又模仿式（5-7）和式（5-8）设计了式（5-13）和式（5-14）以再次检验控股股东股权质押风险与业绩说明会市场反应的关系：

$$CAR = \beta_0 + \beta_1 \, PledgeRate(T)^2 + \beta_2 \, PledgeRate(T) + \beta_3 \sum Controls + \varepsilon \tag{5-13}$$

$$CAR = \beta_0 + \beta_1 \, WarningDistance^2 + \beta_2 \, WarningDistance + \beta_3 \sum Controls + \varepsilon \tag{5-14}$$

　　表 5-7 展示了式（5-13）和式（5-14）的实证检验结果，可以发现第（2）列和第（4）列中 WarningDistance^2 对应在 CAR(0,2) 和 CAR(1,2) 分别达到了 −0.016 和 −0.011 并均在 1% 的显著性水平下显著，这印证了 H5-3 的逻辑，控股股东股权质押风险与业绩说明会窗口期的市场收益呈现倒 "U" 形关系。第（1）列和

第（3）列中 PledgeRate(T)^2 前对应系数也和主回归检验结果一样并未达到显著性要求。

表 5-7　控股股东股权质押风险与说明会的市场反应：替换股权质押风险衡量指标

变量	CAR(0,2)		CAR(1,2)	
	（1）	（2）	（3）	（4）
PledgeRate(T)^2	0.001		−0.005	
	(0.041)		(−0.289)	
PledgeRate(T)	0.006		0.008	
	(0.828)		(1.267)	
WarningDistance^2		0.016***		−0.011***
		(−3.247)		(−2.643)
WarningDistance		−0.001		0.003
		(−0.267)		(0.978)
ROA	0.008	−0.004	0.000	−0.010
	(1.101)	(−0.392)	(0.027)	(−1.226)
LOSS	−0.004**	−0.001	−0.002	−0.000
	(−2.116)	(−0.477)	(−1.389)	(−0.207)
LEV	−0.004*	0.001	−0.003*	−0.001
	(−1.774)	(0.241)	(−1.947)	(−0.458)
BTM	0.010***	0.004	0.006***	0.004*
	(5.132)	(1.349)	(3.848)	(1.709)
Big1	−0.004	−0.000	−0.000	0.003
	(−1.520)	(−0.091)	(−0.128)	(0.964)
AFE	−0.037**	−0.077**	−0.021	−0.043
	(−1.961)	(−2.423)	(−1.329)	(−1.643)
PosAFE	0.000	−0.000	0.000	0.000
	(0.254)	(−0.002)	(0.200)	(0.419)
lnInterval	−0.000	−0.001	−0.000	−0.001
	(−0.599)	(−1.213)	(−0.740)	(−1.601)
CAR(−61,−1)	0.005**	0.003	0.002	0.001
	(2.460)	(1.012)	(1.377)	(0.575)
Volatility	0.010***	0.006	0.006**	0.005
	(2.783)	(1.298)	(2.178)	(1.493)
常数项	−0.002	−0.015	−0.007	−0.010
	(−0.268)	(−0.913)	(−1.154)	(−0.708)
年度固定效应	控制	控制	控制	控制
行业固定效应	控制	控制	控制	控制
样本数	9942	4340	9942	4340
调整的 R^2	0.0365	0.0443	0.0342	0.0290

注：括号内为 t 统计量

*、**、***分别表示统计量在 10%、5%和 1%的置信水平下显著

5.5.2　以逆文档频率权重法测算语调

逆文档频率权重法背后的逻辑假设是，不同词汇间的影响力存在一定差异。因而必须要建立一种权重评分方法来将不同词汇的影响力纳入词频法的统计中。逆文档频率权重法的运算机制是将词汇的权重大小反比于其在文本中出现的频率。这一方法在提出后被金融与会计领域的学者广泛应用（Loughran and McDonald，2011）。本节也采取这种方法重新测算业绩说明会中管理层回答部分的语调：

$$w_{i,j} = \begin{cases} \dfrac{(1+\log(\mathrm{tf}_{i,j}))}{(1+\log(a_j))} \times \log\left(\dfrac{N}{\mathrm{df}_i}\right), & \mathrm{tf}_{i,j} \geqslant 1 \\ 0, & 其他条件 \end{cases} \tag{5-15}$$

首先，需要用式（5-15）给每个词汇计算出一个权重得分。其中，$\mathrm{tf}_{i,j}$ 为第 j 个说明会样本中词汇 i 出现的次数；a_j 为第 j 个说明会样本中词汇的数量；N 为样本总数；df_i 为包含词汇 i 的说明会样本数。其次，需要分别将所有积极词汇的 $w_{i,j}$ 和所有消极词汇的 $w_{i,j}$ 求和加总得到 POSW 和 NEGW。最后，依照公式（5-16）计算出逆文档频率权重法下的语调（Toneconaw）：

$$\text{Toneconaw} = (\text{POSW} - \text{NEGW}) / (\text{POSW} + \text{NEGW}) \tag{5-16}$$

本节为了验证 H5-1，在计算出 Toneconaw 后，将式（5-4）和式（5-5）中的被解释变量由 Toneconaw 替换为 Toneconaw，重新进行回归。表 5-8 展示了实证结果，可以发现 PledgeRate(C)^2、PledgeRate(T)^2、MarginDistance^2、WarningDistance^2 对应的系数均通过了显著性检验，分别为–0.107、–0.283、–0.163、–0.085，这说明在更换了语调的测量方法后，控股股东股权质押风险与业绩说明会语调仍然呈现倒"U"形关系，因此 H5-1 再次得到支持。

表 5-8　控股股东股权质押风险与业绩说明会语调：基于逆文档频率权重语调

变量	Toneconaw			
	（1）	（2）	（3）	（4）
PledgeRate(C)^2	–0.107***			
	（–2.713）			
PledgeRate(C)	0.119***			
	（3.662）			
PledgeRate(T)^2		–0.283*		
		（–1.702）		
PledgeRate(T)		0.203***		
		（3.018）		
MarginDistance^2			–0.163***	
			（–3.468）	

续表

变量	Toneconaw			
	（1）	（2）	（3）	（4）
MarginDistance			0.207***	
			(4.745)	
WarningDistance^2				−0.085***
				(−3.851)
WarningDistance				0.094***
				(5.010)
ROA	0.021	0.014	0.041	0.043
	(0.428)	(0.289)	(0.486)	(0.823)
LOSS	−0.134***	−0.136***	−0.090***	−0.068***
	(−9.052)	(−9.224)	(−4.148)	(−4.985)
Financial Distress	−0.027**	−0.027**	−0.007	−0.009
	(−2.048)	(−2.054)	(−0.359)	(−0.811)
SUE	0.001*	0.001*	0.002***	0.001**
	(1.743)	(1.782)	(2.680)	(2.273)
LEV	−0.113***	−0.106***	−0.055**	−0.014
	(−6.487)	(−6.149)	(−1.989)	(−0.812)
BTM	−0.062***	−0.075***	−0.028	−0.061***
	(−3.908)	(−4.923)	(−1.096)	(−3.986)
Big1	0.055***	0.042**	0.055*	0.012
	(2.727)	(2.060)	(1.652)	(0.570)
Gender	−0.006	−0.006	−0.004	−0.009
	(−0.599)	(−0.612)	(−0.257)	(−0.962)
lnAge	0.010	0.014	−0.034	−0.002
	(0.543)	(0.733)	(−1.251)	(−0.118)
Degree	−0.001	−0.001	−0.007	−0.001
	(−0.328)	(−0.322)	(−1.555)	(−0.466)
MA	0.005	0.006	−0.000	−0.000
	(0.905)	(1.020)	(−0.029)	(−0.084)
SEO	0.009	0.009	0.001	−0.009
	(0.417)	(0.417)	(0.037)	(−0.515)
Stock Grant	0.016	0.016	−0.004	0.003
	(1.127)	(1.157)	(−0.222)	(0.245)
常数项	0.495***	0.482***	0.299*	0.599***
	(4.649)	(4.533)	(1.676)	(5.416)
年度固定效应	控制	控制	控制	控制
行业固定效应	控制	控制	控制	控制
样本数	12 622	12 622	5 448	5 448
调整的 R^2	0.050 6	0.049 3	0.048 5	0.049 9

注：括号内为 t 统计量

*、**、***分别表示统计量在 10%、5% 和 1% 的置信水平下显著

本节为了验证 H5-2，将式（5-7）中的被解释变量替换为 Toneconaw，重新进行回归。表 5-9 展示了实证结果，可以发现解释变量在 CAR（0,2）和 CAR（1,2）窗口对应的系数都在 5%的置信水平下显著，这说明在更换了语调的测量方法后，业绩说明会语调仍能正向影响短窗口下的市场收益，因此 H5-2 再次得到支持。

表 5-9　业绩说明会语调与市场反应：基于逆文档频率权重语调

变量	（1）	（2）
	CAR(0,2)	CAR(1,2)
Toneconaw	0.003**	0.003**
	(2.518)	(2.415)
ROA	0.006	−0.001
	(0.880)	(−0.133)
LOSS	−0.005**	−0.003
	(−2.308)	(−1.567)
LEV	−0.001	−0.002
	(−0.663)	(−1.005)
BTM	0.008***	0.005***
	(4.129)	(3.143)
Big1	−0.005*	−0.001
	(−1.953)	(−0.320)
AFE	−0.042**	−0.022
	(−2.229)	(−1.444)
PosAFE	0.000	0.000
	(0.073)	(0.111)
lnInterval	−0.000	−0.000
	(−0.627)	(−0.721)
CAR(−61,−1)	0.002	0.001
	(0.974)	(0.371)
Volatility	0.007**	0.005*
	(2.137)	(1.718)
常数项	−0.005	−0.009
	(−0.726)	(−1.530)
年度固定效应	控制	控制
行业固定效应	控制	控制
样本数	9942	9942
调整的 R^2	0.0447	0.0378

注：括号内为 t 统计量
*、**、***分别表示统计量在 10%、5%和 1%的置信水平下显著

5.5.3 替换市场反应的时间窗口

本节以 CAR(0,3)和 CAR(1,3)代替 CAR(0,2)及 CAR(1,2)作为短窗口下市场反应的代理变量进行稳健性分析。表 5-10 展示了以 Tonecona 和 Toneconaw 为解释变量，以 CAR(0,3)和 CAR(1,3)为被解释变量的回归模型结果。在四列结果中，每列解释变量前的回归系数都保持正显著。这再次确认了业绩说明会语调对市场收益的正向影响。

表 5-10 业绩说明会语调与市场反应：替换市场反应的时间窗口

变量	CAR(0,3)		CAR(1,3)	
	（1）	（2）	（3）	（4）
Tonecona	0.006**		0.004**	
	(2.354)		(2.145)	
Toneconaw		0.003*		0.002*
		(1.751)		(1.914)
ROA	0.005	0.005	0.003	−0.080
	(0.660)	(0.649)	(0.404)	(−1.118)
LOSS	−0.004*	−0.004	−0.002	−0.002
	(−1.762)	(−1.645)	(−0.974)	(−0.759)
LEV	−0.005**	−0.001	−0.004*	−0.002
	(−2.044)	(−0.399)	(−1.819)	(−0.979)
BTM	0.015***	0.010***	0.011***	0.006***
	(6.306)	(4.685)	(5.275)	(3.302)
Big1	−0.003	−0.005*	−0.000	−0.002
	(−1.053)	(−1.771)	(−0.035)	(−0.688)
AFE	−0.055**	−0.064***	−0.033*	−0.053***
	(−2.560)	(−3.017)	(−1.770)	(−2.860)
PosAFE	0.000	−0.001	−0.000	0.000
	(0.194)	(−0.899)	(−0.485)	(0.085)
lnInterval	−0.001	−0.000	0.000	−0.001
	(−0.868)	(−0.260)	(0.314)	(−1.539)
CAR(−61,−1)	0.006***	0.002	0.001	0.004**
	(2.780)	(1.077)	(0.661)	(1.961)
Volatility	0.020***	0.005	0.005	0.014***
	(5.488)	(1.206)	(1.485)	(4.456)
常数项	−0.011	−0.011	−0.018**	−0.007
	(−1.318)	(−1.343)	(−2.426)	(−0.716)
年度固定效应	控制	控制	控制	控制
行业固定效应	控制	控制	控制	控制
样本数	9942	9942	9942	9942
调整的 R^2	0.0326	0.0488	0.0495	0.0229

注：括号内为 t 统计量

*、**、***分别表示统计量在 10%、5%和 1%的置信水平下显著

表 5-11 展示了以 PledgeRate(C)^2、PledgeRate(T)^2、MarginDistance^2、WarningDistance^2 为解释变量，以 CAR(0,3)和 CAR(1,3)为被解释变量的回归模型结果。与主回归检验中的结果保持一致，MarginDistance^2、WarningDistance^2 对应的系数均在 1%的置信水平下显著，这再次印证了 H5-3。

表 5-11　控股股东股权质押风险与说明会的市场反应：替换市场反应的时间窗口

变量	CAR(0,3)				CAR(1,3)			
	（1）	（2）	（3）	（4）	（5）	（6）	（7）	（8）
PledgeRate(C)^2	−0.001				−0.002			
	(−0.427)				(−0.996)			
PledgeRate(C)	0.003				0.004*			
	(1.041)				(1.725)			
PledgeRate(T)^2		−0.007				−0.013		
		(−0.325)				(−0.636)		
PledgeRate(T)		0.009				0.011		
		(1.095)				(1.478)		
MarginDistance^2			−0.029***				−0.022***	
			(−4.045)				(−3.506)	
MarginDistance			0.008				0.011*	
			(1.088)				(1.783)	
WarningDistance^2				−0.022***				−0.017***
				(−4.012)				(−3.476)
WarningDistance				0.001				0.005
				(0.138)				(1.192)
ROA	0.011	0.011	−0.004	−0.003	0.004	0.004	−0.011	−0.011
	(1.427)	(1.445)	(−0.302)	(−0.255)	(0.609)	(0.628)	(−1.082)	(−1.047)
LOSS	−0.004	−0.004	−0.001	−0.002	−0.002	−0.002	−0.003	−0.003
	(−1.597)	(−1.586)	(−0.403)	(−0.528)	(−0.811)	(−0.793)	(−1.117)	(−1.219)
LEV	−0.006**	0.006***	−0.002	−0.003	−0.006***	−0.006***	−0.004	−0.004
	(−2.518)	(−2.601)	(−0.632)	(−0.843)	(−2.789)	(−2.845)	(−1.196)	(−1.366)
BTM	0.016***	0.016***	0.009***	0.011***	0.012***	0.012***	0.008***	0.009***
	(6.958)	(7.003)	(2.695)	(3.134)	(6.056)	(6.105)	(2.854)	(3.203)
Big1	−0.002	−0.003	0.003	0.003	0.001	0.001	0.005	0.005
	(−0.748)	(−1.019)	(0.742)	(0.816)	(0.617)	(0.324)	(1.296)	(1.357)
AFE	−0.045**	−0.044**	−0.068*	−0.062*	−0.028	−0.028	−0.046	−0.041
	(−2.091)	(−2.081)	(−1.890)	(−1.706)	(−1.504)	(−1.488)	(−1.466)	(−1.315)
PosAFE	−0.000	−0.000	0.001	0.000	−0.000	−0.000	0.001	0.001
	(−0.167)	(−0.178)	(0.802)	(0.279)	(−0.323)	(−0.334)	(1.017)	(0.595)
lnInterval	0.000	0.000	−0.001	−0.001	0.000	0.000	−0.001	−0.001*

续表

变量	CAR(0,3)				CAR(1,3)			
	（1）	（2）	（3）	（4）	（5）	（6）	（7）	（8）
	(0.245)	(0.237)	(−1.163)	(−1.240)	(0.315)	(0.306)	(−1.616)	(−1.678)
CAR(−61,−1)	0.006***	0.006***	0.009***	0.008**	0.004**	0.004**	0.004	0.003
	(2.978)	(2.960)	(2.853)	(2.433)	(2.058)	(2.044)	(1.520)	(1.179)
Volatility	0.010***	0.010***	0.022***	0.010**	0.007**	0.007**	0.016***	0.008*
	(2.592)	(2.615)	(5.037)	(2.006)	(1.994)	(2.018)	(4.307)	(1.838)
常数项	−0.009	−0.009	−0.022	−0.020	−0.014*	−0.014*	−0.018	−0.016
	(−1.053)	(−1.021)	(−1.164)	(−1.053)	(−1.912)	(−1.879)	(−1.123)	(−0.993)
年度固定效应	控制	控制	控制	控制	控制	控制	控制	控制
行业固定效应	控制	控制	控制	控制	控制	控制	控制	控制
样本数	9942	9942	4340	4340	9942	9942	4340	4340
调整的 R^2	0.0452	0.0454	0.0419	0.0506	0.0431	0.0432	0.0370	0.0427

注：括号内为 t 统计量

*、**、***分别表示统计量在10%、5%和1%的置信水平下显著

5.6　内生性检验

本节先采用工具变量法处理了潜在的因遗漏变量而引发的内生性问题，然后采用 Heckman 两阶段检验处理了潜在的因样本选择性偏差而引发的内生性问题，从而再次验证了主回归检验的结论。

5.6.1　工具变量检验

本节采取工具变量两阶段最小二乘法处理潜在的因遗漏变量而引发的内生性问题，用样本公司所在行业的平均质押比例（IndustriesPledge）作为工具变量。表 5-12 的第（1）列展示了工具变量 IndustriesPledge 与被解释变量 Tonecona 的回归结果，可以看到回归系数不显著，这说明工具变量与被解释变量无显著相关关系，满足了工具变量的外生性假设。表 5-12 的第（2）列和第（3）列分别展示了 IndustriesPledge 与 PledgeRate(C)^2 及 PledgeRate(C) 的回归结果，可以看到回归系数对应的 t 值分别达到了 5.924 和 7.837，有较高的显著性水平，且 Kleibergen-Paap 检验值达到了 16.396。因此选取 IndustriesPledge 不存在弱工具变量问题。表 5-12 的第（4）列展示了两阶段最小二乘法第二阶段的回归结果，可以看到第一阶段回归中得到的拟合值 Instrument-Plerate^2 及 Instrument-Plerate 前的系数都在 1%的置信水平下显著，其中 Instrument-Plerate^2 对应的系数为−0.072。这再一次验证了控股股东股权质押风险与业绩说明会语调呈现倒"U"形关系。

表 5-12　工具变量两阶段最小二乘法结果

变量	（1）	（2）	（3）	（4）
	Tonecona	PledgeRate(C)^2	PledgeRate(C)	Tonecona
IndustriesPledge	−0.921	0.762***	0.732***	
	(−0.716)	(5.924)	(7.837)	
Instrument-Plerate^2				−0.072***
				(−2.986)
Instrument-Plerate				0.064***
				(3.180)
ROA	0.088***	−0.256***	−0.311***	0.086***
	(2.884)	(−6.197)	(−6.198)	(2.834)
LOSS	−0.082***	−0.007	−0.020	−0.082***
	(−9.090)	(−0.579)	(−1.333)	(−9.098)
Financial Distress	−0.012	−0.030***	−0.043***	−0.012
	(−1.534)	(−2.789)	(−3.236)	(−1.524)
SUE	0.001**	0.000	0.000	0.001**
	(1.964)	(0.830)	(0.806)	(1.977)
LEV	−0.043***	0.144***	0.192***	−0.043***
	(−4.048)	(10.131)	(11.083)	(−4.095)
BTM	−0.054***	0.016	0.025	−0.054***
	(−5.156)	(1.119)	(1.499)	(−5.137)
Big1	0.029**	−0.070***	−0.053***	0.029**
	(2.355)	(−4.163)	(−2.600)	(2.354)
Gender	−0.011*	−0.019**	−0.030***	−0.011*
	(−1.672)	(−2.138)	(−2.819)	(−1.677)
lnAge	−0.004	−0.105***	−0.154***	−0.004
	(−0.345)	(−6.746)	(−8.181)	(−0.319)
Degree	−0.001	−0.004	−0.008***	−0.001
	(−0.362)	(−1.500)	(−2.743)	(−0.352)
MA	−0.002	0.033***	0.049***	−0.002
	(−0.526)	(6.767)	(8.139)	(−0.512)
SEO	0.003	0.041**	0.069***	0.004
	(0.245)	(2.250)	(3.163)	(0.265)
Stock Grant	0.007	−0.008	−0.002	0.007
	(0.793)	(−0.688)	(−0.163)	(0.821)
常数项	0.835***	0.526***	0.726***	0.680***
	(3.231)	(5.958)	(6.763)	(3.838)
年度固定效应	控制	控制	控制	控制
行业固定效应	控制	控制	控制	控制
样本数	12 622	12 622	12 622	12 622
调整的 R^2	0.069 5	0.072 0	0.105 5	0.082 8
Kleibergen-Paap		16.396		

注：括号内为 t 统计量

*、**、***分别表示统计量在 10%、5% 和 1% 的置信水平下显著

5.6.2　Heckman 两阶段检验

本节采用 Heckman 两阶段法处理因样本选择性偏差而引发的内生性问题，并先将样本按照控股股东质押比例分为高质押风险和低质押风险两组。在第一阶段回归中，以是否处在高质押风险组作为 Probit 回归的被解释变量，以资产收益率（ROA）、是否出现亏损（LOSS）、资产负债率（LEV）、账面市值比（BTM）、第一大股东持股比例（Big1）、行业（Industry）作为第一阶段 Probit 回归的解释变量，计算逆米尔斯比率。在第二阶段回归中，在控制第一阶段解释变量及 Financial Distress、SUE、Gender、lnAge、Degree、MA、SEO、Stock Grant、固定效应的基础上，加入第一阶段计算出的逆米尔斯比率。表 5-13 展示了 Heckman 两阶段检验的结果。第（1）列为第一阶段 Probit 回归的结果，第（2）列为第二阶段回归的结果，可以看到 PledgeRate(C)^2 的系数为 -0.090，t 值为 -2.148，在 5% 的置信水平下显著。因此在控制住样本自选择问题之后，H5-1 仍然成立。

表 5-13　Heckman 两阶段检验结果

变量	（1）	（2）
	Probit(高质押风险组)	Tonecona
PledgeRate(C)^2		-0.090^{**}
		(-2.148)
PledgeRate(C)		0.020
		(1.298)
ROA	-2.295^{***}	0.831
	(-9.798)	(0.940)
LOSS	0.373^{***}	-0.064^{*}
	(5.550)	(-1.824)
LEV	0.636^{***}	-0.231
	(9.504)	(-0.944)
BTM	0.491^{***}	-0.301^{**}
	(7.579)	(-2.452)
Big1	-0.300^{***}	0.125
	(-3.331)	(0.990)
Industry	0.002^{***}	
	(6.719)	
Financial Distress		0.004
		(0.171)
SUE		0.001^{**}
		(2.255)
Gender		-0.012
		(-0.744)

续表

变量	（1）	（2）
	Probit(高质押风险组)	Tonecona
lnAge		−0.004
		(−0.134)
Degree		−0.001
		(−0.232)
MA		0.002
		(0.173)
SEO		−0.014
		(−0.460)
Stock Grant		−0.005
		(−0.250)
常数项		1.138**
		(2.263)
年度固定效应		控制
行业固定效应		控制
样本数	12 622	12 622
Lambda		−0.115***
		(−2.801)

注：括号内为 t 统计量

*、**、***分别表示统计量在 10%、5%和 1%的置信水平下显著

5.7 机制检验

本章主检验部分的实证结果显示高质押风险的上市公司在业绩说明会上的语调管理空间比较小。本节将从高质押风险公司面对的提问语调、高质押风险公司积极和消极词汇的不对称供给能力这两个角度挖掘原因。本节还将从市场对高质押风险公司积极和消极词汇的不对称反应、市场对高质押风险公司问答语调差的负向反应这两个角度解释语调管理效力差的原因。

5.7.1 控股股东股权质押风险与业绩说明会提问语调

尚未有文献关注中国业绩说明会制度的提问内容，但业绩说明会制度一问一答的形式决定了提问对回答内容的重要影响。当面对带有负面情绪的尖锐问题时，上市公司管理层也难以释放十分积极的正面语调。因此本节聚焦质押风险与提问

语调的关系，观察质押风险是否会对提问语调产生负面影响。

本节为对比高低质押风险上市公司面对的不同提问语调，仅保留有控股股东股权质押的样本，并分别按照控制权转移风险和质押平仓风险的大小，将样本分为高质押风险和低质押风险组。然后效仿式（5-3）和式（5-16），计算了业绩说明会中投资者提问的语调 Toneconaq 和 Toneconaqw，并将提问语调作为被解释变量，将质押风险作为解释变量进行回归。表 5-14 展示了分组回归检验的结果，可以看到高低质押风险的上市公司面对的说明会语调特征有显著差别。在高控制权转移风险的组别中，随着控股股东质押比例的增大，上市公司面对的语调水平越低，问题负面情绪越严重；在高质押平仓风险的组别中，随着质押平仓距离的临近，上市公司面对的提问语调消极程度越高，负面提问情绪越重。上述情景在低质押风险组均不显著。这说明高质押风险所带来的负面提问情绪是制约高质押风险公司在业绩说明会进行印象管理的重要因素之一。

表 5-14　控股股东股权质押风险与业绩说明会提问语调

变量	按控制权转移风险大小分组				按质押平仓风险大小分组			
	Toneconaq		Toneconaqw		Toneconaq		Toneconaqw	
	高	低	高	低	高	低	高	低
PledgeRate(C)	−0.091**	−0.035	−0.114**	−0.074				
	(−2.404)	(−0.722)	(−2.196)	(−1.150)				
MarginDistance					0.092**	0.132	0.143**	0.056
					(2.068)	(1.059)	(2.410)	(0.588)
ROA	−0.032	−0.139	0.097	0.022	−0.017	−0.079**	0.100	0.058
	(−0.241)	(−1.223)	(0.523)	(0.143)	(−0.141)	(−2.448)	(0.616)	(0.336)
LOSS	−0.088***	−0.038	−0.123***	−0.090**	−0.051	0.021	−0.099**	−0.103**
	(−2.807)	(−1.143)	(−2.835)	(−2.015)	(−1.627)	(0.732)	(−2.347)	(−2.289)
Financial Distress	0.043*	−0.046	0.058	−0.028	−0.000	0.001	0.039	0.007
	(1.652)	(−1.584)	(1.598)	(−0.722)	(−0.002)	(0.353)	(1.122)	(0.171)
SUE	0.000	0.002*	−0.000	0.003*	0.001	0.054	0.002	−0.000
	(0.168)	(1.827)	(−0.046)	(1.953)	(1.335)	(1.362)	(1.437)	(−0.193)
LEV	0.047	−0.016	0.047	−0.034	−0.059	−0.203***	−0.116**	0.085
	(1.165)	(−0.389)	(0.845)	(−0.644)	(−1.440)	(−4.768)	(−2.109)	(1.539)
BTM	−0.277***	−0.247***	−0.247***	−0.267***	−0.232***	−0.014	−0.248***	−0.188***
	(−7.971)	(−7.343)	(−5.145)	(−5.961)	(−6.509)	(−0.285)	(−5.231)	(−3.184)
Big1	0.086*	−0.038	0.078	−0.048	0.054	−0.019	0.095	−0.070
	(1.675)	(−0.837)	(1.096)	(−0.781)	(1.121)	(−1.616)	(1.465)	(−1.054)

续表

变量	按控制权转移风险大小分组				按质押平仓风险大小分组			
	Toneconaq		Toneconaqw		Toneconaq		Toneconaqw	
	高	低	高	低	高	低	高	低
Gender	0.016	−0.018	−0.005	−0.013	−0.002	−0.029	−0.001	−0.010
	(0.723)	(−0.837)	(−0.177)	(−0.454)	(−0.139)	(−0.973)	(−0.043)	(−0.454)
lnAge	−0.043	0.052	−0.047	0.060	0.052	−0.058	0.086	−0.029
	(−1.022)	(1.255)	(−0.816)	(1.108)	(1.263)	(−0.992)	(1.568)	(−0.707)
Degree	−0.011	−0.003	−0.015	−0.007	−0.008	−0.009	−0.014	−0.006
	(−1.665)	(−0.473)	(−1.572)	(−0.874)	(−1.206)	(−1.003)	(−1.553)	(−1.013)
MA	−0.018	−0.022*	−0.021	−0.016	−0.023*	0.047	−0.023	−0.017
	(−1.416)	(−1.845)	(−1.237)	(−0.994)	(−1.804)	(1.391)	(−1.380)	(−1.041)
SEO	0.050	0.013	0.046	0.020	0.005	0.033	0.041	0.021
	(1.290)	(0.346)	(0.860)	(0.399)	(0.099)	(1.279)	(0.650)	(0.441)
Stock Grant	0.017	0.003	0.014	0.016	−0.026	0.072	−0.009	0.034
	(0.562)	(0.131)	(0.321)	(0.460)	(−0.826)	(1.042)	(−0.209)	(0.964)
常数项	0.701***	0.915***	0.537**	0.943***	0.355	0.745***	0.185	0.578**
	(4.299)	(6.320)	(2.380)	(4.884)	(1.253)	(3.814)	(0.491)	(2.130)
年度固定效应	控制	控制	控制	控制	控制	控制	控制	控制
行业固定效应	控制	控制	控制	控制	控制	控制	控制	控制
样本数	2724	2723	2724	2723	2724	2723	2724	2723
调整的 R^2	0.0556	0.0506	0.0339	0.0433	0.0650	0.0366	0.0545	0.0269
SUR-Test	$p=0.007$		$p=0.009$		$p=0.001$		$p=0.000$	

注：括号内为 t 统计量

*、**、***分别表示统计量在 10%、5%、1%的置信水平下显著

5.7.2　控股股东股权质押风险与积极和消极词汇供给

本节仅保留高质押风险样本，并将业绩说明会管理层回答部分的语调细分为积极和消极词汇占比。为证明高质押风险公司在积极和消极词汇上的不对称供给能力，本节分别将 Poscona 和 Negcona 作为被解释变量，与代表质押风险的 Pledge Rate(C) 和 MarginDistance 进行回归。表 5-15 展示了回归结果，对高控制权转移风险的公司而言，控股股东股权质押比例越高，公司供给积极词汇能力越弱。而对高质押平仓风险的公司来说平仓距离越近，公司供给积极词汇能力越弱。上述规律在消极词汇上不显著。因此控股股东股权质押风险对积极消极词汇的影响存在不对称性。高质押风险公司在积极词汇的弱供给能力制约了其进行印象管理的空间。

表 5-15　控股股东股权质押风险与积极和消极词汇的供给能力

变量	高控制权转移风险公司		高质押平仓风险公司	
	Poscona	Negcona	Poscona	Negcona
PledgeRate(C)	−0.001**	0.001		
	(−2.084)	(1.226)		
MarginDistance			0.001***	−0.000
			(2.746)	(−0.746)
ROA	0.001	−0.001	0.002	−0.001
	(0.237)	(−0.803)	(0.858)	(−1.022)
LOSS	0.000	0.002***	0.000	0.001***
	(0.250)	(3.061)	(0.198)	(2.796)
Financial Distress	0.001	−0.000	0.000	−0.000
	(1.366)	(−0.147)	(0.845)	(−0.577)
SUE	0.000	−0.000	−0.000	−0.000
	(0.604)	(−1.113)	(−0.011)	(−1.032)
LEV	−0.001	0.000	−0.002**	0.003**
	(−0.861)	(0.671)	(−1.998)	(2.158)
BTM	−0.001*	0.001***	−0.001	0.000
	(−1.786)	(2.648)	(−0.914)	(0.758)
Big1	0.001	0.000	0.001	−0.000
	(0.956)	(0.194)	(1.269)	(−0.289)
Gender	−0.000	−0.000	−0.000	−0.000
	(−1.019)	(−0.649)	(−0.712)	(−0.658)
lnAge	−0.000	−0.000	0.000	−0.000
	(−0.591)	(−0.254)	(0.609)	(−0.043)
Degree	0.000	−0.000	0.000	−0.000
	(1.025)	(−1.119)	(1.491)	(−0.752)
MA	−0.001**	−0.000	−0.001**	0.004**
	(−2.441)	(−1.112)	(−2.567)	(2.487)
SEO	−0.001	−0.000	−0.001	−0.000
	(−1.639)	(−0.436)	(−0.945)	(−0.516)
Stock Grant	−0.000	−0.000	0.001**	−0.000
	(−0.078)	(−0.148)	(2.275)	(−0.117)
常数项	0.017***	0.003**	0.012*	0.003**
	(3.940)	(2.120)	(1.943)	(2.369)
年度固定效应	控制	控制	控制	控制
行业固定效应	控制	控制	控制	控制
样本数	2724	2724	2724	2724
调整的 R^2	0.0253	0.0241	0.0306	0.0407

注：括号内为 t 统计量

*、**、***分别表示统计量在 10%、5% 和 1% 的置信水平下显著

5.7.3　资本市场对高质押风险公司积极和消极词汇的不对称反应

与本章 5.5.2 部分的做法一致，本节仅保留高质押风险的公司样本，并将业绩说明会语调细分为积极词汇占比和消极词汇占比放入回归模型的解释变量部分，将各个短窗口的 CAR 作为被解释变量进行回归分析。表 5-16 展示了回归分析的结果，可以发现无论是在高控制权转移风险的公司还是在高质押平仓风险公司，投资者对高质押风险积极和消极词汇的反应都出现了明显的分化现象。在各个窗口期，消极词汇占比都对累计超额收益带来了显著的负向影响，而积极词汇占比对累计超额收益的正向影响都不显著。这说明高质押风险上市公司的控股股东为缓解质押风险所输出的积极词汇并没有达到预期的效果，因此这种对积极消极词汇的不对称反应是削弱高质押风险上市公司语调管理效力的重要机制渠道之一。本节的结论也在一定程度上印证了林乐和谢德仁（2016）关于积极消极语调对市场不对称影响的观点。

表 5-16　资本市场对高质押风险公司积极和消极词汇的不对称反应

变量	高控制权转移风险公司				高质押平仓风险公司			
	CAR(0,2)	CAR(1,2)	CAR(0,3)	CAR(1,3)	CAR(0,2)	CAR(1,2)	CAR(0,3)	CAR(1,3)
Poscona	0.196	0.196	0.075	0.075	0.107	0.047	0.147	0.104
	(1.338)	(1.635)	(0.440)	(0.516)	(0.881)	(0.477)	(1.067)	(0.888)
Negcona	-0.328^{***}	-0.340^{***}	-0.405^{***}	-0.494^{**}	-0.550^{**}	-0.365^{**}	-0.667^{**}	-0.481^{*}
	(−2.856)	(−2.833)	(−2.707)	(−2.001)	(−2.502)	(−2.221)	(−1.993)	(−1.763)
ROA	−0.009	−0.015	0.001	−0.013	−0.004	−0.005	−0.021	-0.021^{*}
	(−0.532)	(−1.099)	(0.071)	(−0.754)	(−0.334)	(−0.453)	(−1.472)	(−1.703)
LOSS	−0.004	-0.004^{*}	-0.008^{*}	-0.008^{**}	0.001	0.001	−0.001	−0.001
	(−1.123)	(−1.923)	(−1.752)	(−2.019)	(0.216)	(0.210)	(−0.345)	(−0.313)
LEV	0.002	0.000	−0.002	−0.004	-0.005^{***}	-0.004^{***}	-0.005^{**}	-0.005^{***}
	(0.341)	(0.046)	(−0.436)	(−0.806)	(−3.176)	(−2.766)	(−2.531)	(−2.828)
BTM	0.007^{*}	0.004^{**}	0.013^{***}	0.009^{**}	0.012^{***}	0.001^{***}	0.002^{**}	0.001^{**}
	(1.762)	(2.170)	(2.618)	(2.213)	(3.082)	(3.302)	(2.442)	(2.399)
Big1	−0.004	0.000	−0.000	0.001	0.000	0.003	0.004	0.006
	(−0.691)	(0.003)	(−0.061)	(0.131)	(0.060)	(0.830)	(0.707)	(1.327)
AFE	-0.080^{**}	-0.060^{*}	−0.058	−0.054	−0.027	−0.010	−0.030	−0.020
	(−2.029)	(−1.871)	(−1.279)	(−1.389)	(−0.768)	(−0.354)	(−0.784)	(−0.595)
PosAFE	−0.002	−0.001	−0.001	−0.001	−0.001	0.000	−0.002	−0.001
	(−1.146)	(−0.509)	(−0.552)	(−0.363)	(−0.614)	(0.177)	(−0.951)	(−0.362)
lnInterval	−0.002	−0.001	-0.003^{*}	−0.002	0.000	−0.000	−0.001	−0.001
	(−1.207)	(−1.047)	(−1.683)	(−1.467)	(0.353)	(−0.212)	(−0.749)	(−1.010)
CAR(−61, −1)	0.000	−0.001	0.008^{*}	0.001	0.003	−0.001	0.005	−0.001
	(0.024)	(−0.251)	(1.783)	(0.274)	(0.640)	(−0.222)	(1.090)	(−0.181)

变量	高控制权转移风险公司				高质押平仓风险公司			
	CAR(0,2)	CAR(1,2)	CAR(0,3)	CAR(1,3)	CAR(0,2)	CAR(1,2)	CAR(0,3)	CAR(1,3)
Volatility	0.000	−0.001	0.012**	−0.001	0.006	0.004	0.007	0.004
	(0.080)	(−0.200)	(2.058)	(−0.246)	(1.441)	(1.179)	(1.439)	(0.908)
常数项	−0.014	−0.009	−0.014	−0.012	−0.008	0.001	−0.003	0.005
	(−0.837)	(−0.649)	(−0.714)	(−0.690)	(−0.340)	(0.058)	(−0.096)	(0.217)
年度固定效应	控制	控制	控制	控制	控制	控制	控制	控制
行业固定效应	控制	控制	控制	控制	控制	控制	控制	控制
样本数	2170	2170	2170	2170	2170	2170	2170	2170
调整的 R^2	0.0532	0.0437	0.0430	0.0586	0.0276	0.0386	0.0285	0.0449

注：括号内为 t 统计量

*、**、***分别表示统计量在10%、5%和1%的置信水平下显著

5.7.4 资本市场对高质押风险公司问答语调差的负向反应

本节在 5.5.1 节构造的投资者提问语调基础之上，构造了说明会中问答语调的差值指标 Toneconaq，这一指标可以直接反映出管理层回答语调对投资者提问语调的偏离程度。在计算出每个样本的 Toneconaq 之后，本节引入交乘项 Tonecona×Toneconaq 衡量说明会问答语调的差值会对管理层回答部分语调的市场反应产生什么影响。参照 5.6.1 节的做法，本节也在仅保留有控股股东质押样本的基础上，分别按照控制权转移风险和质押平仓风险的大小进行分组，以对比 Toneconaq 的调节作用在不同情境下的差别。

表 5-17 展示了分组回归检验的结果，可以发现 Toneconaq 的调节作用在不同质押风险样本中的表现有显著差别。以高控制权转移风险的样本为例，交乘项 Tonecona×Toneconaq 对应的回归系数在短窗口（0,2）和（1,2）分别达到了−0.010 和−0.020，且 t 检验的 t 值分别也达到了−3.786 和−3.350，这说明说明会中问答语调差值的调节作用分别在 1%和 5%的置信水平下显著。低控制权转移风险样本中交乘项对应系数并未通过显著性检验。相似的逻辑在质押平仓风险的分组检验中也有明显体现，高质押平仓风险样本中交乘项 Tonecona×Toneconaq 对应的回归系数在短窗口（0,2）和（1,2）分别达到了−0.006 和−0.013，且 t 检验的 t 值分别也达到了−4.610 和−3.099，但低质押平仓风险样本中交乘项对应系数并未通过显著性检验。上述情况都表明资本市场仅仅会对高质押风险公司问答语调差负向计价，因此高质押风险公司的语调管理行为效果会因与问题语调的差距而大打折扣，这又成为削弱高质押风险公司语调管理效力的一个重要因素。本节的结论一定程度上也回应并拓展了 Chen 等（2018）剔除的关于互动沟通中投资者问题语调重要性的观点。

表 5-17　资本市场对高质押风险公司问答语调差的负向反应

变量	按控制权转移风险大小分组				按质押平仓风险大小分组			
	CAR(0,2)		CAR(1,2)		CAR(0,2)		CAR(1,2)	
	高	低	高	低	高	低	高	低
Tonecona×Toneconaq	−0.010***	0.012	−0.020**	0.004	−0.006***	0.004	−0.013***	0.015
	(−3.786)	(1.139)	(−3.350)	(0.280)	(−4.610)	(0.286)	(−3.099)	(0.998)
Tonecona	0.004***	0.004***	0.003***	0.005**	0.009***	0.001**	0.009**	0.003**
	(2.757)	(2.621)	(2.592)	(2.167)	(2.289)	(2.255)	(2.044)	(2.450)
Toneconaq	−0.008	0.007	−0.018	0.002	−0.009	−0.003	−0.015*	−0.012
	(−0.836)	(0.822)	(−1.562)	(0.156)	(−1.138)	(−0.255)	(−1.647)	(−0.977)
ROA	−0.009	−0.003	0.001	−0.005	−0.004	−0.017	−0.021	0.001
	(−0.505)	(−0.297)	(0.073)	(−0.383)	(−0.313)	(−1.124)	(−1.442)	(0.065)
LOSS	−0.004	−0.007*	−0.008*	−0.007	−0.001	−0.001	−0.001	−0.001
	(−1.135)	(−1.712)	(−1.812)	(−1.642)	(−0.296)	(−0.264)	(−0.283)	(−0.203)
LEV	0.002	−0.004	−0.002	−0.007	−0.004	0.000	−0.005	−0.006
	(0.341)	(−1.059)	(−0.442)	(−1.636)	(−1.099)	(0.054)	(−1.154)	(−1.262)
BTM	0.008*	0.010***	0.013***	0.019***	0.001**	0.011**	0.003*	0.025***
	(1.803)	(2.789)	(2.712)	(4.404)	(2.321)	(2.436)	(1.686)	(4.587)
Big1	−0.004	0.005	−0.001	0.006	0.000	0.002	0.004	0.002
	(−0.680)	(1.051)	(−0.093)	(1.087)	(0.028)	(0.347)	(0.682)	(0.261)
AFE	−0.078**	−0.084	−0.056	−0.108*	−0.025***	−0.185***	−0.029***	−0.222***
	(−1.976)	(−1.536)	(−1.231)	(−1.655)	(−2.730)	(−3.114)	(−2.757)	(−3.097)
PosAFE	−0.002	0.002	−0.001	0.002	−0.001	0.002	−0.002	0.003
	(−1.179)	(1.182)	(−0.589)	(1.087)	(−0.577)	(0.888)	(−0.929)	(1.317)
lnInterval	−0.002	−0.001	−0.003	−0.001	0.000	−0.001	−0.001	−0.001
	(−1.167)	(−0.818)	(−1.626)	(−0.960)	(0.441)	(−1.181)	(−0.668)	(−0.800)
CAR(−61,−1)	0.000	−0.004	0.008*	−0.007*	0.002	0.001	0.004	0.003
	(0.023)	(−1.269)	(1.697)	(−1.699)	(0.535)	(0.337)	(0.959)	(0.675)
Volatility	0.000	0.013**	0.012**	0.018**	0.006	0.006	0.006	0.015
	(0.038)	(2.125)	(2.081)	(2.429)	(1.372)	(0.791)	(1.337)	(1.480)
常数项	−0.015	0.009	−0.015	−0.004	−0.013	−0.009	−0.007	−0.014
	(−0.847)	(0.661)	(−0.756)	(−0.339)	(−0.531)	(−0.474)	(−0.244)	(−0.590)
年度固定效应	控制	控制	控制	控制	控制	控制	控制	控制
行业固定效应	控制	控制	控制	控制	控制	控制	控制	控制
样本数	2170	2169	2170	2169	2170	2169	2170	2169
调整的 R^2	0.0531	0.0624	0.0447	0.0760	0.0309	0.0516	0.0320	0.0870
SUR-Test	p=0.001		p=0.000		p=0.000		p=0.002	

注：括号内为 t 统计量

*、**、***分别表示统计量在 10%、5%和 1%的置信水平下显著

5.8 进一步分析

本节将在本章 5.4 节主回归检验的基础上对相关问题进行进一步分析，深入发掘主回归在不同情境下的结果差异，让实证研究内容进一步丰富化、细致化。

5.8.1 业绩说明会语调、投资者关注度与市场反应

现有文献认为投资者只能将有限注意（limited attention）聚焦到部分股票上，因此投资者关注对股票价格会有直接而显著的影响。参考学者基于互联网信息媒介构造的投资者关注度指标（Da et al., 2011），本节也基于在线的业绩说明会情景构造了投资者关注度指标。在"提问即关注"的前提假设下，本节分别收集了业绩说明会中提问者的个数（Questioner）及问题的个数（Questions），并将其作为投资者关注度的代理指标。通过引入交乘项 Tonecona×Questioner 及 Tonecona×Questions，本节试图探索投资者关注度指标是否会对业绩说明会语调的市场反应产生影响。表 5-18 展示了交互效应的回归结果，可以发现在 CAR（0,2）和 CAR（1,2）两个窗口期中，两个交乘项对应的回归系数都在 1%的置信水平下正向显著，这说明投资者关注度可以进一步强化业绩说明会中管理层回答部分的语调与累计超额收益之间的正向关系。当上市公司的业绩说明会被更多人关注时，控股股东和管理层意图传递的积极情绪会有更强的影响力。

表 5-18 业绩说明会语调、投资者关注度与市场反应

变量	按控制权转移风险大小分组				按质押平仓风险大小分组			
	CAR(0,2)		CAR(1,2)		CAR(0,2)		CAR(1,2)	
	高	低	高	低	高	低	高	低
Tonecona×Questioner	0.005***		0.004***		0.005***		0.004***	
	(3.156)		(3.118)		(3.053)		(2.918)	
Tonecona	0.003***	0.002***	0.003***	0.005***	0.003***	0.004***	0.003***	0.003***
	(2.721)	(2.661)	(2.921)	(3.002)	(2.951)	(3.239)	(2.995)	(2.793)
Questioner	0.012		0.008		0.010*		0.010	
	(1.597)		(1.218)		(1.906)		(1.583)	
Tonecona×Questions		0.003***		0.004***		0.002***		0.001***
		(3.797)		(4.025)		(4.382)		(4.336)
Questions		0.007		0.005		0.005		0.005
		(1.201)		(1.413)		(1.485)		(1.488)
ROA	0.002	0.007	−0.003	−0.000	0.003	0.008	−0.000	0.004
	(0.268)	(1.031)	(−0.610)	(−0.048)	(0.444)	(0.956)	(−0.062)	(0.560)
LOSS	−0.004*	−0.005**	−0.002	−0.003*	−0.003	−0.004*	−0.001	−0.002
	(−1.834)	(−2.389)	(−1.221)	(−1.650)	(−1.441)	(−1.812)	(−0.567)	(−1.020)
LEV	0.000	−0.001	−0.001	−0.001	−0.004*	−0.004*	−0.003	−0.003
	(0.051)	(−0.272)	(−0.456)	(−0.745)	(−1.818)	(−1.809)	(−1.226)	(−1.495)

续表

变量	按控制权转移风险大小分组				按质押平仓风险大小分组			
	CAR(0,2)		CAR(1,2)		CAR(0,2)		CAR(1,2)	
	高	低	高	低	高	低	高	低
BTM	0.005**	0.008***	0.003*	0.005***	0.013***	0.014***	0.008***	0.010***
	(2.503)	(3.728)	(1.936)	(2.940)	(5.550)	(6.115)	(3.868)	(4.873)
Big1	−0.004*	−0.005**	−0.000	−0.001	−0.002	−0.003	0.000	−0.000
	(−1.810)	(−2.049)	(−0.204)	(−0.385)	(−0.689)	(−0.964)	(0.080)	(−0.123)
AFE	−0.041**	−0.044**	−0.022	−0.023	−0.049**	−0.052**	−0.032*	−0.034*
	(−2.212)	(−2.333)	(−1.418)	(−1.514)	(−2.290)	(−2.453)	(−1.710)	(−1.809)
PosAFE	0.000	0.000	0.000	0.000	0.000	0.000	−0.000	−0.000
	(0.249)	(0.209)	(0.241)	(0.193)	(0.438)	(0.299)	(−0.329)	(−0.365)
lnInterval	−0.000	−0.000	−0.000	−0.000	−0.000	−0.000	0.000	0.000
	(−0.262)	(−0.530)	(−0.435)	(−0.649)	(−0.414)	(−0.587)	(0.600)	(0.376)
CAR(−61,−1)	0.002	0.002	0.001	0.000	0.007***	0.007***	0.001	0.001
	(1.028)	(0.915)	(0.384)	(0.298)	(3.454)	(3.051)	(0.736)	(0.652)
Volatility	0.007**	0.007**	0.005	0.005*	0.021***	0.019***	0.005	0.005
	(2.142)	(2.051)	(1.727)	(1.684)	(5.930)	(5.398)	(1.447)	(1.374)
常数项	−0.002	−0.003	−0.007	−0.008	−0.006	−0.008	−0.014*	−0.015**
	(−0.214)	(−0.398)	(−1.165)	(−1.314)	(−0.681)	(−0.876)	(−1.809)	(−2.003)
年度固定效应	控制	控制	控制	控制	控制	控制	控制	控制
行业固定效应	控制	控制	控制	控制	控制	控制	控制	控制
样本数	9942	9942	9942	9942	9942	9942	9942	9942
调整的 R^2	0.0627	0.0496	0.0485	0.0401	0.0421	0.0359	0.0617	0.0526

注：括号内为 t 统计量

*、**、***分别表示统计量在 10%、5%和 1%的置信水平下显著

5.8.2 业绩说明会语调、信息披露质量与市场反应

信息披露领域的文献强调信息披露质量的重要性及其对股票市场的重要影响（Yang et al., 2020）。本节预期当信息披露质量高时，上市公司管理层在业绩说明会上传递的语调将具备更强的可信度，因而也就能获得更大的市场反应。本节使用交易所信息披露质量的考评结果作为信息披露质量（Quality）的测量标准，将优秀、良好、及格、不及格四个等级的考评结果依次赋值为 4、3、2、1。为了考察信息披露质量对业绩说明会语调市场反应的影响,本节引入交乘项 Tonecona× Quality。表 5-19 展示了交互效应的回归结果，可以发现在 CAR（0,2）、CAR（1,2）、CAR（0,3）、CAR（1,3）这四个窗口期中，Tonecona×Quality 对应的回归系数始终保持正显著，这说明高的信息披露质量可以进一步强化业绩说明会中管理层回答部分的语调与累计超额收益之间的正向关系。这说明信息披露评分本身就是一

种被市场接受和认知的重要信号，投资者会更加信赖高信息披露质量公司管理层的积极语调，因而这类企业传递的信号会在市场上引起更大的反响。

表 5-19　业绩说明会语调、信息披露质量与市场反应

变量	（1）CAR(0,2)	（2）CAR(1,2)	（3）CAR(0,3)	（4）CAR(1,3)
Tonecona×Quality	0.002***	0.001***	0.004**	0.004**
	(3.709)	(3.439)	(2.546)	(2.014)
Tonecona	0.013**	0.009**	0.012*	0.005*
	(2.200)	(2.569)	(1.994)	(1.832)
Quality	0.002	0.001	0.002	0.000
	(0.727)	(0.419)	(0.773)	(0.048)
ROA	0.006	−0.001	0.005	0.003
	(0.829)	(−0.133)	(0.603)	(0.474)
LOSS	−0.005**	−0.003	−0.005**	−0.002
	(−2.409)	(−1.593)	(−2.056)	(−1.113)
LEV	−0.002	−0.002	−0.005**	−0.004*
	(−0.893)	(−1.295)	(−2.091)	(−1.889)
BTM	0.009***	0.006***	0.015***	0.011***
	(4.292)	(3.337)	(6.353)	(5.401)
Big1	−0.004*	−0.000	−0.003	0.000
	(−1.756)	(−0.093)	(−1.020)	(0.062)
AFE	−0.043**	−0.021	−0.055**	−0.031
	(−2.140)	(−1.267)	(−2.436)	(−1.591)
PosAFE	−0.000	0.000	−0.000	−0.001
	(−0.018)	(0.034)	(−0.011)	(−0.698)
lnInterval	−0.000	−0.000	−0.000	0.000
	(−0.293)	(−0.420)	(−0.472)	(0.213)
CAR(−61,−1)	0.001	0.000	0.006***	0.001
	(0.742)	(0.159)	(2.672)	(0.608)
Volatility	0.007**	0.005*	0.020***	0.005
	(2.125)	(1.700)	(5.488)	(1.453)
常数项	−0.013	−0.014	−0.019	−0.018*
	(−1.213)	(−1.585)	(−1.497)	(−1.723)
年度固定效应	控制	控制	控制	控制
行业固定效应	控制	控制	控制	控制
样本数	9942	9942	9942	9942
调整的 R^2	0.0440	0.0355	0.0325	0.0496

注：括号内为 t 统计量

*、**、***分别表示统计量在 10%、5% 和 1% 的置信水平下显著

5.8.3 业绩说明会语调、董事会成员参与情况与市场反应

尚未有文献关注业绩说明会中参与人的特征。但从投资者的视角来看，不同类型参与者在互动问答中的参与度将直接影响其对信息的判断。董事会成员作为整个公司的决策层会对公司发展有重要影响，因此本节测算了不同类型的董事会成员的参与度对语调市场反应是否有显著影响。

首先，本节关注董事长。现有文献证明，中国上市公司的董事长通常具有比总经理更多的权力，在整个公司治理体系中有更加重要的地位（Fan et al., 2007）。而在互动平台中，投资者与上市公司的日常沟通却是由主管信息披露事务的董事会秘书负责（孟庆斌等，2020）。因此本节基于信息增量的角度认为，投资者更加希望能在业绩说明会这个平台上与日常很难直接沟通的高管直接对话。当董事长能够更多地直接参与业绩说明会问答的过程中时，投资者会更加信任管理层回答部分的文本内容，业绩说明会语调的可信度会整体提高。因此本节预期董事长的高参与度会让市场更进一步地对语调水平正向定价。为考察董事长的参与度，本节测度了董事长参与问答的次数占总问答次数的比例（Chairduan）及董事长回答词数占说明会回答总词数的比例（Chairci），并且在以 CAR 为被解释变量的回归方程中引入上述两个指标与说明会语调的交乘项 Tonecona×Chairduan 及 Tonecona×Chairci 作为解释变量。表 5-20 展示了回归方程的结果，可以发现 Tonecona×Chairduan 在两个窗口期对应的回归系数皆为 1%置信水平下的正显著，而 Tonecona×Chairci 对应的系数不显著。上述结果说明董事长的高参与度会强化市场对语调的正向反应。

表 5-20 业绩说明会语调、董事长参与程度与市场反应

变量	按控制权转移风险大小分组				按质押平仓风险大小分组			
	CAR(0,2)		CAR(1,2)		CAR(0,2)		CAR(1,2)	
	高	低	高	低	高	低	高	低
Tonecona ×Chairduan	0.004^{***}		0.006^{***}		0.001^{***}		0.008^{***}	
	(3.467)		(2.998)		(3.132)		(2.831)	
Tonecona	0.004^{**}	0.006^{*}	0.003^{**}	0.004^{*}	0.005^{**}	0.007^{*}	0.002^{***}	0.003^{**}
	(2.366)	(1.857)	(2.064)	(1.744)	(2.502)	(1.845)	(2.673)	(2.077)
Chairduan	0.005^{*}		0.007^{**}		0.001^{*}		0.007	
	(1.841)		(2.341)		(1.913)		(2.276)	
Tonecona ×Chairci		−0.001		0.001		−0.003		0.004
		(−0.193)		(0.216)		(−0.353)		(0.506)
Chairci		−0.000		−0.002		0.004		−0.003
		(−0.020)		(−0.377)		(0.573)		(−0.561)

变量	按控制权转移风险大小分组				按质押平仓风险大小分组			
	CAR(0,2)		CAR(1,2)		CAR(0,2)		CAR(1,2)	
	高	低	高	低	高	低	高	低
ROA	0.006	0.006	−0.001	−0.001	0.005	0.006	0.003	0.003
	(0.820)	(0.829)	(−0.184)	(−0.176)	(0.689)	(0.710)	(0.395)	(0.402)
LOSS	−0.005**	−0.005**	−0.003*	−0.003	−0.004*	−0.004*	−0.002	−0.002
	(−2.377)	(−2.337)	(−1.667)	(−1.623)	(−1.753)	(−1.724)	(−1.035)	(−1.001)
LEV	−0.001	−0.001	−0.002	−0.002	−0.005**	−0.005**	−0.004*	−0.004*
	(−0.687)	(−0.676)	(−1.026)	(−1.014)	(−2.025)	(−2.006)	(−1.835)	(−1.826)
BTM	0.008***	0.008***	0.005***	0.005***	0.015***	0.015***	0.010***	0.011***
	(4.127)	(4.174)	(3.160)	(3.206)	(6.327)	(6.344)	(5.214)	(5.253)
Big1	−0.005**	−0.005*	−0.001	−0.001	−0.003	−0.003	−0.000	−0.000
	(−1.978)	(−1.951)	(−0.358)	(−0.328)	(−1.027)	(−0.996)	(−0.075)	(−0.050)
AFE	−0.043**	−0.043**	−0.024	−0.023	−0.055**	−0.054**	−0.034*	−0.033*
	(−2.311)	(−2.287)	(−1.521)	(−1.492)	(−2.543)	(−2.518)	(−1.806)	(−1.783)
PosAFE	0.000	0.000	0.000	0.000	0.000	0.000	−0.000	−0.000
	(0.116)	(0.080)	(0.167)	(0.124)	(0.173)	(0.150)	(−0.433)	(−0.468)
lnInterval	−0.000	−0.000	−0.000	−0.000	−0.001	−0.000	0.000	0.000
	(−0.581)	(−0.592)	(−0.679)	(−0.690)	(−0.837)	(−0.798)	(0.326)	(0.315)
CAR(−61,−1)	0.002	0.002	0.000	0.000	0.006***	0.006***	0.001	0.001
	(0.884)	(0.907)	(0.269)	(0.295)	(2.791)	(2.813)	(0.626)	(0.648)
Volatility	0.008**	0.008**	0.005*	0.005*	0.020***	0.020***	0.005	0.005
	(2.212)	(2.206)	(1.787)	(1.777)	(5.467)	(5.464)	(1.501)	(1.487)
常数项	−0.006	−0.007	−0.009	−0.011*	−0.011	−0.013	−0.016**	−0.017**
	(−0.740)	(−0.920)	(−1.437)	(−1.645)	(−1.289)	(−1.418)	(−2.077)	(−2.228)
年度固定效应	控制	控制	控制	控制	控制	控制	控制	控制
行业固定效应	控制	控制	控制	控制	控制	控制	控制	控制
样本数	9942	9942	9942	9942	9942	9942	9942	9942
调整的 R^2	0.0450	0.0448	0.0384	0.0380	0.0327	0.0328	0.0498	0.0495

注：括号内为 t 统计量

*、**、***分别表示统计量在 10%、5% 和 1% 的置信水平下显著

其次，本节关注独立董事。独立董事不参与上市公司的日常经营活动且受到外部声誉机制的有力约束，因此会相对独立地对包括总经理在内的高管发挥监督作用（李维安和徐建，2014）。本节基于这一逻辑，认为投资者希望独立董事能够参与到业绩说明会中。独立董事的参与会整体增加业绩说明会语调的可信度。本节用虚拟变量 Dudong 测度独立董事是否参与到说明会之中，并引入交乘项 Tonecona×Dudong 测度独立董事参与对语调市场反应的影响。从表 5-21 展示的回归结果可以发现，Tonecona×Dudong 在四个时间窗口的对应系数皆正向显著，且 t

检验的 t 值均在 2.5 左右。这说明独立董事在某种程度上为管理层的积极语调提供了一种"增信"，其参与说明会确实可以使得上市公司在与投资者的沟通中获得更多的信任，强化市场对语调的正向反应。

表 5-21　业绩说明会语调、独董是否参与说明会与市场反应

变量	（1） CAR(0,2)	（2） CAR(1,2)	（3） CAR(0,3)	（4） CAR(1,3)
Tonecona×Dudong	0.002**	0.002**	0.008***	0.005**
	(2.493)	(2.562)	(2.605)	(2.241)
Tonecona	0.006**	0.005**	0.009***	0.006**
	(2.308)	(2.453)	(2.824)	(2.459)
Dudong	0.002*	0.002*	0.007*	0.004**
	(1.844)	(1.703)	(1.885)	(2.004)
ROA	0.006	−0.001	0.006	0.003
	(0.836)	(−0.172)	(0.700)	(0.388)
LOSS	−0.005**	−0.003	−0.004*	−0.002
	(−2.332)	(−1.615)	(−1.804)	(−0.994)
LEV	−0.001	−0.002	−0.005**	−0.004*
	(−0.681)	(−1.017)	(−2.017)	(−1.823)
BTM	0.009***	0.005***	0.015***	0.011***
	(4.229)	(3.278)	(6.383)	(5.309)
Big1	−0.005*	−0.001	−0.003	−0.000
	(−1.944)	(−0.320)	(−1.033)	(−0.050)
AFE	−0.043**	−0.023	−0.053**	−0.032*
	(−2.269)	(−1.467)	(−2.486)	(−1.737)
PosAFE	0.000	0.000	0.000	−0.000
	(0.056)	(0.091)	(0.137)	(−0.508)
lnInterval	−0.000	−0.000	−0.000	0.000
	(−0.608)	(−0.699)	(−0.740)	(0.317)
CAR(−61,−1)	0.002	0.001	0.006***	0.001
	(0.941)	(0.337)	(2.852)	(0.699)
Volatility	0.008**	0.005*	0.020***	0.005
	(2.178)	(1.758)	(5.504)	(1.483)
常数项	−0.008	−0.012*	−0.014	−0.020***
	(−1.042)	(−1.884)	(−1.629)	(−2.635)
年度固定效应	控制	控制	控制	控制
行业固定效应	控制	控制	控制	控制
样本数	9942	9942	9942	9942
调整的 R^2	0.0448	0.0380	0.0332	0.0498

注：括号内为 t 统计量

*、**、***分别表示统计量在 10%、5%和 1%的置信水平下显著

5.9 本章小结

本章推导了三个假设，分别涉及控股股东股权质押风险与业绩说明会语调的关系、业绩说明会语调与市场反应的关系、控股股东股权质押风险与业绩说明会市场反应的关系。本章介绍了研究样本和研究数据的来源，并叙述了研究变量的测量方法，介绍了描述性统计分析的基本情况。

在主回归检验部分，本章对三个研究假设进行了实证检验，分别得到了以下结论：①控股股东股权质押风险与业绩说明会语调呈现倒"U"形关系；②业绩说明会语调水平正向影响业绩说明会短窗口期内的市场收益；③在短窗口期，控股股东的质押平仓风险与业绩说明会窗口期的市场收益呈现倒"U"形关系。在稳健性检验部分，本章先后替换了质押风险的测量方式、业绩说明会语调的测量方式、市场反应的时间窗口，进而完成了对主回归部分的重新检验。内生性检验部分则先采用工具变量两阶段最小二乘法处理了潜在的因遗漏变量而引发的内生性问题，然后采用 Heckman 两阶段检验处理了潜在的因样本选择性偏差而引发的内生性问题，从而再次支持了主回归检验的结论。在机制检验部分，本章挖掘出投资者提问语调、积极和消极词汇的不对称供给能力这两个制约高质押风险公司语调管理空间的因素；挖掘出市场对积极和消极词汇的不对称反应、市场对问答语调差的负向计价这两个削弱语调管理效力的因素。

在进一步分析部分，本章深入发掘主回归在不同情境下的结果差异，得到了以下结论：①投资者关注度可以强化业绩说明会中管理层回答部分的语调与累计超额收益之间的正向关系；②高信息披露质量可以强化业绩说明会中管理层回答部分的语调与累计超额收益之间的正向关系；③董事长的高参与度会强化市场对语调的正向反应；④独立董事参与说明会可以强化市场对语调的正向反应。

本章主要的研究意义体现在如下几个方面：①现有文献鲜有关注质押风险是如何影响公司文本信息特征的，本章在主回归检验中对控股股东股权质押风险与业绩说明会语调水平的探索和在进一步分析中对质押风险与积极和消极词汇供给的探索都为股权质押风险经济后果的研究拓展了新的思路；②对文本语调的管理是印象管理的重要手段，而本章探讨研究了语调管理空间，不仅拓展了语调管理研究的概念边界，同时也为印象管理研究的开拓提供了重要的思路借鉴；③尚未有文献探讨业绩说明会的提问语调以及不同董事会成员的参与情况，本章进一步分析部分对相关内容的深入探索为业绩说明会研究的发展提供了新的研究视角和研究话题。

参考文献

李维安, 徐建. 2014. 董事会独立性、总经理继任与战略变化幅度：独立董事有效性的实证研究[J]. 南开管理评论, 17(1): 4-13.

林乐, 谢德仁. 2016. 投资者会听话听音吗?——基于管理层语调视角的实证研究. 财经研究, 42(7): 28-39.

逯东, 宋昕倍, 龚祎. 2020. 控股股东股权质押与年报文本信息可读性. 财贸研究, 31(5): 77-96.

孟庆斌, 黄清华, 张劲帆, 等. 2020. 上市公司与投资者的互联网沟通具有信息含量吗?——基于深交所"互动易"的研究[J]. 经济学(季刊), 19(2): 637-662.

姚加权, 冯绪, 王赞钧, 等. 2021. 语调、情绪及市场影响: 基于金融情绪词典. 管理科学学报, 24(5): 26-46.

谢德仁, 廖珂. 2018. 控股股东股权质押与上市公司真实盈余管理. 会计研究, (8): 21-27.

谢德仁, 林乐. 2015. 管理层语调能预示公司未来业绩吗? ——基于我国上市公司年度业绩说明会的文本分析. 会计研究, (2): 20-27, 93.

谢德仁, 郑登津, 崔宸瑜. 2016. 控股股东股权质押是潜在的"地雷"吗?——基于股价崩盘风险视角的研究, 管理世界, (5): 128-140,188.

曾庆生, 周波, 张程, 等. 2018. 年报语调与内部人交易: "表里如一"还是"口是心非"?. 管理世界, 34(9): 143-160.

Altman E I, Hartzell J, Peck M.1998. Emerging market corporate bonds: a scoring system//Levich R M. Emerging Market Capital Flows. Boston, MA: Springer: 391-400.

Arslan-Ayaydin Ö, Boudt K, Thewissen J. 2016. Managers set the tone: equity incentives and the tone of earnings press releases. Journal of Banking & Finance, 72: S132-S147.

Blau B M, DeLisle J R, Price S M. 2015. Do sophisticated investors interpret earnings conference call tone differently than investors at large? Evidence from short sales. Journal of Corporate Finance, 31: 203-219.

Caglio A, Melloni G, Perego P. 2020. Informational content and assurance of textual disclosures: evidence on integrated reporting. European Accounting Review, 29(1): 55-83.

Chen J, Demers E, Lev B. 2018. Oh what a beautiful morning! Diurnal influences on executives and analysts: evidence from conference calls. Management Science, 64(12): 5899-5924.

Da Z, Engelberg J, Gao P J. 2011. In search of attention. The Journal of Finance, 66(5): 1461-1499.

Davis A K, Ge W L, Matsumoto D, et al. 2015. The effect of manager-specific optimism on the tone of earnings conference calls. Review of Accounting Studies, 20(2): 639-673.

DeJong D V, Liao K, Xie D. 2020. Controlling Shareholder's Share Pledging and Accounting Manipulations. New York:SSRN.

Dou Y, Masulis R W, Zein J. 2019. Shareholder wealth consequences of insider pledging of company stock as collateral for personal loans. The Review of Financial Studies, 32(12): 4810-4854.

Fan J P H, Wong T J, Zhang T Y. 2007. Politically connected CEOs, corporate governance, and

Post-IPO performance of China's newly partially privatized firms. Journal of Financial Economics, 84(2): 330-357.

Fan J P H, Huang J, Zhu N. 2013.Institutions, ownership structures, and distress resolution in China. Journal of Corporate Finance, 23: 71-87.

Huang X A, Teoh S H, Zhang Y L. 2014. Tone management. The Accounting Review, 89(3): 1083-1113.

Loughran T, McDonald B. 2011. When is a liability not a liability? Textual analysis, dictionaries, and 10-Ks. The Journal of Finance, 66(1): 35-65.

Li F. 2010. The information content of forward-looking statements in corporate filings-a Naïve Bayesian machine learning approach. Journal of Accounting Research, 48(5): 1049-1102.

Li M, Liu C, Scott T.2019. Share pledges and firm value. Pacific-Basin Finance Journal, 55: 192-205.

Li W L, Zhou J T, Yan Z Q, et al. 2020 . Controlling shareholder share pledging and firm cash dividends. Emerging Markets Review, 42: 100671.

Matsumoto D, Pronk M, Roelofsen E.2011. What makes conference calls useful? the information content of managers' presentations and analysts' discussion sessions. The Accounting Review, 86(4): 1383-1414.

Wang Y C, Chou R K. 2018. The impact of share pledging regulations on stock trading and firm valuation. Journal of Banking & Finance, 89: 1-13.

Yang Z, Ho K C, Shen X X, et al. 2020. Disclosure quality rankings and stock misvaluation–evidence from Chinese stock market. Emerging Markets Finance and Trade, 56(14): 3468-3489.

You J X, Zhang B H, Zhang L. 2018. Who captures the power of the pen?. The Review of Financial Studies, 31(1): 43-96.

第 6 章

"互动易" 信息披露平台与问询函监管

6.1　中国问询函监管制度背景

问询函监管制度是在信息披露直通车、注册制改革背景下，政府创新性监管的代表性举措。上海证券交易所和深圳证券交易所自 2014 年 12 月公开问询函以来，问询函的数量逐年增加，已成为交易所日常监管机制的重要组成部分、强化事后监管的重要手段。问询函监管的有效性反映了信息披露直通车制度改革的成功，因此研究问询函监管具有重要的现实意义。

6.1.1　中国问询函监管的缘起

我国问询函监管制度与信息披露直通车制度密切相关。为了提高上市公司信息披露的效率和质量，凸显其作为信息披露方的主体地位，集中监管资源并促进资本市场健康发展，上海证券交易所和深圳证券交易所于 2013 年全面实施信息披露直通车制度。在信息披露直通车制度实施之前，上市公司的所有公告，在发布前都须通过交易所审核。不符合要求的公司公告，须在修改通过后才能发布。在信息披露直通车制度实施之后，对于形式审查合格的公司公告文件，直接提交给指定媒体进行披露，事后再由证券交易所对公司公告文件进行实质审查。从此以后，"事后监管"取代了"事前审核"的监管模式，证券交易所的监管职能越来越受重视，问询函监管制度正式成为交易所发挥事后监管作用的重要手段之一。

党的十八届三中全会以来，我国证券市场监管方式由以政府监管为主转变为以市场监管为主。党的二十大报告强调要"深化金融体制改革"[①]，这为监管部门继续深化资本市场监管改革指明了方向。在监管转型背景下，"放松管制、加强监管"成为中国证监会监管的核心。

---

① 《习近平：高举中国特色社会主义伟大旗帜　为全面建设社会主义现代化国家而团结奋斗——在中国共产党第二十次全国代表大会上的报告》，https://www.gov.cn/xinwen/2022-10/25/content_5721685.htm[2023-08-11]。

证券交易所作为我国证券市场的自律监管主体，承担着维护证券市场正常秩序，保护投资者合法权益，促进证券市场健康稳定发展的责任。中国证监会于2021年修订实施的《证券交易所管理办法》，强化并突出了证券交易所的"一线监管"作用，使之与中国证监会的行政监管能够更好地配合，以保护投资者的利益。2019年以来，以信息披露为中心的科创板试点注册制，成为中国证监会促进资本市场高质量发展的重大举措，问询函监管在注册制下变得更为重要。

6.1.2 中国问询函监管的特点

作为市场的组织者和自律监管者，证券交易所处在监管体系的第一线。深圳证券交易所和上海证券交易所会针对披露瑕疵、公司相关活动、公司公告内容等，依据中国规定的信息披露规范，对上市公司发出问询函问询相关事项，要求上市公司及时书面回复并公开披露。部分问询函会要求中介机构，如会计事务所、律师事务所、资产评估公司、财务顾问或保荐机构对相关事项发表专业核查意见，还有些问询函会要求公司独立董事对相关事项发表专业核查意见。

问询函包括关注函、财务报告问询函和重组类问询函三种类型。其中，关注函主要针对公司日常披露的临时公告信息；财务报告问询函主要针对公司定期向外发布的年报、半年报和季报；重组类问询函主要针对公司资产重组以及重大资产出售活动。

中国问询函形式的非处罚性监管与美国和澳大利亚存在很大差异。第一，问询函公开披露方式方面，美国证券交易委员会的发函和回函同时披露，而中国的问询监管发函和回函分步及时披露，二者时效性不同。自2005年5月12日起，在审核完成之后，美国证券交易委员会会公开披露问询意见函及公司相应的回函。2012年1月1日之前，美国证券交易委员会在问询过程结束45天后才同时披露发函与回函内容；2012年1月1日之后，美国证券交易委员会在问询过程结束20天后同时披露发函与回函内容但发函日和回函日均不披露。澳大利亚证券交易所在观察到股价异常或交易量异常时，才会向上市公司发放问询函要求进一步解释，问询函发放时并不会公开披露，上市公司回函后才会披露，即问询和公司的问询回复同时披露。在中国问询函监管背景下，2013年交易所信息披露直通车开始对上市公司进行年报问询监督，特别是在2015年以后，两大交易所才出现频发问询函监督的情况。同时，中国上市公司年报问询函按照问询和回复的时间顺序，分别披露发函和回函内容。这种分步披露监管能够及时为市场感知，具有中国特色。第二，问询函监管的严重程度不同，中国证券交易所强制要求公司在规定时间内回函，若被问询公司因特殊原因需要延期回复问询函，则需向监管部门出示书面申请书并对外披露。此外，大部分问询函还要求中介服务机构（如会计师事务所、律师事务所等）对相关问询事项发表专业核查意见，同时有些问询函还要求被问询公司独立董事对相关问询事项发表专业意见。若公司不予回复或不能做出合理解释，交易所可能随时启动后续监管措施，包括现场调查、向中国证监会提交线索等，而美国市场并无类似情况。

6.2 理论分析与研究假设

随着中国资本市场的日益成熟与完善，以投资者需求为导向的交易所一线监管模式占据着越来越重要的地位。在中国现行监管体系中，以处罚公告为代表的"行政处罚性监管"和以问询函为代表的"非行政处罚性监管"是中国监管机构的常用监管措施。问询函作为资本市场一种重要的非处罚性监管手段，是交易所对市场进行监管的途径之一。尽管问询函的监管性质主要是要求上市公司补充信息披露，并非行政处罚性质，但市场对于这种监管行为给予了充分认可。

为了进一步强化上市公司信息披露的主体责任意识，深圳证券交易所2014年全面推行信息披露直通车制度，同时在其官方网站逐步公开问询函件以及上市公司回复函件。自2014年12月首次将问询函在深圳证券交易所网站上公开至今，问询函数量逐年增加，问询函监管的频率不断提高。截至2022年12月31日，深圳证券交易所共发出10 927封问询函。

证券交易所对上市公司发出问询函后，要求上市公司在规定时间内书面回函并公开披露，对于一些尚未解决或回复不清晰的事项，证券交易所还会进行再次问询。公司收到问询函不仅会给相关企业造成声誉损失，还会降低投资者对公司财务报告的信赖感，进而可能诱发证券市场的负面反应。发布收函公告后，公司的声誉会受损，市场第一反应可能是公司存在某些问题，所以才会收到问询函，对投资者而言这更像是"坏消息"，投资者可能会认为公司达不到预期，从而降低对公司的信任度。交易所作为半政府性质的机构，其公开的谴责行为和曝光手段会给上市公司带来很多负面影响，具有较强的影响力和约束力。已有文献发现，问询函会使投资者对公司产生负面看法，引起强烈的负面市场反应，还会引起其他监督人员（如审计师）加强对公司的监督，以及监管机构对公司其他实质性问题的关注，最终导致公司更多的潜在违规行为和缺陷被曝光（Francis，2011）。问询函公告体现了公司信息披露质量遭到了监管者质疑，会影响利益相关者对公司内在价值的判断和信任。应对问询函监管需要花费一定的时间和精力，因此上市公司会将其视为一项需要立即予以关注的重大事件。

基于上述原因，一个理性的公司有动力采取措施避免收到证券交易所问询函，减少问询函监管风险给公司带来的不必要的麻烦。已有文献指出，公司规模、盈利能力或审计师规模这些因素会影响监管审查风险（Cassell et al.，2019），然而至少在短期内，上市公司很难以合理的成本控制上述因素。

"互动易"是上市公司自愿性、交互式信息发布和进行投资者关系管理的综合性网络平台。关于自愿性信息披露的经济后果，一部分学者认为自愿性信息披露可以减少不确定性，从而降低公司的资本成本（Dhaliwal et al.，2011），并降低信息不对称性，从而增加公司股票的流动性。但是，Bamber 和 Cheon（1998）认为自愿性信息披露会增加公司的专有成本和额外的竞争。因此，公司自愿性信息披露会涉及在预期收益与负面后果之间进行权衡。

本章认为互动式信息披露会在短期内增加公司可能面临的监管风险。这是因为监管审查会消耗监管者大量资源，但是由于资源的限制，监管者的精力是有限的。监管者可能会寻找启发式线索（即认知处理捷径）来判断公司财务报表是否可靠。认知神经学和心理学的研究表明，在向人们进行事实陈述时，采用心理上更易于处理的方式可以影响人们对其真实性的判断以及对作者智慧的评估。"互动易"上的这种问答互动方式是高质量的，具有低噪声、开放性、完整性、真实性等特质，与通过阅读专业资料（上市公司财务报告等）查找剔除干扰信息的方式相比较，更容易让投资者乃至监管者掌握，从而监管者会将互动平台上的内容作为一种启发式线索。本章提出以下假设。

H6-1：互动式信息披露越丰富和活跃，上市公司当期收到问询函的概率越大，即面临的问询函监管风险越大。

6.3　研究设计

6.3.1　数据来源与样本选择

本章的数据主要包括三部分：第一部分是问询函数据，第二部分是互动平台数据，第三部分是公司相关数据。

中国问询函监管制度的实施主体是上海证券交易所和深圳证券交易所，上海证券交易所从 2017 年才开始在其"监管信息公开"专栏公开发布年报问询函，但并未公布公司回函信息。深圳证券交易所的年报问询函披露情况比上海证券交易所的披露情况更完善，因此本章选择深圳证券交易所作为研究对象。深圳证券交易所第一份问询函发于 2014 年 12 月 4 日，鉴于此，本章收集 2014 年 12 月 4 日至 2018 年 12 月 31 日的深圳证券交易所年报问询函相关数据。与之对应，本章用 Python 软件抓取了深圳证券交易所"互动易""问答"版块中自 2014 年 12 月至 2018 年 12 月投资者与上市公司的问答记录共计 105 840 条。公司财务相关数据来自国泰安数据库。本章剔除金融类、保险类上市公司以及变量数据缺失的公司，为减少极端值的影响，对连续变量按照 1%和 99%水平进行缩尾处理。最后，本章得到了 55 804 个"公司–月度"观测值。

6.3.2 变量定义与模型设定

1. 被解释变量

被解释变量为问询函监管。借鉴 Cassell 等（2013）的研究，使用问询函接收概率（CL）作为问询函监管的代理变量，如果上市公司当月收到深圳证券交易所问询函，则 CL 取值为 1，否则为 0。

2. 解释变量

解释变量为互动式信息披露的丰富活跃程度。采用以下文本统计量度量互动式信息披露的丰富活跃程度：投资者提问数量（Number），即本月互动易平台上投资者所提问题的条数加 1 后取自然对数。式（6-1）用来度量深圳证券交易所"互动易"上互动式信息披露的丰富活跃程度。

$$lnNumber = ln(1 + Number) \tag{6-1}$$

3. 控制变量

控制变量主要参考 Cassell 等（2013）加入了公司规模（lnSize）、公司年龄（Age）、独立董事比例（Ibd）、审计意见（Opinion）、成长性（Grow）、资产收益率（Roa）、两职合一（Dual）、财务杠杆（Lev）、亏损（Loss）、四大审计（Big4）以及股权性质（Soe）。以上控制变量（除公司年龄外），公司规模、成长性、资产收益率、财务杠杆和亏损均使用前一季度季末数据，独立董事比例、审计意见和两职合一使用前一年度末数据。表 6-1 展示了所有变量的定义。

表 6-1 变量定义表

分类	变量名称	变量符号	变量定义
被解释变量	问询函监管	CL	即问询函接收概率，虚拟变量，若上市公司当月收到问询函则该变量取值为 1，否则为 0
解释变量	投资者提问数量	lnNumber	"互动易"平台上投资者所提问题的数量加 1 后取自然对数
控制变量	公司规模	lnSize	总资产（单位为十亿元人民币）取自然对数
	公司年龄	Age	用公司上市后的月份数作为公司年龄的度量指标，并剔除上市当月的样本
	独立董事比例	Ibd	独立董事人数占董事会人数的比例
	审计意见	Opinion	虚拟变量，审计意见为标准无保留意见时取值为 1，否则为 0
	成长性	Grow	营业收入增长率，计算公式为：（营业收入本年本期单季度金额-营业收入上一个单季度金额）/（营业收入上一个单季度金额）
	资产收益率	Roa	净利润与平均总资产的比值，计算公式为：净利润/总资产平均余额。其中，总资产平均余额=（资产合计期末余额+资产合计期初余额）/2
	两职合一	Dual	虚拟变量，董事长与总经理兼任情况，若董事长与总经理是同一个人，则取值为 1；若董事长与总经理不是同一个人，则取值为 0

分类	变量名称	变量符号	变量定义
	财务杠杆	Lev	资产负债率，计算公式为：负债合计/资产总计
	亏损	Loss	虚拟变量，本期亏损则取值为 1，否则为 0
控制变量	四大审计	Big4	虚拟变量，若审计机构为国际四大会计师事务所，取值为 1，否则为 0
	股权性质	Soe	虚拟变量，若股权性质为国有，取值为 1，否则为 0

4. 模型设定

本章使用了固定效应的面板 Logistic 模型来考察互动式信息披露对问询函监管的影响，模型如下。

$$
\Pr[\mathrm{CL}_{i,t}=1] = \mathrm{Logistic}(\alpha_0 + \alpha_1 \mathrm{lnNumber}_{i,t} + \alpha_2 \sum \mathrm{Controls}_{i,t} \\
+ \alpha_3 \sum \mathrm{Industry}_{i,t} + \alpha_4 \sum \mathrm{Month}_{i,t} + \varepsilon_{i,t})
\tag{6-2}
$$

其中，i 为样本中各家上市公司；t 代表变量选取所在时间（某年某月）。本章还控制了行业和月度固定效应，使用式（6-2）用来验证 H6-1。

6.4 实证结果

6.4.1 描述性统计、均值差异 t 检验和相关性分析

表 6-2 列出了主要变量的总数、均值、方差、最小值、中位数、最大值的描述性统计结果。为了方便读者直观理解，lnNumber 变量的描述性统计采用不取自然对数的原始数据形式。Number 的均值为 19.554，意味着在每个月每家公司，投资者提问问题的数量为 19.554 条。CL 的平均值为 0.053，说明在考察的 2014 年 12 月至 2018 年 12 月的所有样本中，每月收到深圳证券交易所问询函的样本占全部样本的 5.3%。

表 6-2　描述性统计

变量	总数	均值	方差	最小值	中位数	最大值
CL	55 804	0.053	0.225	0	0	1
Number	55 804	19.554	30.659	1	11	1170
lnSize	55 804	1.178	1.078	−1.020	1.105	4.337
Age	55 804	110.774	80.189	2	83	293
Ibd	55 804	0.379	0.055	0.333	0.364	0.571
Opinion	55 804	0.944	0.230	0	1	1
Grow	55 804	0.333	0.972	−0.685	0.124	7.259
Roa	55 804	0.022	0.042	−0.154	0.017	0.162
Dual	55 804	0.338	0.473	0	0	1

续表

变量	总数	均值	方差	最小值	中位数	最大值
Lev	55 804	0.397	0.207	0.048	0.380	0.927
Loss	55 804	0.159	0.366	0	0	1
Big4	55 804	0.022	0.148	0	0	1
Soe	55 804	0.192	0.394	0	0	1

对于控制变量,样本公司 Age 的均值为 110.774 个月,即 9.231 年(110.774/12),也就是说,公司年龄平均为 9.231 年。样本公司 Ibd 均值为 0.379%,表明样本中独立董事人数占董事会人数的比例超过三分之一,符合中国证监会的规定。样本公司 Opinion 的均值为 0.944,说明有超过 94%的公司年报得到了标准无保留意见的审计结论。样本公司 Grow 的均值为 0.333,说明营业收入年平均增长率为 33.3%,表明中国上市公司的成长性相当良好。样本公司 Roa 的均值为 0.022,说明样本公司平均资产收益率为 2.2%。Dual 均值为 0.338,说明样本公司中董事长和总经理两职合一的比例为 33.8%。Lev 均值为 0.397,表明样本公司平均资产负债率为 39.7%,负债水平整体处于较为合理的状态。Loss 均值为 0.159,说明样本公司中净利润为负的比例为 15.9%。Big4 的均值为 0.022,说明样本公司中审计机构为国际四大会计师事务所的比例为 2.2%。Soe 的均值为 0.192,说明样本公司中国有企业的比例为 19.2%。

为了分析互动式信息披露对交易所问询函监管的影响,本章根据上市公司是否收到问询函将样本分为收到问询函和没有收到问询函两组,对两组数据进行均值 t 检验,结果见表 6-3。收到问询函的上市公司,在互动易平台上明显有更多的投资者提问数量,并且这种差异在 5%的水平上显著。这初步表明互动式信息披露的活跃程度,会影响公司面临的问询函监管风险。

表 6-3　均值差异 t 检验

变量	CL=0 (N=52 843)	CL=1 (N=2 961)	均值差异
	均值	均值	
Number	19.475	20.960	−1.485**
lnSize	1.182	1.113	0.069***
Age	109.637	131.062	−21.425***
Ibd	0.379	0.381	−0.002**
Opinion	0.950	0.835	0.115***
Grow	0.333	0.333	0.000
Roa	0.023	0.010	0.013***
Dual	0.338	0.332	0.006
Lev	0.395	0.434	−0.039***
Loss	0.153	0.274	−0.121***
Big4	0.023	0.016	0.007***
Soe	0.194	0.169	0.025***

***、**分别表示在 1%、5%水平上显著

在控制变量中，除了营业收入增长率（Grow）和两职合一（Dual）之外，其他变量在未问询与问询公司之间的均值差异都至少在 5%的水平上显著。具体来说，收到问询函的公司拥有更小的规模，更久的成立时间，更高的独立董事比例，更高的负债水平和更低的盈利能力。此外，与收到问询函的公司相比，未收到问询函的公司获得更多的标准无保留意见审计意见和更低的亏损概率。在后面小节的多元回归分析中，将进一步检验以上变量对于公司面临的问询函监管的影响。

表 6-4 计算了主要变量之间的皮尔逊相关系数，"互动易"上投资者提出问题的个数与当月问询函接收概率相关系数在 5%的水平上显著正相关。此外，其他控制变量也大都与问询函接收概率存在显著的相关性。

表 6-4　相关系数表

变量	CL	lnNumber	lnSize	Age	Ibd	Opinion
lnNumber	0.009**	1.000				
lnSize	−0.015***	0.121***	1.000			
Age	0.060***	−0.015***	0.391***	1.000		
Ibd	0.011**	0.008**	−0.066***	−0.043***	1.000	
Opinion	−0.113***	0.004	0.053***	−0.111***	−0.004	1.000
Grow	0.000	0.009**	0.105***	0.024***	−0.008*	0.009**
Roa	−0.069***	0.061	0.041***	−0.154***	−0.022***	0.227***
Dual	−0.003	0.044***	−0.098***	−0.183***	0.116***	0.019***
Lev	0.043***	−0.014***	0.464***	0.355***	−0.035***	−0.164***
Loss	0.074***	−0.011**	−0.114***	0.141***	0.039***	−0.217***
Big4	−0.011***	0.017***	0.210***	0.104***	0.000	0.036***
Soe	−0.014***	−0.006	0.263***	0.429***	−0.070***	0.029***

变量	Grow	Roa	Dual	Lev	Loss	Big4	Soe
lnNumber							
lnSize							
Age							
Ibd							
Opinion							
Grow	1.000						
Roa	0.129***	1.000					
Dual	0.000	0.034***	1.000				
Lev	0.038***	−0.282***	−0.064***	1.000			
Loss	−0.118***	−0.576***	−0.045***	0.186***	1.000		
Big4	0.022***	0.043***	−0.037***	0.078***	−0.016***	1.000	
Soe	−0.037***	−0.096***	−0.228***	0.250***	0.104***	0.042***	1.000

***、**和*分别表示在 1%、5%和 10%水平上显著

6.4.2　主回归结果与分析

表 6-5 是互动式信息披露与问询函监管回归结果，被解释变量是 CL，采用的是面板固定效应模型。为了消除异方差性等因素的影响，本章使用公司聚类效应对回归的标准误进行修正。表 6-5 第（1）列展示了当解释变量是投资者提问数量（lnNumber）时，不加控制变量的 Logistic 回归结果，第（2）列、第（3）列和第（4）列展示了式(6-2)包含控制变量后的回归结果，区别只在于行业固定效应和时间固定效应的不同。

表 6-5　互动式信息披露与问询函监管回归结果

变量	（1）	（2）	（3）	（4）
lnNumber	0.177***	0.240***	0.187***	0.188***
	(6.531)	(9.231)	(6.861)	(6.904)
lnSize		−0.445***	−0.519***	−0.525***
		(−7.476)	(−8.341)	(−8.199)
Age		0.035***	0.001	−0.004
		(18.597)	(0.041)	(−0.263)
Ibd		0.012	0.014*	0.016**
		(1.597)	(1.835)	(2.060)
Opinion		−0.283***	−0.301***	−0.315***
		(−3.110)	(−3.270)	(−3.360)
Grow		−0.004	−0.005	−0.003
		(−0.197)	(−0.244)	(−0.123)
Roa		−0.479	−0.097	−0.181
		(−0.757)	(−0.143)	(−0.267)
Dual		−0.096	−0.109	−0.103
		(−1.250)	(−1.383)	(−1.304)
Lev		0.236	0.677***	0.609***
		(1.116)	(3.054)	(2.704)
Loss		0.148**	0.210***	0.209***
		(2.075)	(2.817)	(2.807)
Big4		−0.343	−0.341	−0.227
		(−0.852)	(−0.816)	(−0.545)
Soe		0.080	0.148	0.141
		(0.349)	(0.628)	(0.588)
月度固定效应	控制	不控制	控制	控制
行业固定效应	控制	控制	不控制	控制
样本数	49 732	49 732	49 732	49 732
Pseudo R^2	0.074	0.028	0.080	0.081

注：括号内为回归系数的 t/z 值

***、**和*分别表示在 1%、5%和 10%水平上显著

表 6-5 中四列 lnNumber 的系数在 1%的水平显著为正，表明投资者提问数量显著提高了当期公司收到问询函的概率，从而验证了本章的 H6-1。

互动式信息披露对问询函监管产生影响可能的作用途径如下：一方面，公司通过"互动易"暴露的信息越多，越容易被交易所监管者"盯上"；另一方面，"互动易"上的这种问答互动方式是高质量的，具有低噪声、开放性、完整性、真实性等特质，与通过阅读专业资料（上市公司财务报告等）查找剔除干扰信息的方式相比较，更容易被监管者掌握，从而监管者会将互动平台上的内容作为一种启发式线索。这就导致了互动式信息披露越活跃和丰富，当期公司收到问询函的概率越高，面临更高的问询函监管风险。

进一步，观察第（4）列的各变量系数值，在控制变量中，公司规模（lnSize）的系数在 1%的水平显著为负，表明公司的规模越大收到问询函的概率越低；Ibd 的系数显著为正，表明董事会独立性越高，公司收到问询函的概率越高；Opinion 的系数显著为负，表明审计意见为标准无保留意见的公司，收到问询函的概率较低；Lev 和 Loss 的系数均显著为正，表明资产负债率高的公司、亏损的公司收到问询函的概率较高，可能是资产负债率高的公司和亏损的公司财务风险较高，从而引起证券交易所对其进行监管。

6.5 内生性分析

"互动易"上投资者提问数量多的公司与投资者提问数量少的公司具有不同的特征。"互动易"上回复投资者及时的公司与回复投资者不及时的公司也具有不同的特征。为了解决这个可能存在的样本选择问题，本章对利用一种相对较新的匹配技术——熵平衡（entropy balancing，EB）得出的加权样本进行分析。熵平衡比常见的倾向得分匹配（propensity score matching，PSM）法更能有效地平衡协变量。熵平衡通过对控制组样本观测值进行加权来实现协变量平衡，并针对实验组和控制组之间的变量分布进行随机和系统的不等式调整（Hainmueller，2012）。

熵平衡的优点包括：首先，熵平衡比倾向得分匹配法更灵活，后者倾向于将权重设置为 0（即丢弃该观测值）或 1（即匹配该观测值），并且在随后的分析中不使用不匹配的观测值。熵平衡给观测值赋权以实现协变量的平衡，但允许观测值的权重平滑变化，因此保留了可提高后续测试效率的信息。其次，熵平衡使用连续权重可确保在处理后的样本和对照样本中，三阶矩（如均值、方差和偏度）的协变量分布相似，从而导致近乎完美的协变量平衡，而倾向得分匹配法则不然。

具体而言，本章构造虚拟变量 Treated_A，将研究样本分为两组，当 Treated_A=1 时，表示"互动易"上投资者提问数量大于全样本的中位数（实验组）；当 Treated_A=0 时，表示"互动易"上投资者提问数量小于全样本的中位数（控制组）。

本章对每一个控制组观测值计算权重，使它的第一矩、第二矩和第三矩与实验组的第一矩、第二矩和第三矩相等。有效地将投资者提问多的公司和投资者提问数量少的公司匹配，将回复投资者的拖延时间长的公司和拖延时间短的公司相匹配。表 6-6 列出了未加权以及对对照组进行熵平衡赋权后的协变量的均值、标准差和偏度。

表 6-6 熵平衡赋权后的协变量

变量	实验组			控制组		
	均值	标准差	偏度	均值	标准差	偏度
匹配前						
lnSize	1.268	1.211	0.449	1.073	1.083	0.425
Age	110.200	6327.000	0.804	111.500	6551.000	0.801
Ibd	37.880	29.700	1.173	37.860	29.780	1.174
Opinion	0.945	0.052	−3.922	0.942	0.054	−3.796
Grow	0.340	0.943	4.977	0.324	0.946	5.127
Roa	0.024	0.002	−0.009	0.020	0.002	−0.554
Dual	0.351	0.228	0.623	0.323	0.219	0.760
Lev	0.395	0.043	0.387	0.400	0.043	0.464
Loss	0.155	0.131	1.909	0.164	0.137	1.811
Big4	0.024	0.023	6.282	0.021	0.021	6.689
Soe	0.189	0.153	1.592	0.197	0.158	1.527
匹配后						
lnSize	1.268	1.211	0.449	1.268	1.211	0.449
Age	110.200	6327.000	0.804	110.200	6327.000	0.804
Ibd	37.880	29.700	1.173	37.880	29.700	1.173
Opinion	0.945	0.052	−3.922	0.945	0.052	−3.922
Grow	0.340	0.943	4.977	0.340	0.943	4.977
Roa	0.024	0.002	−0.009	0.024	0.002	−0.009
Dual	0.351	0.228	0.623	0.351	0.228	0.623
Lev	0.395	0.043	0.387	0.395	0.043	0.387
Loss	0.155	0.131	1.909	0.155	0.131	1.909
Big4	0.024	0.023	6.282	0.024	0.023	6.282
Soe	0.189	0.153	1.592	0.189	0.153	1.592

在加权以平衡协变量之后，多元回归提供了适当的处置效果推论。表 6-7 报告了基于熵平衡处理样本之后的检验结果。表 6-7 的第（1）列至第（4）列展示了互动式信息披露丰富活跃程度和问询函监管的关系，投资者提问数量的系数显著为正。这说明本章的主要结论不变，当减小投资者提问多的公司和投资者提问数量少的公司之间的样本差异后，投资者提问数量依然能够显著增加问询函监管风险。

表 6-7　互动式信息披露对问询函监管影响的熵平衡匹配检验结果

变量	（1）	（2）	（3）	（4）
	CL	CL	CL	CL
lnNumber	0.006***	0.003***	0.006***	0.006***
	(4.803)	(3.069)	(5.518)	(5.336)
lnSize		−0.005***	−0.008***	−0.008***
		(−2.840)	(−4.404)	(−4.367)
Age		0.000***	0.000***	0.000***
		(7.720)	(6.738)	(7.052)
Ibd		0.000	0.000	0.000
		(1.038)	(1.262)	(0.967)
Opinion		−0.085***	−0.079***	−0.078***
		(−8.070)	(−7.545)	(−7.460)
Grow		0.002	0.001	0.002
		(1.330)	(1.177)	(1.231)
Roa		−0.117***	−0.108***	−0.112***
		(−3.480)	(−3.025)	(−3.090)
Dual		−0.000	−0.001	−0.001
		(−0.113)	(−0.209)	(−0.282)
Lev		0.017*	0.021**	0.023**
		(1.839)	(2.550)	(2.523)
Loss		0.021***	0.024***	0.024***
		(4.843)	(5.732)	(5.587)
Big4		−0.010*	−0.010*	−0.009
		(−1.749)	(−1.768)	(−1.509)
Soe		−0.024***	−0.020***	−0.022***
		(−6.549)	(−5.970)	(−6.049)
常数项	0.037***	0.098***	0.087***	0.087***
	(11.442)	(6.981)	(6.399)	(6.246)
行业固定效应	控制	控制	不控制	控制
月度固定效应	控制	不控制	控制	控制
样本数	55 804	55 804	55 804	55 804
Pseudo R^2	0.023	0.020	0.040	0.041

注：括号内为回归系数的 t/z 值

***、**和*分别表示在 1%、5%和 10%水平上显著

6.6　稳健性检验

6.6.1　替换问询函监管的指标

主检验中，使用问询函接收概率（CL）计量公司面临的问询函监管风险。在

稳健性检验中，使用上市公司收到问询函的数量（CLN）、上市公司收到问询函的严重程度（lnInqcntet_len），即每月公司收到问询函的总字数取自然对数，来衡量问询函监管风险的大小和严重程度。

由于被解释变量 CLN 的方差是其均值的 1.226 倍，CLN 存在过度分散的情况，不适合使用假设均等分散的面板泊松回归模型，故分别采用固定效应的面板负二项回归模型和固定效应的面板最小二乘回归模型。结果见表 6-8 的第（1）列和第（2）列。

表 6-8　替换被解释变量、替换解释变量和使用年度数据的回归结果

变量	（1）	（2）	（3）	（4）	（5）	（6）	（7）
	月度数据				年度数据		
	CLN	lnInqcntet_len	CL	CL	CL	CL	CL
lnNumber	0.008***	0.069***			0.179**		
	(5.599)	(7.399)			(2.152)		
lnAsk			0.115***			0.154**	
			(5.823)			(2.326)	
lnReply				0.045***			0.140**
				(3.173)			(2.114)
lnSize	−0.010***	−0.240***	−0.523***	−0.502***	−0.990***	−0.995***	−0.986***
	(−3.955)	(−10.173)	(−8.175)	(−7.877)	(−7.334)	(−7.358)	(−7.325)
Age	0.000***	−0.008	−0.004	−0.003	0.032	0.032	0.031
	(6.270)	(−1.252)	(−0.246)	(−0.218)	(0.962)	(0.953)	(0.937)
Ibd	0.000	0.006**	0.016**	0.015**	−0.661	−0.635	−0.649
	(0.779)	(2.377)	(2.063)	(2.033)	(−0.485)	(−0.465)	(−0.476)
Opinion	−0.099***	−0.293***	−0.315***	−0.334***	−1.409***	−1.408***	−1.423***
	(−7.109)	(−6.907)	(−3.361)	(−3.578)	(−4.294)	(−4.290)	(−4.342)
Grow	0.002	0.000	−0.003	−0.005	−0.044	−0.042	−0.046
	(1.122)	(0.035)	(−0.133)	(−0.253)	(−0.712)	(−0.681)	(−0.743)
Roa	−0.123***	−0.137	−0.130	−0.075	−2.386*	−2.456*	−2.369*
	(−2.692)	(−0.524)	(−0.192)	(−0.111)	(−1.762)	(−1.810)	(−1.748)
Dual	−0.000	−0.044	−0.098	−0.093	−0.100	−0.097	−0.093
	(−0.079)	(−1.553)	(−1.243)	(−1.185)	(−0.691)	(−0.672)	(−0.645)
Lev	0.029**	0.241***	0.621***	0.625***	−0.162	−0.150	−0.159
	(2.519)	(2.846)	(2.763)	(2.782)	(−0.345)	(−0.318)	(−0.338)
Loss	0.028***	0.101***	0.210***	0.219***	0.157	0.151	0.159
	(4.977)	(3.663)	(2.825)	(2.936)	(0.849)	(0.817)	(0.858)
Big4	−0.007	−0.012	−0.213	−0.191	−0.296	−0.290	−0.270
	(−0.845)	(−0.099)	(−0.513)	(−0.459)	(−0.484)	(−0.474)	(−0.442)

续表

变量	（1）	（2）	（3）	（4）	（5）	（6）	（7）
	月度数据				年度数据		
	CLN	lnInqcntet_len	CL	CL	CL	CL	CL
Soe	−0.028***	0.075	0.147	0.162	0.375	0.376	0.370
	(−5.588)	(0.877)	(0.614)	(0.677)	(0.893)	(0.893)	(0.880)
常数项	0.104***	0.968					
	(5.565)	(1.605)					
行业固定效应	控制	控制	控制	控制	控制	控制	控制
月度/年度固定效应	控制	控制	控制	控制	控制	控制	控制
样本数	55 804	55 804	49 732	49 732	3 565	3 565	3 565
Pseudo R^2	0.043	0.032	0.081	0.079	0.096	0.096	0.096

注：括号内为回归系数的 t/z 值

***、**和*分别表示在 1%、5% 和 10% 水平上显著

在表 6-8 的第（1）列中，lnNumber 的系数在 1% 的水平显著为正，表明投资者提问数量显著提高了当期公司收到问询函的数量。第（2）列 lnNumber 的系数在 1% 的水平显著为正，表明投资者提问数量显著提高了当期公司收到问询函的严重程度。以上实证结果说明，在替换问询函监管风险的代理变量之后，"互动易"上投资者提问数量越多，公司面临的问询函监管风险越高，本章的 H6-1 仍然成立。

6.6.2　替换解释变量

主检验中，使用投资者提问数量（lnNumber）度量互动式信息披露的丰富活跃程度。在稳健性检验中，分别使用：①投资者提问长度（lnAsk），即本月互动易平台上投资者所提问题的总字数加 1 后取自然对数；②上市公司回复长度（lnReply），即本月互动易平台上上市公司答复的总字数加 1 后取自然对数，这两个指标来衡量互动式信息披露的丰富活跃程度。通过重新估计式（6-2），没有出现显著不同，结果见表 6-8 的第（3）列和第（4）列。投资者提问长度（lnAsk）和上市公司回复长度（lnReply）的系数均为正，且在 1% 水平上显著。这说明替换了解释变量后，互动式信息披露的丰富活跃程度越大，问询函监管风险越高，H6-1 依然成立。

6.6.3　考虑年度数据的稳健性检验

在前面的分析中，互动式信息披露与问询函监管风险的度量都是使用月度数据，控制变量中的公司财务数据是在季度数据和年度数据的基础上人为地划分为月度数据的。如表 6-8 的第（5）、（6）和（7）列所示，以年度为时间频率，重

复前面的分析过程,结果与基于月度数据的结果无质的差异,但拟合优度较月度数据有所提高。

6.7 进一步分析

6.7.1 问询函监管的快速有效反应

在中国资本市场监管的文献中,更多的是探讨中国证监会对违法违规行为的处罚性监管的有效性,且尚未得到一致结论。一部分研究认为,中国证监会并不能对公司进行有效监管。而另一种观点则认为中国证监会的行为有监管效力。国外学者大多聚焦于美国证券交易委员会的定期意见函监管和澳大利亚证券交易所基于股价或交易量异常的问询函监管,发现问询函/意见函监管模式具有一定的监管效果。

虽然中国问询函监管的实施主体是证券交易所,而美国问询函的发放主体是美国证券交易委员会,而且与中国证监会处罚公告等处罚性监管措施不同,中国证券交易所问询函的发函机构级别更低,且处罚性质尚不严重,属于补充信息披露的非处罚性监管。但是,交易所作为市场的组织者、运营者和自律监管者,处在资本市场监管体系的第一线,掌握着所有交易活动记录,在信息获取渠道、知识专业性、监管成本等方面具有独特的优势和不可替代的作用。中国证券交易所按照问询和回复的时间顺序分别披露发函和回函内容,这种具有中国特色的分步披露监管能够及时为市场感知。

前文通过对 H6-1 的检验已经发现,当期互动式信息披露的丰富程度会显著增加当期上市公司收到问询函的概率。那么,当期互动式信息披露的丰富程度是否会影响以及如何影响未来上市公司收到问询函的概率?我们认为,当期互动式信息披露的丰富和活跃会显著增加本期上市公司收到问询函的概率,尽管问询函的监管性质并非行政处罚性质,但市场对于这种监管行为给予了充分认可,问询函监管随之发挥作用,会大大降低未来三期上市公司收到问询函的概率。

本章为检验第 t 期互动式信息披露对上市公司在第 $t+3$ 期收到问询函概率的影响,以因变量 CL_{t+3} 重新对式(6-2)进行估计,如式(6-3)所示。同时控制了公司在第 t 期收到问询函概率,对公司在第 $t+3$ 期收到问询函概率的影响。在下文中,以 CLF3 代表 CL_{t+3}。

$$\Pr[CL_{i,t+3}=1] = \text{Logistic}(\beta_0 + \beta_1 \ln\text{Number}_{i,t} + \beta_2 CL_{i,t} + \beta_3 \sum \text{Controls}_{i,t}$$
$$+ \beta_4 \sum \text{Industry}_{i,t} + \beta_5 \sum \text{Month}_{i,t} + \varepsilon_{i,t})$$

(6-3)

表 6-9 是互动式信息披露对未来三期问询函接收概率的影响回归结果，被解释变量是 CLF3。在表 6-9 中第（1）列，解释变量是 lnNumber，它的系数为–0.115，在 1%的水平显著为负。这表明投资者提问数量越多，在未来三期公司收到问询函的概率越低。表 6-9 的第（2）列，解释变量除了 lnNumber 之外，又加入了 CL。lnNumber 的回归系数为–0.114，在 1%的水平显著为负，CL 的回归系数为–0.086，虽然为负值，但是不显著。

表 6-9　互动式信息披露对未来三期问询函接收概率的影响回归结果

变量	（1）	（2）
	CLF3	CLF3
lnNumber	–0.115***	–0.114***
	（–4.361）	（–4.307）
CL		–0.086
		（–1.224）
lnSize	–0.368***	–0.371***
	（–6.123）	（–6.174）
Age	0.024	0.024
	（1.538）	（1.541）
Ibd	0.014*	0.014**
	（1.954）	（1.966）
Opinion	–0.538***	–0.543***
	（–6.012）	（–6.055）
Grow	–0.027	–0.027
	（–1.248）	（–1.249）
Roa	–0.786	–0.793
	（–1.233）	（–1.244）
Dual	–0.138*	–0.139*
	（–1.806）	（–1.816）
Lev	0.373*	0.376*
	（1.752）	（1.768）
Loss	0.218***	0.220***
	（3.127）	（3.154）
Big4	–0.337	–0.338
	（–0.858）	（–0.862）
Soe	–0.003	0.000
	（–0.014）	（0.002）
行业固定效应	控制	控制
月度固定效应	控制	控制
样本数	50 945	50 945
Pseudo R^2	0.063	0.063

注：括号内为回归系数的 t/z 值

***、**和*分别表示在 1%、5%和 10%水平上显著

这表明"互动易"上投资者提问数量越多，未来三期公司收到问询函的概率越低，并且公司当期收到问询函的概率对未来三期收到问询函概率的影响并不显著。未来三期公司收到问询函概率的降低，主要是受到当期互动式信息披露的影响，而非当期收到问询函的影响。由此可见，互动式信息披露使得问询函监管能够有效发挥作用，显著降低未来三期上市公司收到问询函的概率。

6.7.2 公司延迟回复问询函的影响

"互动易"中上市公司管理层对投资者提问的回复情况存在着明显的差异。比如，一些公司管理层能够比较及时地回复投资者的提问，而另一些公司管理层对投资者提问的回复则比较迟缓。心理学研究表明，时间延迟是非常令人厌恶的，会引发次优的认知处理和较差的业绩。从本质上而言，互动平台是一种基于互联网平台的投资者关系管理，上市公司与投资者进行投资者关系管理的其他主要方式还包括电话会议、公司调研以及上市公司自身的投资者关系（investor relationship，IR）网站。Hollander 等（2010）发现投资者会对电话会议中公司管理层的沉默行为做出消极反应。上述公司回复投资者的差异，是否会影响公司可能面临的监管风险？在"互动易"上，在投资者的提问没有得到及时回复的情况下，投资者乃至监管者会对上市公司产生负面印象，很可能会提高公司收到问询函的概率。

采用以上市公司回复的及时性（lnDelay）度量互动式信息披露的及时程度。Delay 代表互动易平台上上市公司回复延迟的天数，如果公司超过一年都没有回复投资者，则互动沟通失去意义，对于这种情况，设定 Delay 为 365。lnDelay 取 Delay 的自然对数。

本章使用固定效应的面板 Logistic 模型来考察互动式信息披露的及时性对监管风险的影响，式（6-4）如下：

$$\Pr\left[CL_{i,t}=1\right] = \text{Logistic}\,(\beta_0 + \beta_1 \ln \text{Delay}_{i,t} + \beta_2 \sum \text{Controls}_{i,t} + \beta_3 \sum \text{Industry}_{i,t} + \beta_4 \sum \text{Month}_{i,t} + \varepsilon_{i,t}) \tag{6-4}$$

表 6-10 的第（1）列展示了当解释变量是公司回复拖延时间（lnDelay）时，不加控制变量的 Logistic 回归结果，第（2）、（3）和（4）列展示了式（6-4）包含控制变量的回归结果，区别只在于行业固定效应和时间固定效应的不同。

表 6-10　互动式信息披露的及时性与问询函监管回归结果

变量	（1）	（2）	（3）	（4）
lnDelay	0.033[*]	0.036[*]	0.040[**]	0.039[*]
	(1.656)	(1.832)	(1.973)	(1.932)

续表

变量	（1）	（2）	（3）	（4）
lnSize		−0.415***	−0.501***	−0.505***
		（−7.008）	（−8.081）	（−7.922）
Age		0.029***	0.000	−0.004
		（16.436）	（0.030）	（−0.256）
Ibd		0.012*	0.014*	0.016**
		（1.666）	（1.870）	（2.093）
Opinion		−0.301***	−0.314***	−0.326***
		（−3.317）	（−3.418）	（−3.490）
Grow		−0.005	−0.006	−0.003
		（−0.236）	（−0.263）	（−0.143）
Roa		−0.216	0.105	0.022
		（−0.343）	（0.155）	（0.032）
Dual		−0.081	−0.096	−0.091
		（−1.065）	（−1.226）	（−1.151）
Lev		0.268	0.705***	0.637***
		（1.273）	（3.195）	（2.841）
Loss		0.161**	0.225***	0.224***
		（2.261）	（3.025）	（3.009）
Big4		−0.259	−0.299	−0.184
		（−0.646）	（−0.721）	（−0.445）
Soe		0.106	0.169	0.165
		（0.462）	（0.719）	（0.690）
月度固定效应	控制	不控制	控制	控制
行业固定效应	控制	控制	不控制	控制
样本数	49 732	49 732	49 732	49 732
Pseudo R^2	0.072	0.023	0.078	0.079

注：括号内为回归系数的 t/z 值

***、**和*分别表示在 1%、5%和10%水平上显著

表 6-10 的第（1）、（2）、（3）和（4）列 lnDelay 的系数至少在 10%的水平显著为正，表明上市公司回复投资者越延迟，公司收到问询函的概率越高。以上实证结果说明，"互动易"上公司回复投资者越延迟，即互动式信息披露越不及时，上市公司当期收到问询函的概率越大，即面临的监管风险越大。

6.7.3　中介效应分析

本章使用中介效应检验方法，探究互动式信息披露（自变量）对非行政处罚性监管（因变量）的直接效应，以及互动式信息披露（自变量）是否会通过报纸媒体报道（中介变量）产生中介效应，同时衡量中介效应的作用程度。具体地，采用依次检验回归系数的方法，以及 $Z_{mediation}$ 统计量检验法判断中介效应是否显著，如下所示，式（6-5）、式（6-6）和式（6-7）共同组成了中介效应模型：

$$\text{lnInqcntet\_len}_{i,t} = g_0 + g_1 \text{lnNumber}_{i,t} + g_2 \sum \text{Controls}_{i,t} +$$
$$g_3 \sum \text{Industry}_{i,t} + g_4 \sum \text{Month}_{i,t} + \varepsilon_{i,t} \tag{6-5}$$

$$\text{lnNewsNum\_Cont}_{i,t} = \zeta_0 + \zeta_1 \text{lnNumber}_{i,t} + \zeta_2 \text{Controls}_{i,t} + \zeta_3 \sum \text{Industry}_{i,t}$$
$$+ \zeta_4 \sum \text{Month}_{i,t} + \varepsilon_{i,t} \tag{6-6}$$

$$\text{lnInqcntet\_len}_{i,t} = \eta_0 + \eta_1 \text{lnNumber}_{i,t} + \eta_2 \text{NewsNum\_Cont}_{i,t} + \eta_3 \text{Controls}_{i,t}$$
$$+ \eta_4 \sum \text{Industry}_{i,t} + \eta_5 \sum \text{Month}_{i,t} + \varepsilon_{i,t} \tag{6-7}$$

其中，中介变量为报纸新闻报道量（lnNewsNum_Cont），即本月新闻内容出现该公司的报纸新闻总数加 1 后取自然对数。报纸媒体报道数据来自中国研究数据服务平台的报刊财经新闻库。另外需要说明的是，以往的中介研究几乎都假设解释变量、中介变量和被解释变量都是连续变量。当解释变量、中介变量或（和）被解释变量是类别变量时，Logistic 回归方程和连续变量的回归方程的尺度不同。为避免二分变量和连续变量所在回归方程的尺度不同的问题，在中介分析中，本章的被解释变量问询函监管不是用 CL，而是用上市公司收到问询函的严重程度（lnInqcntet_len）。

表 6-11 表明报纸媒体报道在互动式信息披露和问询函监管的关系中发挥了部分中介作用。具体来说，在第（1）列，"互动易"上的投资者提问数量（lnNumber）对问询函监管（lnInqcntet_len）回归的系数在 1%的水平上显著为正（0.069），充分说明互动式信息披露的丰富程度越大，公司收到问询函的严重程度越高，即公司面临问询函监管风险越高。在第（2）列，报纸新闻报道量（lnNewsNum_Cont）作为被解释变量，此时"互动易"上的投资者提问数量（lnNumber）的系数为正（0.044），且在 1%的水平下显著不为 0。这说明自变量互动式信息披露的丰富程度对中介变量报纸新闻报道量具有正向影响作用。在第（3）列，将报纸新闻报道量（lnNewsNum_Cont）和"互动易"上的投资者提问数量（lnNumber）同时作为解释变量，对问询函监管的代理变量上市公司收到问询函的严重程度（lnInqcntet_len）进行回归。"互动易"上的投资者提问数量的系数仍然与第（1）列中的符号一致，报纸新闻报道量（lnNewsNum_Cont）的系数估计值为 0.275，且在 1%的水平上显著，这说明报纸新闻报道量（lnNewsNum_Cont）在互动式信息披露和问询函监管的关系中发挥了部分中介作用。

表 6-11　报纸媒体报道在互动式信息披露与问询函监管关系中的中介效应回归结果

变量	（1）	（2）	（3）
	lnInqcntet_len	lnNewsNum_Cont	lnInqcntet_len
lnNumber	0.069***	0.044***	0.057***
	(7.399)	(12.453)	(6.118)
lnNewsNum_Cont			0.275***
			(24.599)

续表

变量	（1） lnInqcntet_len	（2） lnNewsNum_Cont	（3） lnInqcntet_len
lnSize	−0.240***	0.018**	−0.245***
	(−10.173)	(1.965)	(−10.436)
Age	−0.008	0.024***	−0.014**
	(−1.252)	(10.029)	(−2.314)
Ibd	0.006**	0.003***	0.006**
	(2.377)	(2.891)	(2.085)
Opinion	−0.293***	0.035**	−0.303***
	(−6.907)	(2.176)	(−7.174)
Grow	0.000	−0.004	0.002
	(0.035)	(−1.419)	(0.185)
Roa	−0.137	0.154	−0.179
	(−0.524)	(1.543)	(−0.690)
Dual	−0.044	0.014	−0.048*
	(−1.553)	(1.316)	(−1.701)
Lev	0.241***	0.078**	0.219***
	(2.846)	(2.414)	(2.607)
Loss	0.101***	0.017	0.096***
	(3.663)	(1.592)	(3.515)
Big4	−0.012	0.020	−0.018
	(−0.099)	(0.416)	(−0.143)
Soe	0.075	0.073**	0.055
	(0.877)	(2.222)	(0.647)
常数项	0.968	−2.428***	1.635***
	(1.605)	(−10.531)	(2.722)
行业固定效应	控制	控制	控制
月度固定效应	控制	控制	控制
样本数	55 804	55 804	55 804
R^2	0.032	0.078	0.043

注：括号内为回归系数的 t/z 值

***、**和*分别表示在 1%、5%和 10%水平上显著

$$Z_{\text{mediation}} = \frac{Z_{\xi} \times Z_{\eta}}{\sqrt{Z_{\xi}^2 + Z_{\eta}^2}} \qquad (6\text{-}8)$$

$Z_{\text{mediation}}$ 统计量检验法是利用式（6-8）判断中介效应的显著性。其中，ζ 为自变量 lnNumber 对中介变量 lnNewsNum_Cont 的影响系数；η 为中介变量 lnNewsNum_Cont 对因变量 lnInqcntet_len 的影响系数；Z_ζ 和 Z_η 分别为系数 ζ 和系数 η 的 t 值。

利用表 6-11 的结果可以得出，中介变量报纸新闻报道量（lnNewsNum_Cont）的 $Z_{\text{mediation}}$ 统计值为 11.110，在 1%的水平上显著（其绝对值均大于临界值 2.58）。

这表明，报纸媒体报道在互动式信息披露和问询函监管之间具有显著的部分中介作用。

6.7.4 异质性分析

1. 内部治理水平的影响

本节选取第一大股东持股比例、第二至第十大股东持股比例的平方和、董事会规模、独立董事比例、董事长和总经理两职合一、交叉上市、股权性质、高管持股等八个变量进行主成分分析，并选取第一主成分作为公司治理指数（CG），该值越大表示公司治理水平越高，然后根据公司治理指数的中位数，将样本分为公司治理水平高和低的组，若样本属于公司治理水平高的组，CG 等于 1，否则等于 0。

表 6-12 的第（1）列是回归结果，被解释变量是 CL，CG×lnNumber 的系数在 5%的水平显著为负，表明在内部治理水平高的组，投资者提问数量会提高公司当月收到问询函的概率被弱化了。该结论说明，内部治理水平高的公司，即便通过互动易平台暴露了不少信息，监管者也较少对其进行问询函监管。

表 6-12　内部治理水平、竞争程度和股权性质对互动式信息披露与问询函监管关系的影响

变量	（1）	（2）	（3）
lnNumber	0.252***	0.142***	0.163***
	(6.800)	(3.676)	(5.549)
CG×lnNumber	−0.123**		
	(−2.561)		
HHI×lnNumber		0.081*	
		(1.727)	
Soe×lnNumber			0.160**
			(2.319)
CG	0.489***		
	(3.066)		
HHI		−0.335**	
		(−2.153)	
lnSize	−0.521***	−0.524***	−0.527***
	(−8.134)	(−8.188)	(−8.230)
Age	−0.004	−0.003	−0.004
	(−0.274)	(−0.228)	(−0.279)
Ibd	0.010	0.016**	0.016**
	(1.150)	(2.072)	(2.076)
Opinion	−0.314***	−0.322***	−0.311***
	(−3.344)	(−3.436)	(−3.315)

变量	（1）	（2）	（3）
Grow	−0.003	−0.002	−0.002
	（−0.142）	（−0.076）	（−0.090）
Roa	−0.169	−0.113	−0.164
	（−0.249）	（−0.166）	（−0.241）
Dual	−0.139*	−0.101	−0.103
	（−1.714）	（−1.286）	（−1.310）
Lev	0.618***	0.617***	0.613***
	（2.739）	（2.742）	（2.720）
Loss	0.207***	0.212***	0.206***
	（2.773）	（2.842）	（2.762）
Big4	−0.215	−0.246	−0.238
	（−0.517）	（−0.589）	（−0.571）
Soe	0.197	0.148	−0.280
	（0.815）	（0.615）	（−0.930）
行业固定效应	控制	控制	控制
月度固定效应	控制	控制	控制
样本数	49 732	49 732	49 732
Pseudo R^2	0.082	0.082	0.082

注：括号内为回归系数的 t/z 值

***、**和*分别表示在 1%、5%和 10%水平上显著

2. 竞争程度的影响

赫芬达尔－赫希曼指数（Herfindahl-Hirschman index，HHI）是衡量产品市场竞争程度的指标，HHI 越高，说明该行业中产业集中程度越高，反之，HHI 越低，该行业中产业集中程度越低。产品市场竞争是最具影响力的外部公司治理机制之一（Babar and Habib，2021）。本章根据 HHI 的中位数，将样本分为 HHI 高和 HHI 低两组，若样本属于 HHI 高的组，HHI 等于 1，否则等于 0。

表 6-12 的第（2）列是回归结果，HHI×lnNumber 的系数在 10%的水平显著为正，表明在 HHI 高的组（低竞争行业的公司），投资者提问问题数量会提高公司当月收到问询函的概率被强化了。可能的原因是，低竞争行业的公司由于缺少同质竞争的对比效应，面临着更为严重的信息不对称，会产生更强的道德风险，从而弱化公司治理，短期内通过"互动易"暴露的潜在问题也更有可能被交易所监管者"盯上"。

3. 股权性质的影响

中国企业按照股权性质的不同可以划分为国有企业及非国有企业两种类型。

为考察股权性质对媒体报道与行政介入关系的影响,构造虚拟变量——股权性质(Soe),若公司为国企则赋值为 1,否则为 0。把股权性质(Soe)与互动式信息披露的变量的交叉项放入式(6-2)的回归中,实证结果见表 6-12 的第(3)列。Soe×lnNumber 的系数在 5%的水平显著为正,表明在国有企业中,投资者提问数量会提高公司当月收到问询函的概率被加强了。这可能是由于国企更易受到交易所监管者关注。

6.8 本章小结

"互动易"作为官方证券类社交媒体平台,对中国资本市场健康发展具有积极作用。鉴于目前尚未有文献研究互动式信息披露对问询函监管风险的影响,本章的研究是对这一领域的一次积极有益的探索。

本章研究发现,在控制了其他因素之后,"互动易"上投资者提问数量越多,当期公司收到问询函的概率越高,即当期面临的问询函监管风险越大。在稳健性检验中,通过熵平衡解决内生性问题。此外,替换被解释变量问询函监管风险的指标、替换解释变量互动式信息披露的活跃程度,以及考虑年度数据,这些稳健性检验的结果都支持主回归结果。

在上述研究成果的基础上,进一步分析部分发现如下四个有价值的结论。第一,当期互动式信息披露的丰富和活跃显著增加当期上市公司收到问询函的概率,问询函监管随之发挥作用,会大大降低未来三期上市公司收到问询函的概率。第二,上市公司回复投资者越延迟,当期公司收到问询函的概率越高,即当期面临的问询函监管风险越大。第三,报纸媒体报道在互动式信息披露和问询函监管风险之间具有显著的部分中介作用。第四,对于内部治理水平低的公司、低竞争行业的公司和国企而言,由于它们更容易受到交易所监管者的关注,互动式信息披露的活跃度对问询函监管风险的正向作用被强化了。

参考文献

Allaya M, Derouiche I, Muessig A. 2022. Voluntary disclosure, ownership structure, and corporate debt maturity: a study of French listed firms. International Review of Financial Analysis, 81: 101300.

Babar M, Habib A. 2021. Product market competition in accounting, finance, and corporate governance: a review of the literature. International Review of Financial Analysis, 73: 101607.

Bamber L S, Cheon Y S. 1998. Discretionary management earnings forecast disclosures: antecedents and outcomes associated with forecast venue and forecast specificity choices. Journal of Accounting Research, 36(2): 167-190.

Blankespoor E, Miller G S, White H D. 2014. The role of dissemination in market liquidity: evidence from firms'use of Twitter.The Accounting Review, 89(1): 79-112.

Boone J P, Linthicum C L, Poe A. 2013. Characteristics of accounting standards and SEC review comments. Accounting Horizons, 27(4): 711-736.

Cassell C A, Cunningham L M, Lisic L L. 2019. The readability of company responses to SEC comment letters and SEC 10-K filing review outcomes. Review of Accounting Studies, 24(4): 1252-1276.

Cassell C A, Dreher L M, Myers L A. 2013. Reviewing the SEC's review process: 10-K comment letters and the cost of remediation. The Accounting Review, 88(6): 1875-1908.

Chen Y S, Deng Y L, Lou H T, et al. 2020. Political connection and regulatory scrutiny through comment letters: evidence from China. International Review of Finance, 20(3): 789-798.

Core J E, Guay W, Larcker D F. 2008. The power of the pen and executive compensation. Journal of Financial Economics, 88(1): 1-25.

Dai L L, Parwada J T, Zhang B T. 2015. The governance effect of the media's news dissemination role: evidence from insider trading. Journal of Accounting Research, 53(2): 331-366.

Dhaliwal D S, Li O Z, Tsang A, et al. 2011. Voluntary nonfinancial disclosure and the cost of equity capital: the initiation of corporate social responsibility reporting. The Accounting Review, 86(1): 59-100.

Dyck A, Morse A, Zingales L. 2010. Who blows the whistle on corporate fraud?. The Journal of Finance, 65(6): 2213-2253.

Engelberg J E, Parsons C A. 2011. The causal impact of media in financial markets. The Journal of Finance, 66(1): 67-97.

Francis J R. 2011. A framework for understanding and researching audit quality. Auditing: A Journal of Practice & Theory, 30(2): 125-152.

Hainmueller J. 2012. Entropy balancing for causal effects: a multivariate reweighting method to produce balanced samples in observational studies. Political Analysis, 20(1): 25-46.

Heinrichs A, Park J, Soltes E F. 2019. Who consumes firm disclosures? Evidence from earnings conference calls. The Accounting Review, 94(3): 205-231.

Hollander S , Pronk M, Roelofsen E. 2010. Does silence speak? An empirical analysis of disclosure choices during conference calls. Journal of Accounting Research, 48(3): 531-563.

第 7 章

社交媒体对公司全要素生产率的影响分析

7.1 引言

社交媒体的普及极大地改变了资本市场的信息格局。尽管研究人员已经认识到这一趋势，但与社交媒体有关的文献更多地集中在市场交易层面，而社交媒体对企业行为和实体经济影响的实证研究则明显不足。本章试图研究股票论坛信息和公司生产力之间的关系来提供社交媒体影响企业行为的证据。

生产力的增长通常被认为是经济发展的主要驱动力。克鲁格曼在《预期消退的年代》一书中说，"生产力不是一切，但从长远来看，它几乎就是一切"。这充分说明了生产力的重要性。作为一个基本的经济单位，企业可以影响全社会生产力的增长。因此，刺激企业层面生产力的因素吸引了研究人员的注意力。现有文献表明，股票价格和公司治理与公司生产力相关。鉴于社交媒体上的帖子可能会影响股价和公司治理，因此社交媒体与公司生产力之间可能存在联系。

股票论坛信息可能有助于提高公司的生产力。首先，社交媒体可以增强上市公司的股价信息含量。Ding 等（2020）发现在 Seeking Alpha 上发布的股票分析报告传递了可靠的公司特质信息，从而减少了股票收益的联动，即提高股价信息含量。Li 等（2018）、Feng 和 Johansson（2019）也提供了类似的证据，他们发现股票论坛的开通和公司高管对微博的使用有助于向市场传播公司特质信息。社交媒体的另一个作用是鼓励个体投资者充当外部监督者。例如，在盈利低于预期的情况下，对上市公司维基百科词条的修改可以降低主动披露的时间间隔。Ang 等（2021）发现，个体投资者在股票论坛上发布的批评言论可以预测潜在收购方是否会撤回其收购决定。鉴于更高的股价信息含量和更好的公司治理可以使公司更具生产力，我们假设在股票论坛上有更多发帖的公司具有更高的生产力。

另外，股票论坛信息也可能抑制公司的生产力。文献表明，外部力量也可能会促使高管追逐短期收益预期而放弃长期的公司价值，甚至会扭曲高管的行为道德。例如，被较多分析师覆盖的公司通常产生较少的专利，其专利的影响力也较小，而机构投资者持股较高的公司发生财务欺诈的可能性也更高（Shi et al.，2017），这些情况也适用于股票论坛。因为股票论坛的大多数用户是不成熟的个体投资者，所以股票论坛中的非理性收益预期会给管理层带来过大的压力，从而加剧管理者的短视，阻碍管理层做出合理的投资决策和实施长期战略。此外，股票论坛消息中的大量噪声可能会阻碍股票的价格发现（Clarke et al., 2021），因此我们假设在股票论坛上有更多发帖的公司具有更低的生产力。

中国社交媒体数据在金融研究中被广泛采用。基于庞大的互联网用户群和大量的个体投资者，股票论坛在中国尤为活跃。以中国最大的股票论坛——股吧为例，它为上海证券交易所和深圳证券交易所的所有上市公司设立了股票论坛。截至 2019 年底，该平台上超过 1000 万活跃用户的帖子超过 2 亿条。丰富的数据为考察股票论坛信息对公司生产力的影响提供了有力支撑。

使用普通最小二乘回归，我们发现股票论坛帖子与公司生产力之间存在正相关关系。具体而言，股票论坛帖子的平均值增加一个标准偏差，公司全要素生产率的平均值增加 7%。鉴于未观测到的变量可能会影响回归结果，并且全要素生产率较高的公司可能会吸引更多投资者的关注，我们利用是否是中证 500 指数成分股作为工具变量来确定因果关系。两阶段最小二乘（two stage least square，2SLS）回归的结果进一步表明股票论坛帖子可以提高公司全要素生产率。可能影响因果识别的因素还有上市公司的管理层对其股票论坛上帖子的关注程度。因此，公司生产力的提高不应归因于股票论坛帖子。为了解决这一问题，我们利用了东方财富的"问董秘"栏目管理层与投资者的互动信息，发现在管理层与投资者互动更频繁的子样本中股票论坛帖子促进公司全要素生产率提升的效应更强。

此外，我们还考察了股票论坛信息提高公司生产力的机制。基于股票论坛帖子和股价信息含量或公司治理指标的交互项，我们发现股票论坛信息可以通过提高公司的股价信息含量和公司治理来提高公司生产力。我们还发现，这种效果会随着不同的发帖情感和发帖主题而变化。在最后的分析中，我们发现对于不同的全要素生产率测量指标和模型设定，研究结果是稳健的。

本章的贡献主要有两方面。

首先，拓展了关于公司生产力的研究。现有文献提出了许多可以提高公司全要素生产率的因素，其中一些与市场参与者有关，如机构投资者、证券分析师、公司高管。另一些因素则与国家层面或公司层面的特征有关，如银行融资、高铁建设、企业衍生品、政商关系等。在此基础上，本章研究了股票论坛信息如何影响公司生产力，从而提出了影响公司全要素生产率的新因素。

其次，拓展了社交媒体如何影响资本市场的文献。以前的文献发现社交媒体内容在股票收益、交易量、市场稳定性，公司盈余，信息传递，公司决策，危机沟通等方面有着显著的影响或预测能力。然而，这些研究主要集中在微观层面。而我们的结论表明，社交媒体可以提高公司的生产力，这为理解社交媒体发展的益处提供了新的视角。

虽然我们是利用中国数据得到上述结论的，但这些结论可以推广到其他国家。首先，尽管没有文献研究社交媒体平台上的讨论如何影响其他国家的公司层面的全要素生产率，但 To 等（2018）发现分析师覆盖提高了美国环境下的公司生产力，这表明信息中介会对公司全要素生产率产生影响。其次，我们提出的用于解释股票论坛信息和公司生产力之间正相关关系的两条路径（即社交媒体可以提高股价信息含量和公司治理）已经用其他国家的数据得到了验证（Xu and Zhang，2013；Ding et al.，2020）。

7.2　数据和方法

我们从中国最大的股票论坛股吧中和国泰安数据库中收集了 2011～2019 年的数据，衡量公司生产力的指标是全要素生产率（TFP）。特别地，我们估计了 Cobb-Douglas 生产函数取对数得到如下等式：

$$Y_{i,t} = \alpha + \beta_K K_{i,t} + \beta_L L_{i,t} + \varepsilon_{i,t} \tag{7-1}$$

其中，i 和 t 分别为公司和年份；Y 为增加值的自然对数；K 为资本投入的自然对数；L 是雇员人数的自然对数。增加值是指销售额减去购买商品、接受劳务支付的现金，由 GDP（gross domestic product，国内生产总值）指数平减。资本投入固定资产净值，使用投资价格指数平减。TFP 测算指标为 $Y_{i,t+1} - \hat{\beta}_K K_{i,t} - \hat{\beta}_L L_{i,t}$，$\hat{\beta}_K$ 和 $\hat{\beta}_L$ 是估计值。

核心关注变量社交媒体的测量指标是股票论坛帖子数量的自然对数（SFP）。某些公司特征可能会影响公司的全要素生产率和股票论坛帖子，从而干扰我们的识别。因此，我们在回归分析中控制了一系列公司特征。考虑了公司规模（ASSET），即总资产账面价值的自然对数；公司增长率（GROWTH），即以总资产的变化除以上一年总资产；分析师覆盖（ANALYST），即关注某一上市公司的分析师数量加 1 的自然对数；公司成长机会（BM），即普通股的账面价值与市场价值的比率；企业盈利能力（ROA），即折旧前的营业收入与总资产账面价值的比率；固定资产投资（CAP），即资本支出除以净销售额；公司现金流量（CASH），即经营现金流量减去投资现金流量和股利，再除以总资产；公司杠杆（LEVER），即债务账面价值除以总资产；公司创新研发投入（RD），即研发支出除以总资产；公司年龄（AGE），即公司成立年数的自然对数；企业所有权（SOE），一个虚拟变量，即如果企业是国有企业则取值为 1，否则取值为 0；股价信息含量（PSI），即将股票收益对市场收益和行业收益回归得到的 R^2 进行对数转换[①]。同时，为了减轻异常

---

① R^2 的对数转换是如下形式，即 $\mathrm{PSI} = \ln\left(\dfrac{1 - R^2}{R^2}\right)$，其中 R^2 衡量的是股票收益可以被市场收益和行业收益所解释的程度。

值对回归结果的影响，我们对所有连续变量进行了 1%双边缩尾处理。

　　上述变量的描述性统计如表 7-1 所示。变量 TFP 和 SFP 有较大的波动。TFP 的平均值为 5.693，标准差为 0.958，其 95%分位值和 5%分位值分别为 7.545 和 4.352。SFP 的 5%分位值是 7.379，而 95%分位值是 9.980。

表 7-1　描述性统计

变量	平均值	标准差	5%分位值	25%分位值	中位数	75%分位值	95%分位值
TFP	5.693	0.958	4.352	5.023	5.557	6.229	7.545
SFP	8.623	0.780	7.379	8.110	8.595	9.114	9.980
ASSET	21.383	4.239	19.795	21.121	21.924	22.846	24.555
GROWTH	1.601	31.743	0.698	0.999	1.084	1.210	1.728
ANALYST	1.584	1.276	0.000	0.000	1.609	2.708	3.584
BM	0.526	0.284	0.098	0.309	0.502	0.729	1.013
ROA	0.028	0.405	−0.069	0.013	0.036	0.066	0.126
CAP	0.047	0.050	0.000	0.012	0.033	0.067	0.145
CASH	0.039	0.087	−0.077	0.000	0.039	0.081	0.156
LEVER	0.444	0.557	0.106	0.259	0.419	0.590	0.803
RD	0.017	0.024	0.000	0.000	0.012	0.025	0.052
AGE	2.824	0.418	2.197	2.639	2.890	3.091	3.296
SOE	0.324	0.468	0.000	0.000	0.000	1.000	1.000
PSI	2.206	18.301	0.262	0.735	1.170	1.894	4.712

　　为了直观地展示变量间的关系，我们在表 7-2 中报告了这些变量的相关系数矩阵。很明显，TFP 和 SFP 之间存在正相关，因为它们的相关系数为 0.122。此外，TFP 在一定程度上也与 ASSET、ANALYST、BM 和 LEVER 高度相关。

表 7-2　相关系数矩阵

变量	TFP	SFP	ASSET	GROWTH	ANALYST	BM	ROA
TFP	1.000						
SFP	0.122	1.000					
ASSET	0.190	0.231	1.000				
GROWTH	0.030	0.023	0.097	1.000			
ANALYST	0.150	0.039	0.208	0.020	1.000		
BM	0.244	0.179	0.434	0.013	0.047	1.000	
ROA	0.069	0.079	−0.034	0.016	0.162	−0.064	1.000
CAP	−0.214	−0.061	0.139	0.034	0.202	−0.031	0.067
CASH	0.031	−0.022	0.109	−0.002	0.192	−0.020	0.097
LEVER	0.163	0.148	0.137	0.021	−0.062	0.224	−0.469
RD	0.091	−0.055	0.032	−0.001	0.154	−0.216	0.009
AGE	−0.090	0.197	0.286	0.037	−0.084	0.185	−0.055
SOE	0.113	0.143	0.216	0.011	−0.037	0.300	−0.033
PSI	0.024	0.040	0.035	0.019	−0.009	−0.048	−0.007

变量	CAP	CASH	LEVER	RD	AGE	SOE	PSI
TFP							
SFP							
ASSET							
GROWTH							
ANALYST							
BM							
ROA							
CAP	1.000						
CASH	0.162	1.000					
LEVER	−0.060	−0.135	1.000				
RD	0.096	0.063	−0.112	1.000			
AGE	−0.078	0.004	0.129	−0.126	1.000		
SOE	−0.078	0.025	0.154	−0.137	0.211	1.000	
PSI	−0.021	0.011	0.035	−0.003	0.056	−0.019	1.000

表 7-2 显示了主要分析中使用的变量的描述性统计和相关系数矩阵。表 7-1 给出了每个变量的平均值、标准差、5%分位值、25%分位值、中位数、75%分位值和 95%分位值。表 7-2 显示了它们之间的皮尔逊相关系数。样本截取时间是从 2011 年到 2019 年。所有变量都在 1%和 99%的水平上进行了缩尾处理。

7.3　实证结果

在本节中，我们通过最小二乘和两阶段最小二乘回归方法探讨股票论坛信息如何影响公司全要素生产率。

7.3.1　基准结果

为了检验股票论坛帖子与公司生产力之间的关系，我们估计了以下回归模型：

$$\text{TFP} = \alpha + \beta_1 \text{SFP} + \beta_2 \text{CONTROLS} + \text{INDUSTRY} + \text{YEAR} + \varepsilon \tag{7-2}$$

其中，TFP 为公司全要素生产率；SFP 为股票论坛上的帖子；CONTROLS 为一系列控制变量，包括 ASSET、GROWTH、ANALYST、BM、ROA、CAP、CASH、LEVER、RD、AGE、SOE 和 PSI。此外，我们在回归时还包括了行业（INDUSTRY）和年份（YEAR）固定效应，并且在公司层面对回归系数的标准误进行了聚类处理。

表 7-3 给出了式（7-2）的结果。在第（1）列中，我们用 TFP 对 SFP 进行回归，即只有 SFP 作为解释变量。SFP 的系数估计值为 0.088，t 统计量为 7.949，这表明 SFP 和 TFP 之间存在显著的正相关关系。第（2）列报告了包含上述控制变

量的回归结果。我们可以看到，尽管系数和 t 统计量均有所下降，但 SFP 的系数仍在 1%水平上显著性为正。这一发现也具有经济意义，因为 SFP 比平均值增加一个标准差，TFP 就比平均值增加 7%。关于控制变量，我们发现 TFP 与除 RD 之外的所有控制变量显著相关。与 To 等（2018）、Bennett 等（2020）的研究结果一致，在美国市场，股价信息含量越高或分析师覆盖越多，公司的全要素生产率也就越高。

表 7-3 报告了最小二乘回归的结果，检查了公司下一年的生产力与股票论坛信息的关系。因变量是公司生产力全要素生产率。主要的自变量是股票论坛帖子 SFP。样本期为 2011 年至 2019 年。我们在回归中包括年份和行业固定效应。稳健的标准误集中在公司层面。

表 7-3　最小二乘回归结果

变量	（1）	（2）
	TFP	TFP
SFP	0.088***	0.042***
	(7.949)	(4.043)
ASSET		0.003*
		(1.902)
GROWTH		0.031**
		(2.181)
ANALYST		0.125***
		(19.154)
BM		0.377***
		(9.217)
ROA		0.278***
		(4.370)
CAP		−2.785***
		(−17.540)
CASH		0.171*
		(1.673)
LEVER		0.196***
		(3.616)
RD		0.062
		(0.184)
AGE		−0.052**
		(−2.273)
SOE		0.075***
		(3.159)

续表

变量	（1）	（2）
	TFP	TFP
PSI		0.013***
		(3.568)
常数项	3.936***	4.057***
	(20.275)	(21.430)
年度固定效应	控制	控制
行业固定效应	控制	控制
样本数	25 118	25 118
调整的 R^2	0.452 9	0.512 0

注：括号内为 t 统计量

***、**和*分别表示在 1%、5%和 10%水平上显著

7.3.2　因果识别

尽管最小二乘回归的结果表明公司全要素生产率与股票论坛帖子呈正相关，但很难确定其因果关系。一方面，回归模型不可能控制对公司全要素生产率和股票论坛帖子同时产生影响的所有变量，更不要说其中一些变量甚至是不可观测的。另一方面，全要素生产率高的公司更有可能被股票论坛的用户更多地讨论。为了确认公司全要素生产率的提高是由于股票论坛上的帖子，我们采用了两种策略：工具变量法和子样本分析。

1. 工具变量法

为了解决内生性引起的估计偏差，我们将上市公司是否是一个广为人知的股票指数的成分股作为工具变量。该工具变量和股票论坛帖子相关，并且对公司全要素生产率来说是外生的。其背后的逻辑是，当被调入热门指数时，该公司往往会吸引更多的投资者关注，并且更有可能在股票论坛上被投资者讨论。我们采用中证 500 指数（CSI500）作为工具变量。因为中证 500 指数的构建反映了 A 股中小盘股票的整体情况（即调入中证 500 指数的标准主要是基于公司的市值），而股票论坛的用户是喜欢交易小股票的个体投资者。同时，股票被调入中证 500 指数会引起股票论坛帖子数量的变化，但是这种变化几乎不受公司 TFP 的影响。简单地说，中证 500 指数作为一个工具变量同时满足外生性和相关性的条件。

表 7-4 的第（1）列报告了第一阶段的回归结果，SFP 是因变量，以 CSI500 为自变量进行拟合，控制变量与式（7-2）相同，包括了行业和年份的固定效应，聚类标准误是公司层面的。我们可以看到 CSI500 的系数估计在 1%的水平上是正显著的。由于 CSI500 的 t 统计量较大（8.974）且 F 统计量较高（82.054），我们可以拒绝该工具变量为弱工具变量的假设。我们还进行了 Durbin-Wu-Hausman 检

表 7-4　两阶段最小二乘回归

变量	（1）SFP	（2）TFP
CSI500	0.164***	
	(8.974)	
$\widehat{SFP}$		0.382***
		(3.033)
ASSET	0.017***	−0.002
	(8.783)	(−0.098)
GROWTH	0.000*	0.000
	(1.945)	(0.147)
ANALYST	0.016**	0.117***
	(2.515)	(16.258)
BM	0.185***	0.282***
	(5.164)	(5.631)
ROA	0.016	0.278***
	(0.420)	(4.316)
CAP	−0.943***	−2.442***
	(−6.682)	(−12.515)
CASH	−0.225***	0.236**
	(−2.995)	(2.222)
LEVER	0.077***	0.174***
	(2.845)	(3.075)
RD	−0.768**	0.270
	(−1.997)	(0.769)
AGE	0.258***	−0.138***
	(11.957)	(−3.473)
SOE	0.066***	0.045*
	(3.368)	(1.755)
PSI	0.000	0.001***
	(0.076)	(2.980)
常数项	7.819***	1.420
	(61.529)	(1.435)
F 统计量	82.054	
p 值	<0.001	
Durbin 得分	25.601	
p 值	<0.001	
Wu-Hausman 统计量	25.526	
p 值	<0.001	
样本数	25 118	25 118
调整的 R^2	0.238 4	0.511 0

注：括号内为 t 统计量

***、**和*分别表示在 1%、5%和 10%水平上显著

验，进一步证实了 CSI500 和股票论坛帖子的相关性。因此，第二阶段回归中的系数估计和相应的标准误应该是无偏的，从而使基于它们的推论是有效的。第二阶段回归中，以第一阶段回归拟合出来 $\widehat{SFP}$ 作为主要关注的变量。如表 7-4 的第（2）列所示，$\widehat{SFP}$ 的系数估计值显著为正，进一步证明了股票论坛信息提高企业全要素生产率的结论。

表 7-4 报告了两阶段最小二乘回归的结果，该回归检验了股票论坛信息如何影响公司生产力。工具变量为是否是中证 500 的成分股，因变量是公司生产力全要素生产率 TFP。第一阶段回归（在第（1）列中显示）生成 SFP 的估计值，以用于第二阶段回归（在第（2）列中显示）。我们在回归的两个阶段包括年份和行业固定效应。此外，我们还在此表中报告了 F 统计量、Durbin 得分和 Wu-Hausman 统计量。样本期为 2011 年至 2019 年。稳健标准误集中在公司层面。

2. 子样本分析——管理层回复

上市公司的管理层对其股票论坛上帖子的关注程度可能影响因果识别。这是因为股票论坛的大多数用户都是个体投资者，他们通常被认为没有足够的动力或能力来行使作为股东的权利，并且也缺乏让上市公司做出正确决策的必要信息（Chen et al.，2013）。但是，如前所述，社交媒体的发展丰富了个体投资者所拥有的信息，提高了其监督的能力。更重要的是，我们发现现实中的例子表明管理层确实关心投资者在社交媒体上的发言。例如，深圳证券交易所发布的一份报告称，公司管理层会对网上股票论坛上的谣言进行澄清。有些上市公司，在面对网络传闻时甚至还会组织公司有关方面及时和投资者进行沟通与交流。

尽管有上述文献和现实方面的证据，但很难断言高管对股票论坛信息的关注提高了公司生产力。不过东方财富的"问董秘"栏目为解决该问题提供了办法。为方便投资者在股票论坛上获取信息，东方财富的"问董秘"栏目可以让投资者就上市公司的生产、经营、前景等方面问题与董事会秘书进行沟通。因此，一个间接的检验是考察股票论坛帖子对公司全要素生产率的影响程度是否取决于董事会秘书和投资者之间的互动频率。具体来说，如果股票论坛的帖子提高了公司生产力，则应该观察到，董事会秘书与投资者的沟通越多，公司生产力的提高就越多。为此，我们把样本按照董事会秘书与投资者互动次数的中位数分为两组，即高互动组和低互动组，并在两组中对式（7-2）重新回归。表 7-5 展示了分组回归的结果。高互动组的 SFP 系数为 0.061，t 统计量为 4.476。相比之下，低互动组的 SFP 系数仅为 0.034，t 统计量为 2.219。高互动组和低互动组的 SFP 系数之差的 p 值在 5% 水平上显著，这说明它们之间的差异具有统计学意义。总的来说，高互动组的股票论坛帖子更能促进公司全要素生产率提高，这与我们的预期一致。

表 7-5 报告了子样本分析的结果，研究了股票论坛信息和公司生产力之间的

关系大小如何随着高管和投资者之间的互动而变化。我们根据高管和投资者之间的年度互动次数将整个样本以中位数为依据分成两组（高互动组和低互动组），并分别在这两组中重复了基本回归分析。第（1）列报告高互动组的估计结果，第（2）列报告低互动组的估计结果。最后一行报告了这两组中 SFP 系数估计值之间的差异。

表 7-5　管理层回复

变量	（1） 高互动组 TFP	（2） 低互动组 TFP
SFP	0.061***	0.034**
	(4.476)	(2.219)
ASSET	0.003	0.004*
	(1.303)	(1.683)
GROWTH	0.025	0.048**
	(1.453)	(2.191)
ANALYST	0.118***	0.144***
	(14.556)	(16.606)
BM	0.352***	0.380***
	(6.967)	(6.915)
ROA	0.343***	0.173*
	(5.388)	(1.931)
CAP	−2.692***	−2.793***
	(−14.505)	(−11.626)
CASH	0.054	0.193
	(0.372)	(1.540)
LEVER	0.336***	0.089
	(5.167)	(1.279)
RD	0.369	0.076
	(0.760)	(0.200)
AGE	−0.006	−0.089***
	(−0.164)	(−3.433)
SOE	0.010	0.094***
	(0.328)	(3.177)
PSI	0.014***	0.010**
	(2.734)	(2.268)
Intercept	3.773***	4.179***
	(12.696)	(21.914)
年度固定效应	控制	控制
行业固定效应	控制	控制
样本数	12 562	12 556
调整的 R^2	0.498 3	0.535 0
SFP 系数估计值组间差异	0.027**	

注：括号内为 t 统计量

***、**和*分别表示在 1%、5%和 10%水平上显著

7.4　经济机制

如前所述，有两种机制可以解释为什么股票论坛的帖子可以提高公司的全要素生产率。下面，我们将分析这两种机制是否存在。

7.4.1　股价信息含量

最近的一项研究表明，股价信息含量更高的公司全要素生产率也更高。已有文献表明，社交媒体有助于提高上市公司股票价格中所包含的特质信息。因此，我们提出第一种机制，称之为"价格信息机制"，即股票论坛上的帖子通过增加公司的股价信息含量来提高公司的全要素生产率。为了检验这种机制，我们将 SFP 和 PSI 的交互项（即 SFP×PSI）加入到式（7-2）中。如果价格信息机制成立，股票论坛帖子对公司生产力的促进作用应该在股价信息含量较少（即 PSI 较低）的公司中更加明显。也就是说，SFP×PSI 上的系数应该是负的。表 7-6 的第（1）列汇报了该回归的结果，SFP×PSI 的系数为 -0.007，在 5%的水平上显著。

表 7-6　经济机制

变量	（1）	（2）
	TFP	TFP
SFP	0.047^{***}	0.036^{***}
	(3.896)	(3.087)
SFP×PSI	-0.007^{**}	
	(−2.330)	
PSI	0.019	0.013^{***}
	(0.640)	(3.567)
SFP×DUAL		0.019^{**}
		(2.193)
DUAL		−0.178
		(−1.314)
ASSET	0.003^{**}	0.003^{*}
	(2.115)	(1.683)
GROWTH	0.032^{**}	0.031^{**}
	(2.205)	(2.168)
ANALYST	0.126^{***}	0.125^{***}
	(19.334)	(19.136)
BM	0.371^{***}	0.378^{***}
	(9.060)	(9.225)
ROA	0.281^{***}	0.278^{***}
	(4.382)	(4.368)

续表

变量	（1）	（2）
	TFP	TFP
CAP	−2.795***	−2.771***
	(−17.584)	(−17.467)
CASH	0.176*	0.169*
	(1.735)	(1.658)
LEVER	0.198***	0.196***
	(3.627)	(3.610)
RD	0.045	0.071
	(0.132)	(0.207)
AGE	−0.055**	−0.057**
	(−2.354)	(−2.455)
SOE	0.073***	0.072***
	(3.055)	(2.981)
常数项	4.040***	4.133***
	(20.460)	(21.328)
年度固定效应	控制	控制
行业固定效应	控制	控制
样本值	25 118	25 118
调整的 R^2	0.511 4	0.512 1

注：括号内为 t 统计量

***、**和*分别表示在 1%、5%和 10%水平上显著

7.4.2　公司治理

公司治理较好的公司通常有更高的生产力。社交媒体可以作为上市公司的外部监督者来提高上市公司的治理水平。基于这两方面的文献，我们提出了第二种机制——"公司治理机制"，即通过提高公司治理，股票论坛上的帖子可以帮助提高公司全要素生产率。

我们采用"两职合一"（DUAL）作为衡量公司治理水平的代理变量，即如果公司的 CEO 和董事长是同一个人，则该指标等于 1。人们普遍认为，"两职合一"削弱了对管理层的监督，不利于公司治理机制的有效实施。因此，我们推测股票论坛的帖子更能提高"两职合一"公司的全要素生产率。为了检验这个假设，我们将 DUAL 与 SFP 的交互项（SFP×DUAL）加入到式（7-2）中。如表 7-6 的第（2）列所示，SFP×DUAL 的系数在 5%的显著性水平上为正，说明公司治理机制也可

以解释股票论坛帖子与公司全要素生产率之间的正相关关系。

表 7-6 报告了研究股票论坛帖子与公司生产力之间关系背后的经济机制的回归结果。第（1）列检验了股价信息含量机制，即股票论坛信息可以促进公司的股价信息含量。股价信息含量（PSI）以及它与 SFP 的交互项（SFP×PSI）被添加到基本回归中。第（2）列测试了公司治理机制，即股票论坛信息可以增强公司的公司治理。DUAL 是一个虚拟变量，如果 CEO 和董事长是同一个人，则取值为 1，否则取值为 0，该变量以及它与 SFP 的交互项（SFP×DUAL）被添加到基本回归中。

7.5　其他分析

在本节中，我们讨论了上述结论是否取决于某些变量特征或全要素生产率的测量方法或模型设定。

7.5.1　异质性分析

在本节中，我们探讨某些帖子特征是否影响股票论坛帖子与公司生产力之间的关系。

1. 发帖主题

股票论坛信息对公司生产力的影响应该因不同的发帖主题而有所不同。一方面，与公司盈余相关的帖子应该比其他帖子对公司全要素生产率产生更大的影响，因为这些帖子可能会鼓励高管关注公司的基本面，更好地维护和更新公司用于生产经营的固定资产，最终提高公司生产效率。另一方面，这些帖子也可能会给高管带来更大的压力，追逐实现公司的短期盈利目标但放弃从长期而言对公司有价值的事情。为了检验哪个假设是正确的，我们根据帖子是否包含与公司盈余有关的关键词①，将股票论坛上的帖子分为与公司盈余相关和与公司盈余无关两组。我们定义股票论坛上与收益相关的帖子数量加 1 的自然对数为 ESFP，定义股票论坛上其他帖子数量加 1 的自然对数为 OSFP。这两个变量是我们关注的主要变量。在表 7-7 的前两列中，我们对式（7-2）重新进行了回归。尽管 ESFP 和 OSFP 的系数估计值都显著为正，但从系数和 t 统计量的角度来看，ESFP 的系数和 t 统计量都大于 OSFP，这表明股票论坛上与公司盈余相关的帖子比其他帖子更能促进公司生产力。这一差异在表 7-7 的最后一列更为明显。当我们将 ESFP 和 OSFP 同时作为解释变量时，ESFP 的系数估计在 1%显著性水平上仍然为正，但形成鲜明对比的是，OSFP 是负的且不显著。

---

① 关键词包括业绩、收入、利润、费用、销售、产品、产量、基本面、盈余、成本、主营、预收、应收、所得税等。

表 7-7　发帖主题

变量	（1）	（2）	（3）
	TFP	TFP	TFP
ESFP	0.042***		0.051***
	(4.061)		(3.632)
OSFP		0.019**	−0.012
		(1.978)	(−0.916)
ASSET	0.008***	0.008***	0.007***
	(4.735)	(5.200)	(4.656)
GROWTH	0.012	0.007	0.012
	(0.813)	(0.475)	(0.876)
ANALYST	0.123***	0.121***	0.124***
	(18.853)	(18.494)	(18.731)
BM	0.370***	0.380***	0.369***
	(9.097)	(9.328)	(9.037)
ROA	0.288***	0.289***	0.288***
	(4.450)	(4.444)	(4.448)
CAP	−2.866***	−2.903***	−2.859***
	(−18.073)	(−18.279)	(−18.021)
CASH	0.163	0.161	0.160
	(1.583)	(1.556)	(1.552)
LEVER	0.206***	0.209***	0.205***
	(3.724)	(3.753)	(3.719)
RD	0.000	−0.057	0.020
	(0.000)	(−0.172)	(0.060)
AGE	−0.054**	−0.047**	−0.054**
	(−2.334)	(−2.038)	(−2.341)
SOE	0.088***	0.089***	0.088***
	(3.686)	(3.763)	(3.693)
PSI	0.013***	0.014***	0.013***
	(3.579)	(3.830)	(3.533)
常数项	3.988***	4.215***	3.971***
	(21.188)	(23.311)	(21.153)
年度固定效应	控制	控制	控制
行业固定效应	控制	控制	控制
样本数	25 118	25 118	25 118
调整的 R^2	0.512 5	0.511 8	0.512 5
ESFP vs OSFP		0.063***	

注：括号内为 t 统计量

***、**分别表示在 1%、5%水平上显著

表 7-7 报告了检查发帖主题是否影响股票论坛帖子和公司生产力之间的关系的回归结果。基于帖子是否包含至少一个与收益相关的关键字（如"业绩"、"收

入"、"利润"、"费用"、"销售"、"产品"、"产量"、"基本面"、"盈余"、"成本"、"主营"、"预收"、"应收"和"所得税"），我们将发帖分为与收益相关的和与收益不相关的两类。第（1）列主要关注的变量是 ESFP，即股票论坛上与收益相关的帖子数量加 1 的自然对数，第（2）列主要关注的变量是 OSFP，即股票论坛上其他帖子数量加 1 的自然对数。在第（3）列中，我们同时使用 ESFP 和 OSFP 来预测 TFP。最后一行报告了最后一列中 ESFP 和 OSFP 的系数估计值之间的差异。

2. 情感分析

帖子情绪也可能影响股票论坛帖子对公司全要素生产率的影响。为获取发帖情绪，我们利用了百度开发的百度大脑。百度大脑提供了许多人工智能服务，包括自然语言处理。对于每条帖子，百度大脑会给出积极类别的概率和消极类别的概率。如果一个帖子的积极类别的概率高于其消极类别的概率，我们将其视为正面帖子；否则，我们将其视为负面帖子。基于此标准，我们将样本中包含的所有帖子分为两组，并定义正面帖子数量加一的自然对数为 PSFP，定义负面帖子数量加一的自然对数为 NSFP。与上述分析类似，我们分别以 PSFP 和 NSFP 作为主要关注变量对公式（7-2）重新进行了回归。从表 7-8 的前两列中可以发现，NSFP 的系数估计值为 0.051，t 统计量为 4.471，而 PSFP 的系数估计值为 0.039，t 统计量为 2.179。在最后一列中，PSFP 的系数估计值不再显著，但 NSFP 的系数估计值仍然显著为正。这些结果表明，负面帖子比正面帖子对公司全要素生产率的影响更大。

表 7-8　情感分析

变量	（1）	（2）	（3）
	TFP	TFP	TFP
NSFP	0.051***		0.064**
	(4.471)		(2.205)
PSFP		0.039**	−0.012
		(2.179)	(−0.506)
ASSET	0.010***	0.010***	0.010***
	(6.160)	(6.313)	(6.145)
GROWTH	−0.001	−0.000	−0.002
	(−0.096)	(−0.005)	(−0.136)
ANALYST	0.133***	0.135***	0.132***
	(20.760)	(21.163)	(20.447)
BM	0.446***	0.439***	0.448***
	(11.004)	(10.804)	(10.865)
ROA	0.342***	0.342***	0.342***
	(5.130)	(5.124)	(5.130)

续表

变量	（1）	（2）	（3）
	TFP	TFP	TFP
CAP	−2.856***	−2.860***	−2.857***
	(−18.552)	(−18.578)	(−18.558)
CASH	0.210**	0.208**	0.210**
	(2.092)	(2.074)	(2.091)
LEVER	0.252***	0.252***	0.252***
	(4.431)	(4.420)	(4.432)
RD	0.037	0.049	0.032
	(0.115)	(0.151)	(0.099)
AGE	−0.061***	−0.060***	−0.061***
	(−2.664)	(−2.620)	(−2.653)
SOE	0.101***	0.102***	0.101***
	(4.315)	(4.371)	(4.309)
PSI	0.015***	0.015***	0.015***
	(4.126)	(4.091)	(4.149)
常数项	−1.021***	−0.973***	−1.021***
	(−5.514)	(−5.351)	(−5.513)
年度固定效应	控制	控制	控制
行业固定效应	控制	控制	控制
样本数	25 118	25 118	25 118
调整的 R^2	0.392 2	0.391 9	0.392 2
NSFP vs PSFP		0.076***	

注：括号内为 t 统计量

***、**分别表示在 1%、5% 水平上显著

7.5.2 稳健性检验

我们对企业全要素生产率的衡量方法和模型设定的选择可能会影响我们的结论。为了减轻这些担忧，我们首先采用另一种衡量公司生产力（FTFP）的方法，即采用 Giannetti 等（2015）提出的方法估计 TFP。

表 7-9 报告了以这种新度量方法作为因变量的回归结果。正如预期的那样，SFP 的系数值在 1% 的水平上为正显著，并且在这种新的计算方法下，SFP 的系数和 t 统计量都增加了。在之前的回归分析中，我们包括了年份和行业的固定效应。然而，一些公司特质的遗漏变量很可能解释股票论坛信息与公司全要素生产率之间的关系。因此，在表 7-10 中，我们采用了新的模型设定，即控制了公司层面的固定效应。尽管 SFP 的系数下降，但仍在 5% 的显著性水平上为正。总体而言，表 7-9、表 7-10 中的结果表明了我们研究结果的稳健性。

表 7-9　其他公司生产率指标稳健性检验

变量	（1）	（2）
	FTFP	FTFP
SFP	0.112***	0.057***
	(9.865)	(5.507)
ASSET		0.011***
		(6.944)
GROWTH		−0.003
		(−0.178)
ANALYST		0.139***
		(21.604)
BM		0.474***
		(11.517)
ROA		0.315***
		(4.531)
CAP		−2.802***
		(−18.160)
CASH		0.243**
		(2.353)
LEVER		0.231***
		(3.905)
RD		−0.019
		(−0.058)
AGE		−0.070***
		(−3.039)
SOE		0.113***
		(4.832)
PSI		0.014***
		(3.872)
常数项	4.212***	4.238***
	(21.649)	(22.784)
年度固定效应	控制	控制
行业固定效应	控制	控制
样本数	25 118	25 118
调整的 R^2	0.449 8	0.527 0

注：括号内为 t 统计量

***、**分别表示在 1%、5%水平上显著

表 7-10　其他模型的稳健性检验

变量	（1）	（2）
	TFP	TFP
SFP	0.017**	0.020**
	(2.187)	(2.430)

续表

变量	（1）	（2）
	TFP	TFP
ASSET		0.000
		(0.290)
GROWTH		0.040***
		(3.136)
ANALYST		0.079***
		(12.677)
BM		0.047
		(1.310)
ROA		0.032
		(0.622)
CAP		−0.707***
		(−5.620)
CASH		0.143
		(1.626)
LEVER		−0.020
		(−0.476)
RD		−0.754**
		(−2.307)
AGE		−0.081***
		(−3.985)
SOE		−0.011
		(−0.328)
PSI		0.002
		(0.713)
常数项	5.219***	5.289***
	(76.471)	(70.450)
年度固定效应	控制	控制
个体固定效应	控制	控制
样本数	25 118	25 118
调整的 R^2	0.809 3	0.815 4

注：括号内为 t 统计量

***、**分别表示在 1%、5%水平上显著

7.6　本章小结

社交媒体的兴起引起了学术界的关注。许多金融研究发现社交媒体在影响或预测公司股票交易和收益表现方面的作用。我们考察了社交媒体如何影响公司生产力。使用最小二乘回归，我们发现股票论坛帖子与公司全要素生产率正相关。我们使用是否为中证 500 成分股作为工具变量来建立因果关系，并比较了高管和

投资者之间的互动频率对上述关系的影响。此外，我们还提出了两种机制（即价格信息机制和公司治理机制），并验证股票论坛帖子可以通过提高公司的股价信息含量和公司治理来提高公司全要素生产率。此外，我们还表明股票论坛帖子与公司生产力之间的关系随帖子主题和帖子情绪而变化。

　　本章探索了社交媒体在影响企业行为和实体经济方面的作用，从而深化了对社交媒体如何影响资本市场的理解。此外，我们的结论也具有实际意义，尤其是对新兴国家而言，鼓励社交媒体的发展可能会给经济增长带来益处。

参考文献

Ang J S, Hsu C, Tang D, et al. 2021. The role of social media in corporate governance. The Accounting Review, 96(2): 1-32.

Bennett B, Stulz R, Wang Z X. 2020. Does the stock market make firms more productive?. Journal of Financial Economics, 136(2): 281-306.

Brav A, Jiang W, Kim H. 2015.The real effects of hedge fund activism: productivity, asset allocation, and labor outcomes.The Review of Financial Studies, 28(10): 2723-2769.

Cavalcanti T, Vaz P H.2017.Access to long-term credit and productivity of small and medium firms: a causal evidence.Economics Letters, 150: 21-25.

Chen Z H, Ke B, Yang Z F. 2013. Minority shareholders'control rights and the quality of cor-porate decisions in weak investor protection countries: a natural experiment from China.The Accounting Review, 88(4): 1211-1238.

Clarke J, Chen H L, Du D, et al. 2021. Fake news, investor attention, and market reaction. Information Systems Research, 32(1): 35-52.

Ding R, Zhou H, Li Y F. 2020. Social media, financial reporting opacity, and return comovement: evidence from Seeking Alpha. Journal of Financial Markets, 50: 100511.

Feng X N, Johansson A C. 2019. Top executives on social media and information in the capital market: evidence from China. Journal of Corporate Finance, 58: 824-857.

Giannetti M, Liao G M, Yu X Y.2015. The brain gain of corporate boards: evidence from China. The Journal of Finance, 70(4): 1629-1682.

Lee L F, Hutton A P, Shu S S.2015.The role of social media in the capital market: evidence from consumer product recalls.Journal of Accounting Research, 53(2): 367-404.

Li X, Shen D H, Zhang W. 2018.Do Chinese internet stock message boards convey firm-specific information?.Pacific-Basin Finance Journal, 49: 1-14.

Shi W, Connelly B L, Hoskisson R E.2017.External corporate governance and financial fraud: cognitive evaluation theory insights on agency theory prescriptions.Strategic Management Journal, 38(6): 1268-1286.

To T Y, Navone M, Wu E. 2018. Analyst coverage and the quality of corporate investment decisions. Journal of Corporate Finance, 51: 164-181.

Wang Y Z, Yao C X, Kang D.2019.Political connections and firm performance: evidence from government officials'site visits. Pacific-Basin Finance Journal, 57: 101021.

Xu S X, Zhang X Q.2013. Impact of Wikipedia on market information environment: evidence on management disclosure and investor reaction. MIS Quarterly, 37(4):1043-1068.

第 8 章

媒体报道引起的行政处罚研究

媒体关注对于上市公司甚至资本市场的监督作用越来越明显，媒体也被看作除立法、行政、司法外的"第四方"监管力量。已有文献表明，媒体报道能够通过引起政府及相应监管机构注意的方式实现行政干预。无论是在信息相对闭塞的传统经济时期，还是在现如今足不出户就能了解全球大事小情的移动互联时代，媒体作为一种信息交流的载体，往往能最大限度地放大所关注事件本身在社会上造成的舆论影响。由于代理问题的存在，许多中小投资者获取企业信息的渠道有限，交流环境相对比较闭塞，没有时间也缺乏能力去花费更多成本搜寻更多需要的信息。在这种情况下，媒体借助自身的能力与优势，将收集到的具有时效性的公司动态信息转化为通俗易懂的、具有感情情绪的、更容易引发讨论的文字内容，以文字、图片、视频等形式传递给社会上的广大群体。受此影响，企业不得不提高自身的内部控制水平，尤其是对于存在生产劣质产品、扰乱市场秩序、管理层贪污腐败等违法违规行为的企业来说，媒体将其恶劣行为曝光后会引发大面积的社会舆论，迫于市场压力企业会采取相应措施及时做出调整与补救，在这个过程中，媒体报道能够对广大公司起到警醒和约束的作用，长期来看有利于促进市场健康常态化发展。研究发现，随着媒体对公司曝光度的提升，企业在发生财务造假事件后的改正程度也会随之增加（李培功和沈艺峰，2010），而且相较于偶尔出现问题的企业而言，媒体对公司违法违规行为的监督抑制作用在频繁违规的企业效果尤为显著。因此人们常说，媒体是针对市场而言一种极为有效的外部治理机制。

考虑到由于媒体报道存在一定的主观性，其报道语气的正负差异很可能引发截然相反的社会舆论风向。那么，媒体报道净语调与企业受处罚情况之间是否存在关联？此外，伴随着互联网的日渐普及和信息化时代的高速发展，许多传统的纸质媒体受到了互联网浪潮的巨大冲击，用户也有了越来越多主动发声的渠道。不同类型的媒体在发挥公司治理作用时的效果可能存在差异。本章主要研究如下几个问题：①传统的报刊财经类媒体报道时的净语调是否会对公司受处罚情况产生影响？②对于已经引起监管部门关注受到处罚的公司来说，净语调是否会影响其处罚类型及受处罚程度？③网民在股吧上的内容讨论和网络财经媒体的报道净语调是否会影响传统报刊财经类媒体在公司治理过程中发挥监督作用？如果存在影响，具体的影响机制又是如何？

8.1　研究假设

伴随着信息化时代的高速发展，媒体已然成为诸多中小型投资者了解行业发展态势及企业经营状况等信息的重要来源。海量信息的曝光在无形之中也放大了企业的各类行为，管理层为了保住公司在社会公众心中的形象会有意无意地做出各类举措来确保自身声誉不受到损害。现有研究表明，媒体关注能够通过声誉机制、行政介入机制和市场压力机制三种主要途径来发挥公司治理作用。该研究领域的国外学者们大多数认为，媒体对公司违规行为的监督效应主要是通过声誉机制发挥作用的。其发挥作用的渠道具体包括：影响管理者的个人声誉、影响投资者及股东对公司的看法、影响公司的社会地位。违规行为给企业带来的收益与违规行为被媒体曝光后面临的监管机构处罚成本之间的数值差异大小，将直接影响是否能够诱发媒体通过声誉机制发挥公司治理作用（Dyck et al.，2008）。然而在中国资本市场，相较于声誉机制而言，行政介入机制发挥监督作用的效果更为显著。媒体曝光提高了行政介入的可能性，而这些行政部门一旦介入，公司基本就难逃处罚，最终使得企业不得不为自身的违法违规行为付出代价（李培功和沈艺峰，2010）。当政府以监管者身份介入公司治理中时可以有效发挥其监督作用，影响公司的内部控制质量，而以股东身份介入时其监督作用将完全失效（逯东等，2015）。

此外，已有文献还发现了媒体报道语气的差异会对公司治理效果产生影响。并非所有媒体报道都能够影响上市公司的财务重述行为，与态度乐观的正面报道不同，只有媒体的负面报道能够有效约束上市公司存在的财务重述问题（戴亦一等，2011）。有关公司业绩改善的研究结果表明，媒体对上市公司的负面报道有利于该公司下一期业绩的改善。财经新闻作为新闻中的一个细分类目，其侧重点是采集、报道并发布财经领域的新闻。与其他类型媒体不同，报刊财经新闻由于其报道领域及报道主体的特殊性，在稿件审核上会更加严谨，发布的新闻内容也更加权威，因此其报道语气在对公司治理行为发挥监督作用时更具有引导性。

基于以上分析，本章提出如下假设。

H8-1：在其他条件不变的情况下，报刊财经新闻对公司的报道语气越负面，该公司越容易受到处罚。

H8-2：对于已经明确受到处罚的公司而言，在其他条件不变的情况下，报刊财经新闻对该公司的报道语气越负面，其受到的处罚越严重。

H8-3：对于已经明确受到处罚的公司而言，在其他条件不变的情况下，报刊财经新闻对其报道语气越负面，该公司越容易受到行政处罚。

8.2　研究设计与样本选择

8.2.1　数据来源与样本选择

本章研究所选样本为 2010 年 1 月 1 日至 2020 年 12 月 31 日期间在上海证券交易所和深圳证券交易所成功上市且被报刊财经类媒体报道过的公司，媒体报道相关数据和公司受处罚情况相关数据来自 CNRDS 数据库，公司财务相关数据来自国泰安数据库。为了确保结果的客观性和准确性，本章剔除了房地产类、金融类、保险类公司，被 ST、*ST 及退市的公司，以及存在财务数据、媒体报道数据、公司受处罚情况数据缺失的公司，最终得到 189 032 份 2010 年至 2020 年间的上市公司样本。同时为了降低极端值可能造成的影响，本章还对连续变量按照 1% 和 99% 的水平进行了缩尾处理。

8.2.2　变量定义与模型设计

1. 被解释变量

在 H8-1 中，被解释变量为处罚结果（punishment），如果上市公司当月受到了监管部门的处罚则 punishment 取 1，否则为 0。

在 H8-2 中，被解释变量为受处罚程度（DispTp）、行政处罚（administrativepenalty）、财产罚（propertypenalty）、申诫罚（commandmentpenalty）。本章参考漏世达等（2020）的研究，将监管部门的处罚措施分为非行政处罚和行政处罚。其中出具警示函、责令改正、监管关注及其他这四类处罚程度较轻的处罚措施属于非行政处罚，警告、通报批评、公开谴责、立案调查、监管措施由于情节较为严重属于申诫罚，罚款属于财产罚，申诫罚和财产罚统称为行政处罚。如果公司仅受到了非行政处罚则 DispTp 计为 1，如果仅受到了行政处罚则 DispTp 计为 2，如果同时受到了非行政处罚和行政处罚则 DispTp 计为 3。如果公司当月受到了行政处罚则 administrativepenalty 取 1，否则为 0。具体来说，如果公司当月受到了财产罚则 propertypenalty 取 1，否则为 0；如果公司当月受到了申诫罚则 commandmentpenalty 取 1，否则为 0。

2. 解释变量

解释变量为报刊财经媒体报道净语调（tune），具体计算方式为该公司当月收

到的积极新闻数量（positive）与积极新闻数量（negative）之差除以积极新闻数量
与消极新闻数量之和，如式（8-1）所示。

$$tune = \frac{positive - negative}{positive + negative} \quad (8-1)$$

3. 控制变量

本章的控制变量参考 Cassell 等（2013）的研究，加入了股权性质（State）、
四大审计（Big4）、亏损情况（Loss）、公司年龄（Age）、公司规模（lnSize）、营
业收入（REV）、资产负债率（Aslbrt）、营业收入增长率（Opicrt）、利润总额增长
率（Ibtrt）、独立董事占比（IndDirectorRatio）、审计意见（AuditOpinion）以及财
务杠杆（LEV）。以上控制变量全部采用公司受处罚情况当年的年末数据。表 8-1
展示了所有变量的定义。

表 8-1 变量定义表

变量名称	变量符号	变量定义
处罚结果	punishment	即公司是否受到了来自监管部门的处罚，虚拟变量，若受到了处罚则该变量取值为 1，否则为 0
行政处罚	administrativepenalty	即公司受到的处罚方式是否为行政处罚，虚拟变量，若是则该变量取值为 1，否则为 0
财产罚	propertypenalty	即公司受到的处罚方式是否为财产罚，虚拟变量，若是则该变量取值为 1，否则为 0
申诫罚	commandmentpenalty	即公司受到的处罚方式是否为申诫罚，虚拟变量，若是则该变量取值为 1，否则为 0
受处罚程度	DispTp	手动赋值，若公司仅受到了非行政处罚则该变量取值为 1，若仅受到了行政处罚则该变量取值为 2，若同时受到了非行政处罚和行政处罚则该变量取值为 3
报刊财经媒体报道净语调	tune	公司当月收到的积极新闻数量（positive）与消极新闻数量（negative）之差除以积极新闻数量及消极新闻数量之和
股权性质	State	虚拟变量，若股权性质为国有则该变量取值为 1，否则为 0
四大审计	Big4	虚拟变量，若公司的审计机构为国际四大会计师事务所之一，则该变量取值为 1，否则为 0
亏损情况	Loss	虚拟变量，若公司当年亏损则该变量取值为 1，否则为 0
公司年龄	Age	用公司上市后的年份数作为公司年龄的度量标准
公司规模	lnSize	公司总资产，取对数
营业收入	REV	公司从事主营业务或其他业务所取得的收入，取对数
资产负债率	Aslbrt	计算公式为：负债总额/资产总额
营业收入增长率	Opicrt	计算公式为：（营业收入本年本期单季度金额-营业收入上一个单季度金额）/营业收入上一个单季度金额

变量名称	变量符号	变量定义
利润总额增长率	Ibtrt	计算公式为：（本年利润总额–上年利润总额）/上年利润总额
独立董事占比	IndDirectorRatio	独立董事在董事会成员中的占比
审计意见	AuditOpinion	若审计意见为"保留意见"则该变量取值为1，若审计意见为"保留意见加事项段"则该变量取值为2，若审计意见为"标准无保留意见"则该变量取值为3，若审计意见为"无保留意见加事项段"则该变量取值为4，若审计意见为"无法发表意见"则该变量取值为5
财务杠杆	LEV	即产权比率，计算公式为：负债总额/股东权益

8.2.3　模型设计

本章使用了固定效应的面板 Logistic 模型来考察报刊财经媒体报道净语调与公司是否受到处罚之间的关系，同时为了避免自变量与因变量之间可能存在的互为因果问题，解释变量 tune 选用了公司受处罚情况前一个月的媒体报道数据进行核算。具体模型如下：

$$\Pr[\text{punishment}_{i,t}=1]=\text{Logistic}(\alpha_0+\alpha_1\text{tune}_{i,t-1}+\alpha_2\sum\text{Controls}_{i,t}$$
$$+\alpha_3\sum\text{industry}+\sum\text{year}+\varepsilon_{i,t}) \tag{8-2}$$

其中，i 为样本中具体的上市公司；t 为所选样本公司受到行政处罚的月份（某年某月）；Controls 为所选择的全部控制变量。为了确保结果更加准确本章控制了行业（industry）效应和年度（year）效应。

为了探究报刊财经媒体报道净语调与公司受处罚程度之间的关系，本章又设计了如下回归模型，解释变量 tune 依然选用了公司受处罚情况前一个月的媒体报道数据进行核算。具体模型如下：

$$\text{DispTp}_{i,t}=\alpha_0+\alpha_1\text{tune}_{i,t-1}+\alpha_2\sum\text{Controls}_{i,t}+\alpha_3\sum\text{industry}+\alpha_4\sum\text{year}+\varepsilon_{i,t} \tag{8-3}$$

其中，i 为样本中具体的上市公司；t 为所选样本公司所在的时间（某年某月）。为了确保结果更加准确本章控制了行业效应和年度效应。

报刊财经媒体报道净语调与公司具体受处罚情况之间的关系，具体包括报刊财经媒体报道净语调与公司受行政处罚之间的关系、净语调与公司受财产罚之间的关系以及净语调与公司受申诫罚之间的关系，本章依然使用固定效应的面板 Logistic 模型来验证以上假设。同时为了避免自变量与因变量之间可能存在的互为因果问题，解释变量 tune 选用了公司受处罚情况前一个月的媒体报道数据进行核算。具体模型如下：

$$\Pr[\text{administrativepenalty}_{i,t}=1]=\text{Logistic}(\alpha_0+\alpha_1\text{tune}_{i,t-1}+\alpha_2\sum\text{Controls}_{i,t}$$
$$+\sum\text{industry}+\alpha_4\sum\text{year}+\varepsilon_{i,t}) \tag{8-4}$$

$$Pr[commandmentpenalty_{i,t} = 1] = Logistic(\alpha_0 + \alpha_1 tune_{i,t-1} + \alpha_2 \sum Controls_{i,t}$$
$$+ \alpha_3 \sum industry + \alpha_4 \sum year + \varepsilon_{i,t}) \quad (8\text{-}5)$$

$$Pr[propertypenalty_{i,t} = 1] = Logistic(\alpha_0 + \alpha_1 tune_{i,t-1} + \alpha_2 \sum Controls_{i,t}$$
$$+ \alpha_3 \sum industry + \alpha_4 \sum year + \varepsilon_{i,t}) \quad (8\text{-}6)$$

其中，i 为样本中具体的上市公司；t 为所选样本公司所在的时间（某年某月）。为了确保结果更加准确本章控制了行业效应和年度效应。

8.3　实证检验结果分析

8.3.1　描述性统计和相关性分析

表 8-2 展示了本章主要研究变量的描述性统计结果。其中，报刊财经媒体报道净语调（tune）的均值为 0.409，大于 0，说明我国报刊财经类媒体在对公司进行报道时语调整体偏正面。从样本数量来看，2010 年至 2020 年有大量公司存在被报刊财经媒体报道的情况，说明媒体对各公司的运营情况予以高度关注，同时也从侧面证明了研究媒体关注对公司治理行为的必要性。DispTp 的最大值为 3，最小值为 1，标准差为 1.622，说明不同公司的受处罚程度存在较大差异。State 的均值为 0.393，表明在公司样本中非国有企业比国有企业多。Big4 的均值为 0.069，表明大部分样本公司都是非四大会计师事务所提供的审计服务。Loss 的均值为 0.019，表明样本公司的运营状态基本都比较良好，少有存在利润额亏损的情况。Age 的均值为 11.642，也就是说样本公司的平均年龄为 11.642 年。Aslbrt 的均值为 0.423，LEV 的均值为 1.738，表明样本公司的负债水平整体上处于较为合理的状态。Opicrt 的均值为 0.212，Ibtrt 的均值为 0.885，表明样本公司的成长性比较良好。IndDirectorRatio 的均值为 0.374，表明样本公司中独立董事占董事会的比例超过三分之一，符合中国证监会的相关规定。AuditOpinion 的均值为 3.011，说明绝大多数公司都收到了标准无保留意见的审计结论。

表 8-2　描述性统计

变量	样本量	均值	标准差	最小值	最大值
tune	189 032	0.409	0.689	−1	1
punishment	189 032	0.009	0.094	0	1
DispTp	169 790	1.710	1.622	1	3
administrativepenalty	169 790	0.645	0.478	0	1
commandmentpenalty	169 790	0.513	0.500	0	1
propertypenalty	169 790	0.276	0.447	0	1
State	189 032	0.393	0.488	0	1
Big4	189 032	0.069	0.253	0	1

续表

变量	样本量	均值	标准差	最小值	最大值
Loss	189 032	0.019	0.136	0	1
Age	189 032	11.642	6.642	0	62
lnSize	189 032	22.372	1.371	17.757	28.636
REV	189 032	21.758	1.549	15.742	28.718
Aslbrt	189 032	0.423	0.202	0.007	1.505
Opicrt	189 032	0.212	1.559	−0.964	36.168
Ibtrt	189 032	0.885	21.850	−34.917	54.519
IndDirectorRatio	189 032	0.374	0.058	0	0.800
AuditOpinion	189 032	3.011	0.250	1	6
LEV	189 032	1.738	22.889	0	39.656

表 8-3 展示了主要变量之间的相关系数，被解释变量依次为是否受到处罚（punishment）、受处罚程度（DispTp）和是否受到行政处罚（administrativepenalty），左下角为皮尔逊相关系数，右上角为斯皮尔曼相关系数。分析结果显示，报刊财经媒体报道净语调与公司是否受到处罚的相关系数分别为−0.019 和−0.015，均在1%的水平下显著，表明报刊财经类媒体对公司的报道净语调越负面，该公司越容易受到监管部门的处罚，初步支持了 H8-1。绝大多数相关系数都在 0.2 以下，说明模型不存在严重的多重共线性问题，从另一个角度保证了后文提供的实证结果较为准确可靠。

表 8-3　皮尔逊相关系数（左下角）和斯皮尔曼相关系数（右上角）

变量	punishment	tune	State	Big4	Loss	Age	lnSize
punishment		−0.015***	−0.019***	−0.010***	0.012***	0.015***	0.003
tune	−0.019***		−0.043***	−0.036***	−0.023***	−0.018***	−0.004*
State	−0.019***	−0.012***		0.152***	0.045***	0.329***	0.378***
Big4	−0.010***	0.001	0.152***		0.035***	0.037***	0.302***
Loss	0.012***	−0.025***	0.045***	0.035***		0.042***	0.031***
Age	0.016***	0.002	0.318***	0.036***	0.039***		0.242***
lnSize	−0.002	0.057***	0.388***	0.381***	0.023***	0.210***	
REV	−0.007***	0.050***	0.363***	0.363***	0.005**	0.198***	0.907***
Aslbrt	0.015***	−0.002	0.319***	0.127***	0.145***	0.200***	0.522***
Opicrt	0.001	−0.006***	−0.042***	−0.012***	−0.017***	−0.011***	−0.005**
Ibtrt	0.002	−0.004*	−0.008***	−0.008***	−0.013***	0.006***	−0.001
IndDirectorRatio	0.002	0.005**	−0.039***	0.062***	−0.013***	−0.025***	0.062***
AuditOpinion	0.018***	−0.019***	0.004	0.005**	0.018***	0.016***	−0.011***
LEV	0.000	−0.001	0.021***	−0.003	0.076***	0.002	0.009***

续表

变量	REV	Aslbrt	Opicrt	Ibtrt	IndDirec-torRatio	AuditOpi-nion	LEV
punishment	−0.003	0.015***	−0.016***	0.016***	0.003	0.015***	0.027***
tune	−0.013***	−0.031***	0.009***	0.008***	−0.004*	−0.016***	−0.002
State	0.356***	0.315***	−0.147***	−0.033***	−0.057***	0.007***	0.162***
Big4	0.294***	0.128***	−0.028***	−0.016***	0.038***	0.005**	0.013***
Loss	0.010***	0.135***	−0.088***	−0.154***	−0.012***	0.011***	−0.122***
Age	0.226***	0.209***	−0.175***	−0.016***	−0.028***	0.013***	0.134***
lnSize	0.895***	0.541***	−0.044***	0.009***	0.013***	−0.005***	0.296***
REV		0.457***	0.005**	0.027***	0.001	−0.012***	0.266***
Aslbrt	0.541***		−0.008***	0.028***	−0.011***	0.024***	0.596***
Opicrt	0.002	0.025***		0.422***	0.006***	−0.014***	−0.048***
Ibtrt	0.002	0.012***	0.023***		−0.002	0.013***	0.013***
IndDirectorRatio	0.052***	0.005**	0.007***	0.014***		−0.000	−0.009***
AuditOpinion	−0.016***	0.036***	0.006**	0.010***	−0.002		0.011***
LEV	0.007***	0.032***	0.001	−0.001	0.014***	−0.001	

*、**、***分别表示统计量在 10%、5%和 1%的置信水平下显著

8.3.2　主回归结果与分析

表 8-4 展示了报刊财经媒体报道净语调与公司受处罚情况之间的回归结果。第（1）列和第（2）列的解释变量是报刊财经媒体报道净语调（tune），被解释变量是是否受到处罚（punishment），第（3）列和第（4）列的解释变量是报刊财经媒体报道净语调（tune），被解释变量是受处罚程度（DispTp）。为了消除可能存在的内生性问题，本章选用了样本公司当月受处罚情况前一个月的媒体报道数据进行回归分析。表 8-4 第（1）列、第（3）列展示了当解释变量为报刊财经媒体报道净语调（tune）时，不加控制变量的回归结果，第（2）列、第（4）列展示了包含控制变量后的回归结果。四列回归结果都固定了时间效应和行业效应。

表 8-4　报刊财经媒体报道净语调与公司受处罚情况的回归结果

变量	（1）	（2）	（3）	（4）
	punishment	punishment	DispTp	DispTp
tune	−0.442 6***	−0.400 5***	−0.014 5***	−0.014 4***
	(0.032)	(0.032)	(0.002)	(0.002)
State		−0.332 4***		−0.000 8
		(0.062)		(0.004)
Big4		−0.305 3**		−0.000 6

续表

变量	（1）	（2）	（3）	（4）
	punishment	punishment	DispTp	DispTp
		(0.127)		(0.006)
Loss		0.383 9***		0.008 1
		(0.137)		(0.011)
Age		0.011 9***		−0.000 1
		(0.004)		(0.000)
lnSize		0.043 5		0.001 4
		(0.047)		(0.002)
REV		−0.208 4***		−0.001 1
		(0.040)		(0.002)
Aslbrt		1.618 1***		−0.000 4
		(0.148)		(0.008)
Opicrt		−0.000 0		0.000 8
		(0.011)		(0.001)
Ibtrt		0.000 3		−0.000 0
		(0.001)		(0.000)
IndDirectorRatio		−0.421 8		−0.006 5
		(0.448)		(0.025)
AuditOpinion		0.358 9***		0.003 8
		(0.062)		(0.006)
LEV		0.000 2		0.000 1
		(0.001)		(0.000)
常数项	−5.864 3***	−4.063 6***	1.848 1***	1.834 4***
	(0.287)	(0.625)	(0.013)	(0.038)
年度固定效应	控制	控制	控制	控制
行业固定效应	控制	控制	控制	控制
样本数	189 028	189 028	169 790	169 790
调整的 R^2	0.052	0.066	0.059	0.059

注：括号内为 t 统计量

、*分别表示统计量在 5%和 1%的置信水平下显著

　　表 8-4 中第（1）列和第（2）列 tune 的系数均在 1%的水平上显著为负，表明报刊财经媒体报道净语调与公司是否受到处罚呈负相关，即报刊财经类媒体对公司报道的净语调越负面，该公司越容易受到处罚。这一结论体现了媒体对公司的监督作用。第（3）列和第（4）列 tune 的系数均在 1%的水平上显著为负，表明对于已经受到处罚的公司，报刊财经媒体报道净语调与公司受处罚程度呈负相关，即媒体对公司报道的净语调越负面，公司受到的处罚越严重。媒体曝光使得公司的违规行为藏无可藏，为了平息社会舆论，相关监管部门会加大对这些公司的调

查力度，这就导致了违规公司最终受到的处罚更为严重。

表 8-5 汇报了报刊财经媒体报道净语调与公司具体受行政处罚情况的回归结果，解释变量是 tune，被解释变量分别是 administrativepenalty、commandmentpenalty、propertypenalty。为了消除可能存在的内生性问题，本章选用了样本公司受处罚前一个月的媒体报道数据进行回归分析。表 8-5 第（1）列、第（3）列和

表 8-5　报刊财经媒体报道净语调与公司受行政处罚情况的回归结果

变量	（1）administrative-penalty	（2）administrative-penalty	（3）commandment-penalty	（4）commandment-penalty	（5）propertypena-lty	（6）propertypena-lty
tune	−0.043 3***	−0.043 0***	−0.036 7***	−0.036 2***	−0.026 8***	−0.026 8***
	(0.008)	(0.008)	(0.008)	(0.008)	(0.008)	(0.008)
State		−0.002 9		−0.004 9		0.003 4
		(0.013)		(0.012)		(0.014)
Big4		−0.011 7		−0.015 1		0.007 3
		(0.022)		(0.021)		(0.023)
Loss		0.019 5		0.017 5		0.017 0
		(0.041)		(0.038)		(0.043)
Age		−0.000 6		−0.000 2		−0.000 1
		(0.001)		(0.001)		(0.001)
lnSize		0.006 5		0.011 6		0.004 5
		(0.009)		(0.008)		(0.009)
REV		−0.007 5		−0.013 8**		−0.001 1
		(0.007)		(0.007)		(0.008)
Aslbrt		−0.003 8		−0.013 1		−0.011 7
		(0.032)		(0.029)		(0.032)
Opicrt		0.002 0		0.001 0		0.002 3
		(0.003)		(0.003)		(0.003)
Ibtrt		0.000 0		−0.000 0		−0.000 0
		(0.000 0)		(0.000 0)		(0.000 0)
IndDirectorRatio		0.014 5		−0.011 4		−0.049 7
		(0.092)		(0.087)		(0.097)
AuditOpinion		0.015 9		0.003 9		0.023 1
		(0.021)		(0.020)		(0.022)
LEV		0.000 2		−0.000 0		0.000 3
		(0.000 0)		(0.000 0)		(0.000 0)
常数项	1.594 0***	1.564 8***	0.210 7***	0.251 2*	−0.511 7***	−0.633 2***
	(0.051)	(0.139)	(0.046)	(0.132)	(0.05)	(0.149)
年度固定效应	控制	控制	控制	控制	控制	控制
行业固定效应	控制	控制	控制	控制	控制	控制
样本数	169 787	169 787	169 787	169 787	169 787	169 787
调整的 R^2	0.071	0.071	0.058	0.058	0.078	0.078

注：括号内为 t 统计量

*、**、***分别表示统计量在 10%、5% 和 1% 的置信水平下显著

第（5）列展示了当解释变量为报刊财经媒体报道净语调（tune）时，不加控制变量的回归结果，第（2）列、第（4）列和第（6）列展示了包含控制变量后的回归结果。所有回归结果均固定了时间效应和行业效应。

表 8-5 中第（1）列和第（2）列 tune 的系数均在 1%的水平上显著为负，表明对于受处罚的公司来说，报刊财经类媒体报道的净语调越负面，公司越容易受到相对来说处罚力度更大的行政处罚，而不是非行政处罚。具体来说，第（3）列至第（6）列的结果将行政处罚细分为财产罚和申诫罚两大类，tune 的系数依然在 1%的水平上显著为负，进一步证实了报刊财经媒体报道净语调与公司行政处罚之间存在负相关关系。

8.4 稳健性分析

8.4.1 考虑问询函的影响

问询函以要求上市公司补充信息披露的方式，由中国监管机构作为主体，对资本市场展开监督管理，各类制度的完善也让问询函机制在中国的资本市场越发健全。已有文献表明，问询函会造成投资者对目标公司产生负面评价，进而引发强烈的负面市场反应。受此影响，第三方监督人员和相应的监管机构也会加强对公司其他实质性问题的关注，最终导致大量潜在的违规行为和不合法操作因此被曝光（Ryans，2021；Brown et al.，2018）。

为了排除问询函这一因素对本章研究结论可能产生的影响，本节将问询函作为控制变量加入模型中重新进行回归。问询函（Inquire）作为一个虚拟变量，如果公司受处罚当月收到了来自监管部门的问询函，则该变量取值为 1，否则为 0。由于自 2014 年 12 月起才开始在深圳证券交易所官网公开问询函信息，因此研究的样本从 2010~2020 年所有 A 股上市公司变更为 2015~2020 所有 A 股上市公司，依然剔除掉房地产类、金融类、保险类上市公司以及存在变量数据缺失的上市公司，同时对连续变量按照 1%和 99%的水平进行缩尾处理。表 8-6 展示了加入问询函这一控制变量后的回归结果。

表 8-6 考虑问询函影响后的回归结果

变量	（1） administrativepenalty	（2） commandmentpenalty	（3） propertypenalty	（4） DispTp
tune	−0.049 7***	−0.030 0***	−0.074 5***	−0.017 4***
	(0.010 0)	(0.010 0)	(0.012 0)	(0.003 0)
State	−0.007 2	−0.013 6	0.021 3	−0.001 3
	(0.016 0)	(0.016 0)	(0.019 0)	(0.005 0)

续表

变量	（1）administrativepenalty	（2）commandmentpenalty	（3）propertypenalty	（4）DispTp
Big4	−0.018 6	−0.015 9	−0.009 7	0.000 2
	(0.026 0)	(0.026 0)	(0.031 0)	(0.008 0)
Loss	0.026 1	0.011 0	0.014 0	0.011 1
	(0.052 0)	(0.051 0)	(0.062 0)	(0.016 0)
Age	−0.000 3	0.000 6	−0.001 2	−0.000 1
	(0.001 0)	(0.001 0)	(0.001 0)	(0.000 0)
Inquire	−0.258 9*	−0.142 2	−0.530 7**	−0.098 7**
	(0.157 0)	(0.159 0)	(0.248 0)	(0.050 0)
lnSize	0.013 5	0.023 5**	0.006 0	0.003 0
	(0.010 0)	(0.010 0)	(0.011 0)	(0.003 0)
REV	−0.011 1	−0.0242***	0.006 1	−0.001 3
	(0.009 0)	(0.009 0)	(0.010 0)	(0.003 0)
Aslbrt	−0.006 8	−0.000 5	0.005 3	−0.002 3
	(0.042 0)	(0.042 0)	(0.051 0)	(0.013 0)
Opicrt	0.003 0	0.002 8	0.001 7	0.001 1
	(0.004 0)	(0.004 0)	(0.004 0)	(0.001 0)
Ibtrt	−0.000 3	−0.000 3	−0.000 4	−0.000 1
	(0.000 0)	(0.000 0)	(0.000 0)	(0.000 0)
IndDirectorRatio	0.048 5	0.010 3	−0.012 4	−0.001 6
	(0.113 0)	(0.112 0)	(0.136 0)	(0.036 0)
AuditOpinion	0.001 8	−0.004 3	−0.000 4	0.002 2
	(0.027 0)	(0.026 0)	(0.033 0)	(0.008 0)
LEV	0.000 0	−0.000 1	0.000 2	0.000 0
	(0.000 0)	(0.000 0)	(0.000 0)	(0.000 0)
常数项	0.736 0***	−0.254 4	−0.456 3**	1.627 6***
	(0.166 0)	(0.165 0)	(0.203 0)	(0.053 0)
年度固定效应	控制	控制	控制	控制
行业固定效应	控制	控制	控制	控制
样本数	99 898	99 898	99 898	99 901
调整的 R^2	0.024	0.011	0.119	0.056

注：括号内为 t 统计量

*、**、***分别表示统计量在 10%、5%和 1%的置信水平下显著

表 8-6 第（1）列到第（4）列的结果均在 1%的水平上显著为负，也就是说对于报刊财经类媒体而言，在考虑了问询函这一影响因素之后，其报道净语调与公司受处罚情况之间存在显著负相关的关系，即报刊财经媒体报道净语调越负面，

违规公司越容易受到行政处罚，且处罚程度越严重。这一结论支持了本章提出的基本假设。

8.4.2　熵平衡

对于存在违规行为的公司来说，报刊财经新闻对其报道净语调偏正面的样本与净语调偏负面的样本具有不同的特征。为了避免样本选择差异对实验结果的影响，本章采用了熵平衡对样本进行加权处理。与比较常见的倾向得分匹配法相比，熵平衡能够针对实验组和控制组的变量分布情况进行随机的不等式调整，通过对控制组样本观测值加权的方式实现协变量更有效的平衡。倾向得分匹配法倾向于将权重设置为 0 或 1，0 意味着抛弃该观测值而 1 意味着匹配该观测值，没有被匹配的观测值在后续分析中将不再被使用。而熵平衡允许观测值的权重平滑变化，保留了可提高后续测试效率的信息，从而确保实验组样本和对照组样本的三阶矩的协变量分布相似，得到比倾向得分匹配法更完美的协变量平衡。

为了进行熵平衡匹配，本章构造了虚拟变量 treat，将研究样本分为两组，当 treat=1 时，表示报刊财经媒体报道净语调大于全样本中位数（实验组）；当 treat=0 时，表示报刊财经媒体报道净语调小于全样本中位数（控制组）。通过对每一个控制组观测值计算权重，使它的第一、第二和第三矩与实验组的第一、第二和第三矩相等，有效地将媒体报道净语调高的公司和媒体报道净语调低的公司进行了匹配。表 8-7 列出了未加权以及对对照组进行熵平衡赋权后的协变量的均值、方差和偏度。

表 8-7　熵平衡赋权后的协变量

变量	实验组			控制组		
	均值	方差	偏度	均值	方差	偏度
	匹配前					
State	0.382	0.236	0.486	0.440	0.246	0.243
Big4	0.065	0.061	3.525	0.093	0.085	2.797
Loss	0.016	0.016	7.742	0.021	0.020	6.724
Age	11.540	46.100	0.365	11.780	42.530	0.240
lnSize	22.160	1.933	0.624	22.380	2.196	0.646
REV	21.760	2.253	0.433	21.890	2.799	0.123
Aslbrt	0.420	0.042	2.960	0.439	0.050	5.357
Opicrt	0.212	2.571	57.770	0.215	2.804	63.750
Ibtrt	0.976	538.900	72.010	0.900	477.800	81.950
IndDirectorRatio	0.375	0.003	1.520	0.375	0.004	1.306
AuditOpinion	3.011	0.052	4.088	3.021	0.081	3.886
LEV	1.676	424.000	110.800	1.789	505.500	100.000

续表

变量	实验组			控制组		
	均值	方差	偏度	均值	方差	偏度
	匹配后					
State	0.382	0.236	0.486	0.382	0.236	0.486
Big4	0.065	0.061	3.525	0.065	0.061	3.525
Loss	0.016	0.016	7.742	0.016	0.016	7.742
Age	11.540	46.100	0.365	11.540	46.100	0.365
lnSize	22.160	1.933	0.624	22.160	1.933	0.624
REV	21.760	2.253	0.433	21.760	2.254	0.431
Aslbrt	0.420	0.042	2.960	0.420	0.042	2.960
Opicrt	0.212	2.571	57.770	0.212	2.571	57.770
Ibtrt	0.976	538.900	72.010	0.976	538.900	72.010
IndDirectorRatio	0.375	0.003	1.520	0.375	0.003	1.520
AuditOpinion	3.011	0.052	4.088	3.011	0.052	4.088
LEV	1.676	424.000	110.800	1.676	424.000	110.800

在加权以平衡协变量之后，多元回归提供了适当的处置效果推论。表 8-8 报告了基于熵平衡处理样本之后的检验结果。结果显示，媒体报道语调越负面，公司越容易受到行政处罚，且处罚程度越严重。这说明本章的主要结论不变，当减少媒体对其报道净语调消极的公司和净语调积极的公司之间的样本差异后，报刊财经媒体报道净语调依然能显著增强违规公司受处罚程度。

表 8-8　熵平衡匹配检验结果

变量	（1）	（2）	（3）	（4）
	administrativepenalty	administrativepenalty	DispTp	DispTp
tune	−0.048 7***	−0.049 4***	−0.017 2***	−0.017 4***
	(0.011 0)	(0.011 0)	(0.003 0)	(0.003 0)
State		−0.004 4		−0.001 3
		(0.013 0)		(0.004 0)
Big4		−0.012 6		0.000 2
		(0.022 0)		(0.006 0)
Loss		0.028 9		0.010 4
		(0.042 0)		(0.011 0)
Age		−0.000 7		−0.000 1
		(0.001 0)		(0.000 0)
lnSize		0.004 4		0.000 8
		(0.009 0)		(0.003 0)
REV		−0.005 9		−0.000 7
		(0.008 0)		(0.002 0)

续表

变量	（1） administrativepenalty	（2） administrativepenalty	（3） DispTp	（4） DispTp
Aslbrt		−0.005 9		−0.002 4
		(0.033 0)		(0.009 0)
Opicrt		0.003 0		0.000 8
		(0.004 0)		(0.001 0)
Ibtrt		0.000 1		0.000 0
		(0.000 0)		(0.000 0)
IndDirectorRatio		−0.003 3		−0.014 3
		(0.094 0)		(0.026 0)
AuditOpinion		0.018 5		0.004 6
		(0.022 0)		(0.006 0)
LEV		0.000 1		0.000 1
		(0.000 0)		(0.000 0)
常数项	1.595 9***	1.580 5***	1.850 3***	1.842 3***
	(0.052 0)	(0.142 0)	(0.014 0)	(0.040 0)
年度固定效应	控制	控制	控制	控制
行业固定效应	控制	控制	控制	控制
样本数	169 787	169 787	169 790	169 790
调整的 R^2	0.070	0.070	0.058	0.058

注：括号内为 t 统计量

***表示统计量在 1%的置信水平下显著

8.5　内生性检验

本节拟通过建立报刊财经媒体报道净语调的工具变量，并使用两阶段最小二乘法回归纠正变量关系中可能存在的内生性问题。结合本章所要研究的内容，理想的工具变量应当在捕捉报刊财经媒体报道净语调变化程度的同时，对于公司处罚情况等具体变量是外生的。You 等（2018）在研究政府控制如何影响媒体报道语调时，基于媒体公司的股权结构和控制权将媒体划分为国有媒体和市场化媒体，结果发现国有媒体在新闻报道语调、准确性、全面性等方面与市场化媒体存在差异。受此启发，本章采用对公司进行报道的国有媒体数量作为报刊财经媒体报道净语调的工具变量，其中国有媒体具体包括：《中国证券报》《证券日报》《证券时报》《上海证券报》。

国有财经类报刊是中国证监会指定的对上市公司信息、保险信息、信托公司信息等进行披露的权威刊物，意在宣传党和国家有关经济、金融、证券的方针策略，传递权威有效的金融、证券信息。为了引导正确的舆论风向，国有媒体往往会在报道语气上更为严格谨慎，不会为了迎合公众期望，或者为了追求新闻时效性而舍弃报道的真实性。国有媒体本身无法直接操纵违规公司的受处罚情况，只有通过媒体效应和声誉机制才能间接发挥作用，满足了工具变量不能直接影响因变量而是要通过自变量对因变量产生作用的客观条件。综上，工具变量的相关性和外生性均得到满足。

为了进一步确定所选工具变量的合理性，避免由于工具变量与内生变量的相关性较弱导致的两阶段最小二乘法大样本理论统计推断失效，进而造成回归结果不准确，本章进行了弱工具变量检验，结果如表 8-9 所示。其中 F 统计量远大于10，故认为不存在弱工具变量，即所选工具变量 SA（国有媒体报道数量）合理。

表 8-9　弱工具变量检验：第一阶段回归统计

变量	R^2	调整的 R^2	偏回归平方和	$F(1,169\,748)$	p 值概率
tune	0.060 5	0.060 3	0.012 3	2 117.95	0.000 0

表 8-10 报告了报刊财经媒体报道净语调与公司受行政处罚具体情况的两阶段回归结果。从第二列展示的第二阶段回归结果中不难看出，报刊财经媒体报道净语调与公司受行政处罚之间依然显著为负，证实了本章基准研究结果的稳健性，即对于存在违规行为的公司而言，报刊财经媒体报道语气越负面，该公司越容易受到处罚结果更为严峻的行政处罚。

表 8-10　报刊财经媒体报道净语调与公司受行政处罚情况的两阶段最小二乘回归结果

变量名称	第一阶段回归	第二阶段回归
SA	−0.134 2***	
	(0.003 0)	
tune		−0.062 3***
		(0.015 0)
State	0.022 1***	0.001 1
	(0.004 0)	(0.003 0)
Big4	−0.026 9***	−0.005 1
	(0.006 0)	(0.005 0)
Loss	−0.097 6***	−0.001 3
	(0.013 0)	(0.008 0)
Age	−0.003 8***	−0.000 4*
	(0.000 0)	(0.000 0)
lnSize	0.020 5***	0.001 8
	(0.003 0)	(0.002 0)
REV	0.0169 0***	−0.000 8
	(0.002 0)	(0.002 0)

续表

变量名称	第一阶段回归	第二阶段回归
Aslbrt	−0.043 2***	−0.002 4
	(0.010 0)	(0.006 0)
Opicrt	−0.000 4	0.000 4
	(0.001 0)	(0.001 0)
Ibtrt	−0.000 2*	−0.000 0
	(0.000 0)	(0.000 0)
IndDirectorRatio	−0.075 6***	−0.002 5
	(0.026 0)	(0.019 0)
AuditOpinion	−0.039 3***	0.000 9
	(0.007 0)	(0.004 0)
LEV	−0.000 0	0.000 0
	(0.000 0)	(0.000 0)
常数项	−0.191 2***	0.827 2***
	(0.042 0)	(0.029 0)
年度固定效应	控制	控制
行业固定效应	控制	控制
样本数	169 790	169 790

注：括号内为 t 统计量

*、***分别表示统计量在 10%和 1%的置信水平下显著

表 8-11 报告了报刊财经媒体报道净语调与公司受处罚程度的两阶段回归结果。第一列展示了第一阶段回归的结果，发现国有媒体的新闻报道数量与报道的净语调在 1%的水平上显著为负，这表明国有媒体对于存在违规行为的公司会进行大量负面报道，与国有媒体自身的严谨性、规范性达成一致。第二列展示了第二阶段回归的结果，发现报刊财经媒体报道净语调与公司受处罚程度之间依然显著为负，证实了本章基准研究结果的稳健性，即对于存在违规行为的公司而言，报刊财经媒体报道语气越负面，其受处罚程度越严重。

表 8-11　报刊财经媒体报道净语调与公司受处罚程度的两阶段最小二乘法回归结果

变量名称	第一阶段回归	第二阶段回归
SA	−0.134 2***	
	(0.003 0)	
tune		−0.042 4**
		(0.019 0)
State	0.022 1***	0.000 1
	(0.004 0)	(0.004 0)
Big4	−0.026 9***	−0.001 9

续表

变量名称	第一阶段回归	第二阶段回归
	(0.006 0)	(0.006 0)
Loss	−0.097 6***	0.005 4
	(0.013 0)	(0.011)
Age	−0.003 8***	−0.000 2
	(0.000 0)	(0.000 0)
lnSize	0.020 5***	0.001 6
	(0.003 0)	(0.003 0)
REV	0.016 9***	−0.000 7
	(0.002 0)	(0.002 0)
Aslbrt	−0.043 2***	−0.001 2
	(0.010 0)	(0.009 0)
Opicrt	−0.000 4	0.000 7
	(0.001 0)	(0.001 0)
Ibtrt	−0.000 2*	−0.000 0
	(0.000 0)	(0.000 0)
IndDirectorRatio	−0.075 6***	−0.009 4
	(0.026 0)	(0.025 0)
AuditOpinion	−0.039 3***	−0.002 6
	(0.007 0)	(0.006 0)
LEV	−0.000 0	0.000 1
	(0.000 0)	(0.000 0)
常数项	−0.191 2***	1.834 9***
	(0.042 0)	(0.039 0)
年度固定效应	控制	控制
行业固定效应	控制	控制
样本数	169 790	169 790

注：括号内为 t 统计量

*、**、***分别表示统计量在 10%、5%和 1%的置信水平下显著

8.6　经济机制分析

8.6.1　中介机制

在传统媒体基础上发展起来的新兴社交媒体，由于其信息发布具有交互性，信息传播具有"裂变性"，并且基于"社交关系"使得传播更加真实，因此该类媒体在监督上市公司违规行为、保护中小型投资者权益、改善公司治理状况等方面的作用逐渐凸显，极大地降低了信息不对称性，减少了交易成本，提高了会计质量。随着社交媒体发展的不断壮大，有越来越多的参与者可以通过各类社交网络平台对企业信息进行抓取并发表个人看法，其中聚焦于二级资本市场的股吧承载着重要的企业信息并具有较为广泛的传播度和较大的影响力。用户在非注册的

情况下可以对网站信息进行全方位浏览，而已申请注册的用户则可以在登录后主动发布或参与讨论以文本信息为主的帖子。当投资者使用股吧这一社区平台进行沟通交流时，他们既能够实现信息的输出，同时也会受到来自其他投资者信息的干扰。有研究发现，针对某一家上市公司一周内的讨论帖数量对其当周的股价波动情况具有非常显著的影响，并且帖子中的公告数与股价波动幅度为负相关关系。通过对股吧论坛的帖子进行文本分析后发现，代表投资者情绪的看涨指数能够预测公司股票第二天的收益情况，并且发帖数量与次日的成交量存在显著正相关关系。有学者在使用股吧中与某一上市公司相关的发帖数量、帖子阅读量、帖子评论数等指标来衡量投资者情绪时发现，由于股吧平台能够广泛且迅速地传播投资者情绪进而引发羊群效应，因此投资者对证券的发帖情绪越乐观，该证券股价崩盘的风险就越高。

股吧的最大特点在于其信息交流的时效性及内容交叉的互动性，对于公司的利益相关者群体，尤其是信息不对称造成的处于信息劣势的外部利益相关者而言，这种内容交互更容易引发群体范围内的大量关注并产生舆论，平台用户对公司信息的捕捉和扩散会在无形之中放大公司的所有决策行为，从而引发更多的外界讨论。这种信息溢出会使被关注公司的管理层产生更大压力，为了企业及自身声誉考虑，他们往往会改变自己的行为决策。这一潜在的行为机制也进一步印证了媒体关注的外部监督作用。

报刊财经类媒体对可能存在违规行为的公司进行曝光后，大量利益相关者和公司潜在客户往往会围绕相关内容展开讨论，他们在股吧的信息输出往往能引起短时内的舆论风波，为了确保市场环境维持稳定有序发展，监管部门往往会对引发热议的公司加强监管力度。据此，本章提出猜想，认为报刊财经媒体报道净语调会通过影响用户在股吧上对问题公司的讨论度进而影响该公司最终的受处罚结果。

本节参考中介效应分析模型，采用逐步回归的方法对其进行检验。首先检验报刊财经媒体报道净语调（tune）对股吧讨论度（total）的作用，其次将股吧讨论度（total）加入模型之中，用相应的回归方法检验其在报刊财经媒体报道净语调对公司受处罚情况影响过程中的中介效应。回归结果如表 8-12 所示。

表 8-12　中介效应检验

变量	（1）	（2）	（3）	（4）	（5）
	total	DispTp	administrativepenalty	commandmentpenalty	propertypenalty
tune	−0.056 4***	−0.016 0***	−0.047 9***	−0.043 7***	−0.028 4***
	(0.003 0)	(0.002 0)	(0.008 0)	(0.008 0)	(0.008 0)
total		−0.027 8***	−0.089 7***	−0.133 1***	−0.030 3***
		(0.002 0)	(0.006 0)	(0.006 0)	(0.006 0)

续表

变量	（1）total	（2）DispTp	（3）administrativepenalty	（4）commandmentpenalty	（5）propertypenalty
State	−0.007 6	−0.001 1	−0.005 4	−0.007 0	0.003 5
	(0.005 0)	(0.004 0)	(0.013 0)	(0.013 0)	(0.014 0)
Big4	−0.036 6***	−0.001 6	−0.014 3	−0.019 7	0.006 3
	(0.009 0)	(0.006 0)	(0.022 0)	(0.021 0)	(0.023 0)
Loss	0.129 4***	0.011 7	0.031 8	0.035 0	0.020 5
	(0.017 0)	(0.011 0)	(0.041 0)	(0.038 0)	(0.043 0)
Age	0.020 5***	0.000 5*	0.001 2	0.002 5***	0.000 5
	(0.000 0)	(0.000 0)	(0.001 0)	(0.001 0)	(0.001 0)
lnSize	0.185 9***	0.006 5***	0.021 7**	0.035 5***	0.009 9
	(0.004 0)	(0.002 0)	(0.009 0)	(0.008 0)	(0.009 0)
REV	0.016 9***	−0.000 7	−0.005 1	−0.010 9	−0.000 3
	(0.003 0)	(0.002 0)	(0.007 0)	(0.007 0)	(0.008 0)
Aslbrt	−0.012 4	−0.000 7	−0.006 5	−0.016 6	−0.012 1
	(0.013 0)	(0.0080)	(0.032 0)	(0.029 0)	(0.032 0)
Opicrt	−0.000 7	0.0008	0.001 9	0.000 9	0.002 2
	(0.001 0)	(0.0010)	(0.003 0)	(0.003 0)	(0.003 0)
Ibtrt	0.000 1	−0.0000	0.000 1	0.000 0	−0.000 0
	(0.000 0)	(0.0000)	(0.000 0)	(0.000 0)	(0.000 0)
IndDirectorRatio	0.379 9***	0.0041	0.044 0	0.037 4	−0.036 0
	(0.038 0)	(0.0250)	(0.092 0)	(0.088 0)	(0.097 0)
AuditOpinion	0.065 9***	0.0057	0.022 5	0.013 1	0.025 3
	(0.009 0)	(0.006 0)	(0.021 0)	(0.020 0)	(0.022 0)
LEV	0.000 1	0.0001	0.000 2	0.000 0	0.000 3
	(0.000 0)	(0.0000)	(0.000 0)	(0.000 0)	(0.000 0)
常数项	1.196 5***	1.8676***	1.689 1***	0.417 8***	−0.601 6***
	(0.057 0)	(0.038 0)	(0.140 0)	(0.132 0)	(0.149 0)
年度固定效应	控制	控制	控制	控制	控制
行业固定效应	控制	控制	控制	控制	控制
样本数	169 790	169 790	169 787	169 787	169 787
调整的 R^2	0.236	0.061	0.072	0.060	0.078

注：括号内为 t 统计量

*、**、***分别表示统计量在 10%、5%和 1%的置信水平下显著

表 8-12 第（2）列的结果表明，股吧讨论度在报刊财经媒体报道净语调影响公司受处罚程度过程中的中介效应显著，第（3）列到第（5）列的结果表明，股

吧讨论度在报刊财经媒体报道净语调影响公司受行政处罚（具体包括财产罚和申诚罚）过程中的中介效应显著，并且报刊财经媒体报道净语调（tune）与受处罚程度（DispTp）、行政处罚（administrativepenalty）、财产罚（propertypenalty）、申诚罚（commandmentpenalty）的相关系数均在1%的水平上显著，说明股吧讨论度在其中发挥的是部分中介效应。也就是说，报刊财经类媒体报道的净语调对公司受处罚情况的负相关影响有一部分是通过股吧这一渠道产生的，报刊财经主体对违规公司的不当行为曝光后会引发网民在股吧上对该公司的讨论，舆论发酵加强了相关部门对这些公司的处罚力度，进而导致违规公司更容易受到行政处罚，其受处罚程度也进一步加深。股吧讨论度越高，负相关效应越强。

8.6.2　调节机制研究

随着互联网信息时代的快速发展，现如今人们获取新闻信息的方式已经从单方面依赖传统纸质媒介转为了主要依靠网络新闻媒体。传统媒体主要是自上而下地线性传播，读者只能被动地接受来自新闻媒体的报道内容，媒体也无法接收到来自读者的内容反馈。网络媒体则呈现出蜘蛛网形的扩散方式，读者不仅可以接受到来自媒体发布的信息，还可以对这些信息进行再传播，同时读者在新闻事件下发表的个人看法也能够使其他读者及媒体接收到反馈。受网络化思维的影响，现如今，越来越多的年轻人正逐步抛弃传统的纸质媒体阅读习惯。相较于传统媒介而言，网络媒介汇集了更为海量的信息，搜索及浏览的便捷性和其交互角度的超链接性使得曾经多方面受限的新闻界重新洗牌，传播速度快、传播范围广、互动性强等新媒体优势使得网络媒体逐步呈现出立体化的传播趋势。

网络媒介的快速流行自然也引发了学术界对它的关注，不同领域的学者从社会学、传播学、新闻学等多个角度对其展开了深入的研究。网络搜索可以对上市公司的股价情况进行预测。上市公司在微博的集中曝光下，当天的股票超额交易量和超额回报率都会明显增加（徐巍和陈冬华，2016）。通过使用百度搜索上市公司的股票简称的搜索量与相应公司的股票收益率之间关系的研究发现，互联网平台对上市公司的报道内容会影响其股票收益率。有学者从公司行为角度出发，发现网络媒体报道会对公司管理层的盈余管理产生影响，具体来说，网络媒体报道诱发的投资者异常关注会给公司管理层带来来自外部市场的剧烈压力，受此影响管理层会产生更多盈余管理行为（王福胜等，2021）。此外，网络媒体对公司负面信息传播的范围越广泛，该公司增发后业绩表现较差的概率就越大，这在一定程度上表明网络媒体能够在事前挖掘公司可能存在的治理问题。

网络财经类媒体作为权威发布财经领域新闻的媒介之一，秉承着专业、客观、中立、理性的批判性思维，以内容整合、网友互动、主动出击为核心链接，为广大网友提供了宏观、股票、理财等财经领域的终端式报道，其报道的主观语调会在互联网平台起到一定的规范作用，为存在争议的问题提供正确的舆论导向。据此本章认为，网络财经媒体报道净语调会对股吧讨论度在传统的报刊财经新闻对公司受处罚情况的中介影响中起到调节作用。

　　为了验证上述猜想，本节分别检验了网络财经媒体报道净语调作为调节变量可能对前后两个路径造成的影响。在验证前半路径的调节效应时，本章在模型中加入了报刊财经媒体报道净语调与网络财经媒体报道净语调（tune×itune），重新进行回归，结果如表 8-13 所示。在验证后半路径的调节效应时，本章参考温忠麟（2014）的研究，在模型中加入网络财经媒体报道净语调（itune）变量，以及股吧讨论度与网络财经媒体报道净语调的交乘项（total×itune），重新进行回归，结果如表 8-14、表 8-15 所示。

表 8-13　网络财经媒体报道净语调在报刊财经媒体报道净语调影响
股吧讨论度中的调节效应检验

变量	（1）	（2）
	total	total
tune	−0.056 4***	−0.054 6***
	(0.003)	(0.003)
tune×itune		−0.009 4*
		(0.005)
State	−0.007 6	−0.007 7
	(0.005)	(0.005)
Big4	−0.036 6***	−0.036 8***
	(0.009)	(0.009)
Loss	0.129 4***	0.129 2***
	(0.017)	(0.017)
Age	0.020 5***	0.020 5***
	(0.000)	(0.000)
lnSize	0.185 9***	0.185 9***
	(0.004)	(0.004)
REV	0.016 9***	0.016 9***
	(0.003)	(0.003)
Aslbrt	−0.012 4	−0.012 3
	(0.013)	(0.013)
Opicrt	−0.000 7	−0.000 7
	(0.001)	(0.001)
Ibtrt	0.000 1	0.000 1
	(0.000)	(0.000)
IndDirectorRatio	0.379 9***	0.379 8***
	(0.038)	(0.038)

续表

变量	（1）	（2）
	total	total
AuditOpinion	0.065 9***	0.065 8***
	(0.009)	(0.009)
LEV	0.000 1	0.000 1
	(0.000)	(0.000)
常数项	1.196 5***	1.198 3***
	(0.057)	(0.057)
年度固定效应	控制	控制
行业固定效应	控制	控制
样本数	169 790	169 790
调整的 R^2	0.236	0.236

注：括号内为 t 统计量

*、***分别表示统计量在 10%和 1%的置信水平下显著

表 8-14　有调节的中介效应检验（因变量为受处罚程度及是否受到行政处罚）

变量	（1）	（2）	（3）	（4）	（5）	（6）	（7）
	DispTp	total	DispTp	DispTp	administrative-penalty	administrative-penalty	administrative-penalty
tune	−0.012 1***	−0.053 4***	−0.013 9***	−0.013 6***	−0.038 1***	−0.043 0***	−0.042 2***
	(0.002 0)	(0.003 0)	(0.002 0)	(0.002 0)	(0.008 0)	(0.008 0)	(0.008 0)
itune	−0.012 9***	−0.019 2***	−0.013 5***	0.096 9***	−0.031 7***	−0.032 6***	0.221 7***
	(0.003 0)	(0.004 0)	(0.003 0)	(0.016 0)	(0.010 0)	(0.010 0)	(0.059 0)
total			−0.027 9***	−0.024 4***		−0.089 8***	−0.081 7***
			(0.002 0)	(0.002 0)		(0.006 0)	(0.006 0)
total×itune				−0.018 6***			−0.042 3***
				(0.003 0)			(0.010 0)
State	−0.000 9	−0.007 7	−0.001 1	−0.000 9	−0.003 0	−0.005 5	−0.005 0
	(0.004 0)	(0.005 0)	(0.004 0)	(0.004 0)	(0.013 0)	(0.013 0)	(0.013 0)
Big4	−0.001 4	−0.037 8***	−0.002 4	−0.002 6	−0.013 5	−0.016 2	−0.016 6
	(0.006 0)	(0.009 0)	(0.006 0)	(0.006 0)	(0.022 0)	(0.022 0)	(0.022 0)
Loss	0.006 4	0.126 9***	0.010 0	0.009 3	0.015 5	0.027 7	0.026 0
	(0.011 0)	(0.017 0)	(0.011 0)	(0.011 0)	(0.041 0)	(0.041 0)	(0.041 0)
Age	−0.000 1	0.020 4***	0.000 4*	0.000 4*	−0.000 7	0.001 1	0.001 1
	(0.000 0)	(0.000 0)	(0.000 0)	(0.000 0)	(0.001 0)	(0.001 0)	(0.001 0)
lnSize	0.001 4	0.185 9***	0.006 6***	0.006 5***	0.006 6	0.021 9**	0.021 8**
	(0.002 0)	(0.004 0)	(0.002 0)	(0.002 0)	(0.009 0)	(0.009 0)	(0.009 0)
REV	−0.000 8	0.017 3***	−0.000 4	−0.000 3	−0.006 8	−0.004 4	−0.004 3
	(0.002 0)	(0.003 0)	(0.002 0)	(0.002 0)	(0.008 0)	(0.007 0)	(0.007 0)
Aslbrt	−0.001 5	−0.014 1	−0.001 9	−0.001 1	−0.006 2	−0.008 9	−0.007 3
	(0.008 0)	(0.013 0)	(0.008 0)	(0.008 0)	(0.032 0)	(0.032 0)	(0.032 0)
Opicrt	0.000 8	−0.000 7	0.000 8	0.000 8	0.002 0	0.002 0	0.002 0
	(0.001 0)	(0.001 0)	(0.001 0)	(0.001 0)	(0.003 0)	(0.003 0)	(0.003 0)

续表

变量	（1）	（2）	（3）	（4）	（5）	（6）	（7）
	DispTp	total	DispTp	DispTp	administrative-penalty	administrative-penalty	administrative-penalty
Ibtrt	−0.000 0	0.000 1	−0.000 0	−0.000 0	0.000 0	0.000 1	0.000 1
	(0.000 0)	(0.000 0)	(0.000 0)	(0.000 0)	(0.000 0)	(0.000 0)	(0.000 0)
IndDirec-torRatio	−0.008 4	0.377 1***	0.002 1	0.000 5	0.010 30	0.039 60	0.0363 0
	(0.025 0)	(0.038 0)	(0.025 0)	(0.025 0)	(0.092 0)	(0.092 0)	(0.092 0)
Audit-Opinion	0.003 1	0.064 8***	0.004 9	0.004 5	0.014 1	0.020 7	0.019 6
	(0.006 0)	(0.009 0)	(0.006 0)	(0.006 0)	(0.021 0)	(0.021 0)	(0.021 0)
LEV	0.000 1	0.000 1	0.000 1	0.000 1	0.000 2	0.000 2	0.000 2
	(0.000 0)	(0.000 0)	(0.000 0)	(0.000 0)	(0.000 0)	(0.000 0)	(0.000 0)
常数项	1.834 0***	1.196 0***	1.867 4***	1.846 5***	1.563 0***	1.687 5***	1.639 1***
	(0.038 0)	(0.057 0)	(0.038 0)	(0.038 0)	(0.139 0)	(0.140 0)	(0.140 0)
年度固定效应	控制	控制	控制	控制	控制	控制	控制
行业固定效应	控制	控制	控制	控制	控制	控制	控制
样本数	169 790	169 790	169 790	169 790	169 787	169 787	169 787
调整的 R^2	0.059	0.236	0.061	0.061	0.071	0.072	0.072

注：括号内为 t 统计量

*、**、***分别表示统计量在 10%、5%和 1%的置信水平下显著

表 8-15　有调节的中介效应检验（因变量为具体处罚类型）

变量	（1）	（2）	（3）	（4）	（5）	（6）	（7）
	commandment-penalty	total	commandment-penalty	commandment-penalty	propertype-nalty	propertype-nalty	propertype-nalty
tune	−0.026 2***	−0.053 4***	−0.033 3***	−0.032 8***	−0.015 5*	−0.017 1**	−0.016 1*
	(0.008 0)	(0.003 0)	(0.008 0)	(0.008 0)	(0.009 0)	(0.009 0)	(0.009 0)
itune	−0.065 7***	−0.019 2***	−0.067 6***	0.124 1**	−0.072 2***	−0.072 5***	0.386 3***
	(0.010 0)	(0.004 0)	(0.010 0)	(0.055 0)	(0.011 0)	(0.011 0)	(0.059 0)
total			−0.133 5***	−0.127 4***		−0.030 6***	−0.016 5**
			(0.006 0)	(0.006 0)		(0.006 0)	(0.006 0)
total×itune				−0.032 1***			−0.077 3***
				(0.009 0)			(0.010 0)
State	−0.005 1	−0.007 7	−0.007 2	−0.006 9	0.002 9	0.003 1	0.003 8
	(0.012 0)	(0.005 0)	(0.013 0)	(0.013 0)	(0.014 0)	(0.014 0)	(0.014 0)
Big4	−0.019 1	−0.037 8***	−0.023 9	−0.024 2	0.002 8	0.001 8	0.001 0
	(0.021 0)	(0.009 0)	(0.021 0)	(0.021 0)	(0.023 0)	(0.023 0)	(0.023 0)
Loss	0.009 0	0.126 9***	0.026 3	0.025 0	0.007 2	0.010 7	0.007 7
	(0.038 0)	(0.017 0)	(0.039 0)	(0.039 0)	(0.043 0)	(0.043 0)	(0.043 0)
Age	−0.000 4	0.020 4***	0.002 3***	0.002 3***	−0.000 4	0.000 3	0.000 3
	(0.001 0)	(0.000 0)	(0.001 0)	(0.001 0)	(0.001 0)	(0.001 0)	(0.001 0)

续表

变量	（1）commandment-penalty	（2）total	（3）commandment-penalty	（4）commandment-penalty	（5）propertype-nalty	（6）propertype-nalty	（7）propertype-nalty
lnSize	0.011 8	0.185 9***	0.035 7***	0.035 7***	0.004 5	0.010 0	0.009 9
	(0.008 0)	(0.004 0)	(0.008 0)	(0.008 0)	(0.009 0)	(0.009 0)	(0.009 0)
REV	−0.012 3*	0.017 3***	−0.009 4	−0.009 3	0.000 6	0.001 5	0.001 6
	(0.007 0)	(0.003 0)	(0.007 0)	(0.007 0)	(0.008 0)	(0.008 0)	(0.008 0)
Aslbrt	−0.018 4	−0.014 1	−0.022 1	−0.020 7	−0.018 1	−0.018 5	−0.014 8
	(0.029 0)	(0.013 0)	(0.029 0)	(0.029 0)	(0.032 0)	(0.032 0)	(0.032 0)
Opicrt	0.001 0	−0.000 7	0.001 0	0.001 0	0.002 3	0.002 3	0.002 3
	(0.003 0)	(0.001 0)	(0.003 0)	(0.003 0)	(0.003 0)	(0.003 0)	(0.003 0)
Ibtrt	−0.000 0	0.000 1	0.000 0	0.000 0	−0.000 0	−0.000 0	−0.000 0
	(0.000 0)	(0.000 0)	(0.000 0)	(0.000 0)	(0.000 0)	(0.000 0)	(0.000 0)
IndDirectorRatio	−0.020 8	0.377 1***	0.027 8 0	0.025 3 0	−0.061 3	−0.047 5	−0.053 1
	(0.087 0)	(0.038 0)	(0.088 0)	(0.088 0)	(0.097 0)	(0.097 0)	(0.098 0)
AuditOpinion	−0.000 0	0.064 8***	0.009 1	0.008 5	0.018 6	0.020 7	0.019 3
	(0.020 0)	(0.009 0)	(0.020 0)	(0.020 0)	(0.022 0)	(0.022 0)	(0.022 0)
LEV	−0.000 0	0.000 1	−0.000 0	−0.000 0	0.000 3	0.000 3	0.000 2
	(0.000 0)	(0.000 0)	(0.000 0)	(0.000 0)	(0.000 0)	(0.000 0)	(0.000 0)
常数项	0.248 3*	1.196 0***	0.415 2***	0.378 8***	−0.632 0***	−0.600 1***	−0.684 6***
	(0.132 0)	(0.057 0)	(0.132 0)	(0.133 0)	(0.148 0)	(0.149 0)	(0.149 0)
年度固定效应	控制	控制	控制	控制	控制	控制	控制
行业固定效应	控制	控制	控制	控制	控制	控制	控制
样本数	169 787	169 790	169 787	169 787	169 787	169 787	169 787
调整的 R^2	0.058	0.236	0.061	0.061	0.078	0.078	0.079

注：括号内为 t 统计量

*、**、***分别表示统计量在 10%、5%和 1%的置信水平下显著

表 8-13 展示了网络财经媒体报道净语调在报刊财经媒体报道净语调影响股吧讨论度中的调节效应。结果显示，报刊财经媒体报道净语调与股吧讨论度在 1%的置信水平下显著为负，报刊财经媒体报道和网络财经媒体报道净语调的交乘项与股吧讨论度在 10%的置信水平下显著为负，这说明报刊财经类媒体对受关注公司的报道语气越负面，股吧上针对该公司的讨论度就越高，而网络财经类媒体报道语气的介入会加深这种负面效应，引发股吧用户更为强烈的讨论。也就是说，网络财经类媒体的报道语气的确在这一路径中确实起到了调节作用，其针对前半段路径的调节效应得到验证。

表 8-14 的第（1）列到第（4）列展示了当被解释变量为受处罚程度（DispTp）时的回归结果。结果显示，报刊财经媒体报道净语调与受处罚程度和股吧讨论度均在 1%的置信水平下显著为负，受处罚程度和股吧讨论度以及受处罚程度和股吧讨论度与网络财经媒体报道净语调的交乘项，也都在 1%的置信水平下显著为负，这说明网络财经类媒体对存在违规行为公司的报道语气确实会在股吧讨论度的中

介效应中起到调节作用。表 8-14 的第（5）列到（7）列展示了当被解释变量为是否受到行政处罚（administrativepenalty）时的回归结果。不难发现，同第（1）列到第（4）列的结果类似，无论是报刊财经媒体报道净语调与是否受到行政处罚之间，还是是否受到行政处罚与股吧讨论度、股吧讨论度与网络财经媒体报道净语调的交乘项之间，均在 1%的置信水平下显著负相关，说明网络财经媒体报道净语调对于股吧讨论度在这一过程中的中介效应依然起到了调节作用。表 8-15 的结果是将是否受到行政处罚（administrativepenalty）这一被解释变量细分为是否受到财产罚（propertype nalty）和是否受到申诫罚（commandmentpenalty），分别进行调节效应的检验，结果显示对中介变量的调节效应依然成立。这一结果也进一步证实了，网络财经新闻会在网络端对舆论风向进行调节，同时作为信息传播的媒介之一，它也会同传统的报刊类媒体一样对企业的违规行为进行监督。网络财经媒体报道净语调针对后半段路径的调节效应得到验证。

同时考虑了报刊财经类媒体、网络财经类媒体和股吧三个平台的媒体报道情况，验证了当因变量分别为受处罚程度（DispTp）和是否受到行政处罚（administrativepenalty）时，除报刊财经媒体报道净语调对公司受处罚情况具有负向的直接影响外，股吧讨论度也会在这一过程中起到部分中介效应，即一部分报刊财经媒体报道净语调通过增强股吧讨论度进而加深企业的受处罚程度。网络财经类媒体在网络平台会起到一定舆论导向的作用，调节了间接路径中的前、后两条路径，也就是会调节中介效应。

8.7　本章小结

本章研究了媒体报道净语调对公司受处罚情况的作用机理和不同报道媒介之间的影响关系。以 2010 年至 2020 年 A 股上市公司为研究样本，通过建立媒体报道净语调、受处罚程度等指标，对报刊财经媒体报道净语调、网络财经媒体报道净语调、股吧讨论度和受处罚情况之间的作用机制展开了实证研究。得到如下结果。

（1）报刊财经媒体报道净语调越负面，公司越容易受到处罚。这说明媒体在这个过程中发挥了监管作用，负面语气的新闻报道往往暗示着公司及管理层存在违规操作，因此中国证监会等机构便会对其加强检查，让违规行为无处可藏。

（2）对于已经受到处罚的公司来说，报刊财经媒体报道净语调与受处罚程度之间呈显著负相关关系，这与第一条结论一致。也就是说，媒体对公司违规行为的曝光会引发监管部门对问题公司的深入跟进，从而导致更多管理层漏洞被挖掘，相应的处罚措施就越严厉。相较于处罚力度较轻的非行政处罚，报刊财经媒体报道净语调偏负面的公司更容易受到惩戒力度较大的行政处罚。

（3）股吧作为在股票交易、金融投资领域比较有代表性的新兴社交媒体，其用户在平台上对公司的讨论度会在报刊财经类媒体对公司受处罚情况影响的过程中起到中介作用，具体表现为部分中介效应。也就是说，报刊财经新闻对公司违规情况的监督效应有一部分是直接作用的，还有一部分是通过股吧讨论度间接作用的，用户在股吧上的讨论度越高，报刊财经媒体报道净语调与公司受处罚情况的负相关效应就越强。

（4）网络财经媒体报道净语调会在上述部分中介效应中起到调节作用，即网络财经媒体报道净语调可以调节通过股吧讨论度影响受处罚情况这一间接路径。这也证明了网络财经媒体作为在互联网平台对企业信息进行报道的权威声音，能够调节来自股吧的各类用户的声音，起到规范网络环境、引导舆论的作用。

参考文献

戴亦一, 潘越, 刘思超. 2011. 媒体监督、政府干预与公司治理: 来自中国上市公司财务重述视角的证据. 世界经济, (11): 121-144.

李培功, 沈艺峰. 2010. 媒体的公司治理作用: 中国的经验证据. 经济研究, 45(4): 14-27.

逯东, 付鹏, 杨丹. 2015. 媒体类型、媒体关注与上市公司内部控制质量. 会计研究, (4): 78-85, 96.

沈艺峰, 杨晶, 李培功. 2013. 网络舆论的公司治理影响机制研究: 基于定向增发的经验证据. 南开管理评论, 16(3): 80-88.

王福胜, 王也, 刘仕煜. 2021. 网络媒体报道对盈余管理的影响研究: 基于投资者异常关注视角的考察. 南开管理评论, 24(5): 116-129.

温忠麟. 2014. 高考改革: 政策公平性与技术相容性. 全球教育展望, 43(2): 4-14, 38.

徐巍, 陈冬华. 2016. 自媒体披露的信息作用: 来自新浪微博的实证证据. 金融研究, (3): 157-173.

Brown S V, Tian X L, Wu Tucker J. 2018. The spillover effect of SEC comment letters on qualitative corporate disclosure: evidence from the risk factor disclosure. Contemporary Accounting Research, 35(2): 622-656.

Cassell C A, Dreher L M, Myers L A. 2013. Reviewing the SEC's review process: 10-K comment letters and the cost of remediation. The Accounting Review, 88(6): 1875-1908.

Dyck A, Volchkova N, Zingales L. 2008. The corporate governance role of the media: evidence from Russia. The Journal of Finance, 63(3): 1093-1135.

Ryans J P. 2021. Textual classification of SEC comment letters. Review of Accounting Studies, 26: 37-80.

You J X, Zhang B H, Zhang L. 2018. Who captures the power of the pen?. The Review of Financial Studies, 31(1): 43-96.

第 9 章

股吧、问询函监管与公司绩效

9.1 理论分析与研究假设

媒体的治理作用是公司治理研究领域的重点话题。已有的文献认为社交媒体和传统媒体一样具有公司治理作用。沈艺峰等（2013）认为互联网新媒体可以提前发现定向增发中可能存在的问题，他们发现被网络舆论反对的增发公司在定向增发公告后，其股票超额收益率显著为负，其后该定向增发预案通过相关部门审核的概率也明显下降，监管部门会对该公司严格审查。杨晶等（2017）发现网络舆论能够提高高管薪酬公平与效率。但从目前的文献来说，社交媒体（如股吧）的治理作用通过何种途径实现并未得到广泛的研究。

在网络环境中，民众的关注度可以通过相关帖子的发布量等表现出来（杨晶等，2017）。由于监管部门可能会处理达到一定规模的舆论事件，当互联网上某事件的讨论和关注度达到一定规模时，政府相关部门可能会出于社会稳定的需要对该事件进行响应，监管部门介入的风险就会大大提高。很多的中小投资者通过网络平台表达其负面看法，随着信息的扩散，其传播速度会以几何级数上升，从而会形成群体性负面情绪。中小投资者在股吧中传递着自己的负面态度和看法，会迅速引发一定规模的群体性舆论事件，此时监管部门就有可能介入（沈艺峰等，2013）。

虽然在治理权力上处于弱势，作为治理层之一的中小投资者，却能够通过社交媒体（如股吧）平台自主发声，充分表达自己的意见。中小投资者对上市公司行为的群体意见，通过互联网新媒体的"轰动效应"，能够传达给监管者。互联网新媒体还会广泛传播该群体的负面情绪从而形成群体性负面舆论事件。这会引起监管部门加强对上市公司的监管。因此，监管者在接收到中小投资者群体负面情绪信息后可能会发出问询函。

H9-1a：股吧发帖量越大，公司收到问询函的数量越多。

H9-1b：股吧负面发帖量越大，公司收到问询函的数量越多。

媒体报道之所以会对公司价值产生正向影响，一方面，是由于媒体在改善公司治理以及疏通和拓宽小股东的诉求渠道方面发挥着积极作用，媒体报道有助于监管部门了解公司的不当行为，并敦促公司有效地修正非法或不道德的活动。因此，媒体报道能够通过提高公司治理水平来提升公司绩效。Dang 等（2021）使用 RavenPack 全球媒体综合数据库中 41 个国家的上市公司的新闻数据，发现媒体报道会增加公司价值。Wang 和 Ye（2015）利用中国家族企业数据，发现控股股东获得更多中性媒体报道的公司，其公司价值更高，而关于控股股东的负面媒体报道会降低公司价值。Li 等（2017）从中介机制角度出发，发现以报纸新闻报道为代理变量的媒体关注，在企业社会责任与企业价值的正相关关系中具有中介作用。另一方面，Bai 等（2019）从另一个角度做出了解释，他们认为人们通常倾向于对自己熟悉的事物给予更积极的评价。因此 CEO 在社交媒体中出现的次数越多，公司绩效越高。

国内文献同样发现媒体报道对公司绩效具有正向影响。媒体对上市公司的负面报道越多，公司下一期的业绩改善越明显。在媒体报道通过何种途径（机制）影响公司绩效方面，有学者认为媒体对公司的负面报道会通过监督机制、声誉机制和市场压力机制发挥公司治理作用，影响公司绩效。田高良等（2016）认为媒体关注可以有效缓解管理层税收激进中的代理问题从而提升公司价值。

已有的文献大多都着眼于传统媒体，然而社交媒体对公司绩效的影响并未得到广泛的研究。股吧作为社交媒体也和传统媒体一样具有公司治理作用（沈艺峰等，2013）。当网络上对于某一事件的讨论与关注达到一定规模、形成群体性负面情绪、引发一定规模的群体性舆论事件时，监管机构就有可能介入。

监管机构的关注及介入会给管理者的未来职业生涯带来毁灭性的打击，使管理者的声誉受损，有效抑制管理者的机会主义行为，降低代理成本。而且，为了挽回声誉上的损失，管理者会积极采取行动来满足市场的预期。股吧论坛等新媒体通过引致非处罚性监管介入、影响经理人声誉来扮演公司治理角色。通过公司治理改善实现的代理成本降低，最终将体现在给定其他条件相同情况下公司绩效的改善上。由此，本章提出以下假设。

H9-2a：股吧发帖量与公司未来的绩效正相关，且非处罚性监管在股吧发帖量与公司绩效间起中介作用。

H9-2b：股吧负面发帖量与公司未来的绩效正相关，且非处罚性监管在股吧负面发帖量与公司绩效间起中介作用。

9.2 研究设计

9.2.1 数据来源与样本选择

本章的数据主要包括三部分，第一部分是股吧论坛数据，第二部分是问询函数据，第三部分是公司相关数据。

本章选择 2015 年至 2020 年为样本区间，收集了股吧论坛上的关于上市公司的帖子，作为主要研究数据。样本区间之所以始于 2015 年，是因为从 2014 年 12 月开始，中国证券交易所发放的问询函首次在沪深交易所官网上公布，问询函件数量从 2015 年起逐渐增多。公司财务数据则来源于 CNRDS 和国泰安数据库。为减少极端值的影响，对连续变量按照 1%和 99%水平进行缩尾处理。本章得到了 54 575 个"公司–季度"观测值。

9.2.2　变量定义与模型建立

1. 解释变量

本章关注的信息媒介是股吧，东方财富网是中国访问量最大、影响力最强的财经证券门户网站之一（You et al., 2018）。在股吧上，各个公司都有独立的版块，投资者可以在不同公司的专属社区下进行网络发帖。本章的解释变量是股吧发帖量。除此之外，本章使用 CNRDS 数据库中，上市公司所在股吧的负面帖子数量，衡量社交媒体情感倾向，也将股吧发帖情感倾向作为解释变量纳入模型进行回归分析。

综上所述，本章采用以下文本统计量度量股吧论坛：①股吧发帖量（lnTpostNum），即本季度上市公司所在股吧的全部发帖数量加 1 后取自然对数；②股吧负面帖子量（lnNegpostNum），即本季度上市公司所在股吧的全部负面帖子数量加 1 后取自然对数。

$$\ln TpostNum = \ln(1 + TpostNum) \tag{9-1}$$

$$lnNegpostNum = \ln(1 + NegpostNum) \tag{9-2}$$

其中，TpostNum 为本季度上市公司所在股吧的全部发帖数量；NegpostNum 为本季度上市公司所在股吧的全部负面帖子数量。

2. 被解释变量

被解释变量是公司绩效。本章使用托宾 Q 值（TobinQ）来度量公司绩效。托宾 Q 值是度量公司绩效的前瞻性指标。若托宾 Q 值小于 1，则表示公司对资源使用不当，即公司在股票市场上创造的价值低于其资产的价值。若托宾 Q 值大于 1，则表示公司前瞻性市场价值高于其资产的当前价值。托宾 Q 值不但具有前瞻性的优点，而且克服了传统会计指标的一些缺点。特别是，托宾 Q 值不取决于公司（不可观测的）现金流量的时间，也不受管理层操纵会计的影响，能够全面地代表公司绩效。

3. 中介变量

中介变量为非处罚性监管，使用上市公司收到的问询函数量（CLN）作为非处罚性监管的代理变量。

4. 控制变量

控制变量主要参考 Wang 和 Ye（2015）的研究，加入了公司规模（lnSize）、公司年龄（Age）、成长性（Grow）、资产收益率（Roa）、财务杠杆（Lev）、独立董事比例（Ibd）、董事会规模（Board）以及股权性质（Soe）。具体定义见表 9-1。

表 9-1　变量定义表

变量类型	变量名称	变量符号	变量定义
被解释变量	托宾 Q 值	TobinQ	下一季度上市公司的股权市值与净债务市值之和除以总资产账面价值
解释变量	股吧发帖量	lnTpostNum	本季度上市公司所在股吧的全部发帖数量加 1 后取自然对数
	股吧负面发帖量	lnNegpostNum	本季度上市公司所在股吧的全部负面帖子数量加 1 后取自然对数
中介变量	问询函数量	CLN	下一季度上市公司收到问询函的数量
控制变量	公司规模	lnSize	公司总资产（单位为亿元人民币）取自然对数
	公司年龄	Age	公司自成立年度至当年的年数
	成长性	Grow	营业收入增长率，计算公式为：（营业收入本年本期单季度金额–营业收入上一个单季度金额）/营业收入上一个单季度金额
	资产收益率	Roa	净利润与期初期末平均资产总额的比值
	财务杠杆	Lev	资产负债率，计算公式为：负债总额除以资产总额
	独立董事比例	Ibd	独立董事人数与董事人数的比值
	董事会规模	Board	董事会人数
	股权性质	Soe	虚拟变量，若股权性质为国有，取值为 1，否则为 0

5. 模型设定

本章使用中介效应检验方法，探究股吧论坛（自变量）对公司绩效（因变量）的直接效应，以及股吧论坛（自变量）是否会通过非处罚性监管（中介变量）产生中介效应，同时衡量中介效应的作用程度。采用依次检验回归系数的方法，具体构建如下模型：

$$\text{TobinQ}_{i,t+1} = \alpha_0 + \alpha_1 \ln\text{TpostNum}_{i,t} / \ln\text{NegpostNum}_{i,t} + \alpha_2 \text{Controls}_{i,t} \\ + \text{QuarterFixed} + \text{IndustryFixed} + \varepsilon_1 \tag{9-3}$$

$$\text{CLN}_{i,t+1} = \beta_0 + \beta_1 \ln\text{TpostNum}_{i,t} / \ln\text{NegpostNum}_{i,t} + \beta_2 \text{Controls}_{i,t} \\ + \text{QuarterFixed} + \text{IndustryFixed} + \varepsilon_2 \tag{9-4}$$

$$
\begin{aligned}
\text{TobinQ}_{i,t+1} = {} & \gamma_0 + \gamma_1 \ln\text{TpostNum}_{i,t} / \ln\text{NegpostNum}_{i,t} + \gamma_2\,\text{CLN}_{i,t+1} \\
& + \gamma_3\,\text{Controls}_{i,t} + \text{QuarterFixed} + \text{IndustryFixed} + \varepsilon_3
\end{aligned}
\tag{9-5}
$$

其中，$\ln\text{TpostNum}_{i,t}$ 为公司 i 在第 t 季度所在股吧的全部发帖量加 1 取对数后的值，$\ln\text{NegpostNum}_{i,t}$ 为公司 i 在第 t 季度所在股吧的全部负面发帖量加 1 取对数后的值，以上两个变量为解释变量。被解释变量 $\text{TobinQ}_{i,t+1}$ 为公司 i 在第 $t+1$ 季度时的托宾 Q 值，中介变量 $\text{CLN}_{i,t+1}$ 为公司 i 在第 $t+1$ 季度时收到问询函的数量。$\text{Controls}_{i,t}$ 为公司 i 在第 t 季度时的所有控制变量。同时也控制了时间固定效应（QuarterFixed）和行业固定效应（IndustryFixed）。

本章的中介效应检验程序如下所述。

第一步，式（9-3）用来检验股吧（负面）发帖量对公司绩效的直接影响，分别用 lnTpostNum 和 lnNegpostNum 对公司绩效进行直接回归，检验主效应。若 α_1 显著，可进行下一步检验，这时 α_1 表示股吧论坛影响公司绩效的总效应；若 α_1 不显著，表明失去了中介效应的前提，停止后续步骤。

第二步，用式（9-4）检验股吧（负面）发帖量对非处罚性监管的影响，观察 β_1 是否显著。

第三步，在式（9-5）中把股吧（负面）发帖量和非处罚性监管同时当作解释变量对公司绩效进行回归，关注系数 γ_1 和 γ_2 的大小及显著性。同时结合第二步，若 β_1 和 γ_2 都显著时，γ_1 不显著即说明非处罚性监管在股吧（负面）发帖量与公司绩效之间存在完全中介效应；γ_1 显著则意味着发挥部分中介作用；若 β_1 和 γ_2 至少有一个不显著，那么需通过 Sobel 检验继续验证中介作用是否成立。

α_1 为自变量股吧论坛对因变量公司绩效的总效应，$\beta_1 \times \gamma_2$ 为自变量经由中介变量非处罚性监管（代理变量为 CLN）产生的中介效应，γ_1 为自变量股吧论坛的直接效应。上述系数满足 $\alpha_1 = \gamma_1 + \beta_1 \times \gamma_2$，即股吧论坛对公司绩效的总效应等于直接效应与中介效应的总和。

9.3　实证结果

9.3.1　描述性统计与均值差异 t 检验

表 9-2 列出了主要变量的基本描述性统计值。为了直观理解，lnTpostNum 和 lnNegpostNum 两个变量的描述性统计采用不取自然对数的原始数据形式。其中上市公司一个季度内收到的问询函数量（CLN）的均值为 0.099，最小值为 0，最大值为 11，说明在考察的 2015 年第一季度至 2020 年第四季度的所有样本中，有的上市公司一个季度内会受到交易所高达 11 次的问询。

表 9-2　描述性统计表

变量	观测值	均值	标准差	最小值	中位数	最大值
TobinQ	65 605	2.398	1.740	0.891	1.856	11.676
TpostNum	65 605	2 772.642	4 009.371	1	1 680	252 232
NegpostNum	65 605	604.534	924.209	0	376	61 095
lnTpostNum	65 605	7.499	0.873	0.693	7.427	12.438
lnNegpostNum	65 605	5.956	0.908	0	5.932	11.020
CLN	65 605	0.099	0.383	0	0	11
lnSize	65 605	22.305	1.391	19.741	22.113	26.849
Age	65 605	10.846	7.715	0	9	30
Grow	65 605	0.176	0.592	−0.716	0.067	4.084
Roa	65 605	0.024	0.038	−0.148	0.017	0.154
Lev	65 605	0.425	0.213	0.056	0.411	0.939
Ibd	65 605	0.377	0.053	0.333	0.364	0.571
Board	65 605	18.379	3.791	8	18	44
Soe	65 605	0.334	0.472	0	0	1

在控制变量方面，Age 的均值为 10.846 年，也就是说样本公司年龄平均为 10.846 年。Grow 的均值为 0.176，说明样本公司营业收入年平均增长率为 17.6%，表明中国上市公司的成长性相当良好。Roa 的均值为 0.024，说明样本公司平均资产收益率为 2.4%。Lev 均值为 0.425，说明样本公司平均资产负债率为 42.5%，负债水平整体处于较为合理的状态。Board 的均值为 18.379，说明样本公司中董事会人数平均为 18.379 个。Soe 的均值为 0.334，说明样本公司中国有企业的比例为 33.4%。

为了分析社交媒体对监管者介入和公司绩效的影响，本章根据上市公司是否收到问询函将样本分为收到问询函和没有收到问询函两组，对两组数据进行均值差异 t 检验，结果如表 9-3 所示。

表 9-3　均值差异 t 检验

变量	未收到问询函的样本量	均值 1	收到问询函的样本量	均值 2	均值的差异
lnTpostNum	60 363	7.492	5 242	7.589	−0.098***
lnNegpostNum	60 363	5.947	5 242	6.058	−0.111***
TobinQ	60 363	2.377	5 242	2.631	−0.253***
lnSize	60 363	22.328	5 242	22.048	0.279***
Age	60 363	10.767	5 242	11.754	−0.987***
Grow	60 363	0.180	5 242	0.128	0.052***
Roa	60 363	0.025	5 242	0.004	0.021***
Lev	60 363	0.422	5 242	0.460	−0.039***
Ibd	60 363	0.376	5 242	0.382	−0.006***
Board	60 363	18.474	5 242	17.278	1.196***
Soe	60 363	0.346	5 242	0.197	0.149***

***表示在 1% 水平上显著

收到问询函的上市公司明显有更多的股吧帖子数量和股吧负面帖子数量，并且这种差异在 1% 的水平上显著，这初步表明股吧论坛上的帖子会影响非处罚性监管。所有控制变量在未问询与问询公司之间的均值差异都在 1% 的水平上显著。具体来说，收到问询函的公司拥有更小的规模、更久的成立时间、更差的成长性、更低的资产收益率、更高的负债水平、更高的独立董事比例和更小的董事会规模。此外，与收到问询函的公司相比，未收到问询函的公司中股权性质是国企的比例更高。对于被解释变量公司绩效（TobinQ）来说，收到问询函的公司的绩效更好。在后面的多元回归分析中，本章将进一步检验以上解释变量和控制变量对非处罚性监管的影响，以及非处罚性监管对公司绩效的影响。

9.3.2 股吧发帖量、行政介入与公司绩效回归结果

表 9-4 是股吧发帖量对公司绩效影响的回归结果，解释变量是股吧发帖量（lnTpostNum），中介变量是非处罚性监管（CLN），被解释变量是公司绩效（TobinQ），采用的是面板固定效应模型。为了消除异方差性等因素的影响，本章使用公司聚类效应对回归的标准误进行修正，并在括号里输出了 t 值。

表 9-4 股吧发帖量、非处罚性监管与公司绩效回归结果

变量	（1）	（2）	（3）
	TobinQ	CLN	TobinQ
lnTpostNum	0.183***	0.036***	0.179***
	(8.788)	(12.391)	(8.618)
CLN			0.116***
			(4.267)
lnSize	−0.599***	−0.023***	−0.596***
	(−18.938)	(−8.388)	(−18.811)
Age	0.036***	0.003***	0.036***
	(9.542)	(6.726)	(9.446)
Grow	0.168***	−0.006*	0.169***
	(7.695)	(−1.711)	(7.723)
Roa	4.719***	−0.898***	4.822***
	(7.289)	(−12.320)	(7.449)
Lev	−0.097	0.149***	−0.114
	(−0.582)	(8.123)	(−0.683)
Ibd	1.291***	0.046	1.286***
	(3.818)	(1.114)	(3.806)
Board	0.002	−0.004***	0.002
	(0.354)	(−6.950)	(0.449)
Soe	−0.221***	−0.075***	−0.212***
	(−4.422)	(−12.771)	(−4.247)

续表

变量	（1）	（2）	（3）
	TobinQ	CLN	TobinQ
常数项	13.437***	0.362***	13.395***
	(21.163)	(6.982)	(21.054)
季度固定效应	控制	控制	控制
行业固定效应	控制	控制	控制
样本数	65 605	65 605	65 605
R^2	0.311	0.069	0.311

注：括号内为回归系数的 t 值

***和*分别表示在 1%和 10%水平上显著

　　表 9-4 第（1）列是式（9-3）的回归结果，股吧发帖量对公司绩效回归的系数在 1%的水平上显著为正（0.183），充分说明股吧发帖量越多，公司绩效越高。这证实了 H9-1a。第（2）列是式（9-4）的回归结果，CLN 作为被解释变量，此时股吧发帖量的系数为正（0.036），在 1%的水平下显著不为 0。这说明自变量股吧发帖量对中介变量非处罚性监管具有正向影响作用。第（3）列是式（9-5）的回归结果，将股吧发帖量、非处罚性监管同时作为解释变量放入式（9-5）中对公司绩效进行回归，股吧发帖量的系数仍然与式（9-3）中的符号一致，非处罚性监管的系数估计值为 0.116，均在 1%的水平下显著，这说明非处罚性监管在股吧发帖量和公司绩效的关系中发挥了部分中介作用。这证实了 H9-2a。

9.3.3　股吧负面发帖量、行政介入与公司绩效回归结果

　　表 9-5 是股吧发帖量对公司绩效影响的回归结果，解释变量是股吧负面发帖量（lnNegpostNum），中介变量是 CLN，被解释变量是公司绩效（TobinQ），采用的是面板固定效应模型。为了消除异方差性等因素的影响，本章使用公司聚类效应对回归的标准误进行修正，并在括号里输出了 t 值。

表 9-5　股吧负面发帖量、非处罚性监管与公司绩效回归结果

变量	（1）	（2）	（3）
	TobinQ	CLN	TobinQ
lnNegpostNum	0.123***	0.032***	0.119***
	(6.574)	(12.323)	(6.390)
CLN			0.123***
			(4.532)
lnSize	−0.585***	−0.022***	−0.582***
	(−18.582)	(−8.048)	(−18.457)
Age	0.037***	0.003***	0.036***
	(9.656)	(6.783)	(9.554)

续表

变量	（1） TobinQ	（2） CLN	（3） TobinQ
Grow	0.168*** (7.657)	−0.006* (−1.680)	0.168*** (7.687)
Roa	4.701*** (7.245)	−0.889*** (−12.190)	4.810*** (7.413)
Lev	−0.106 (−0.634)	0.147*** (8.032)	−0.124 (−0.741)
Ibd	1.307*** (3.847)	0.048 (1.162)	1.301*** (3.834)
Board	0.002 (0.348)	−0.004*** (−6.916)	0.002 (0.449)
Soe	−0.227*** (−4.526)	−0.076*** (−12.835)	−0.218*** (−4.339)
常数项	13.771*** (21.618)	0.416*** (8.035)	13.719*** (21.492)
季度固定效应	控制	控制	控制
行业固定效应	控制	控制	控制
样本数	65 605	65 605	65 605
R^2	0.308	0.068	0.308

注：括号内为回归系数的 t 值

***和*分别表示在 1%和 10%水平上显著

表 9-5 第（1）列是式（9-3）的回归结果，股吧负面发帖量对公司绩效回归的系数在 1%的水平上显著为正（0.123），充分说明股吧负面发帖量越多，公司绩效越高，这证实了 H9-1b。第（2）列是式（9-4）的回归结果，CLN 作为被解释变量，此时股吧负面发帖量的系数为正（0.032），在 1%的水平下显著不为 0。这说明自变量股吧负面发帖量对中介变量非处罚性监管具有正向影响作用。第（3）列是式（9-5）的回归结果，将股吧负面发帖量、非处罚性监管同时作为解释变量放入式（9-5）中对公司绩效进行回归，股吧负面发帖量的系数仍然与式（9-3）中的符号一致，非处罚性监管的系数估计值为 0.123，均在 1%的水平下显著，这说明非处罚性监管在股吧负面发帖量和公司绩效的关系中发挥了部分中介作用。这证实了 H9-2b。

9.4　内生性分析

股吧论坛与公司绩效之间可能存在内生性问题，也就是说，出于其他未观测到的原因，股吧（负面）发帖量可能与公司绩效正相关。鉴于此，本章分别采用工具变量法和熵平衡控制内生性问题的影响。

9.4.1　工具变量法

由于因变量与自变量之间可能存在互为因果问题，以及遗漏变量问题，本章采用两阶段最小二乘方法进行内生性检验。

选取公司所在城市的平均股吧发帖量（lnTpostNum_City）作为股吧发帖量的工具变量，选取公司所在城市的平均股吧负面发帖量（lnNegpostNum_City）作为股吧负面发帖量的工具变量，对结果进行验证。这样做的理由在于，公司所在城市的平均股吧发帖量会影响公司股吧发帖量（满足工具变量的相关性条件），但不会直接影响公司的绩效（满足工具变量的外生性条件）。同样，公司所在城市的平均股吧负面发帖量会影响公司股吧负面发帖量（满足工具变量的相关性条件），但不会直接影响公司的绩效（满足工具变量的外生性条件）。因此 lnTpostNum_City 和 lnNegpostNum_City 满足相关性条件和外生性条件，可作为工具变量。

表 9-6 展示了工具变量的回归结果，第（1）列表明公司所在城市的平均股吧发帖量（lnTpostNum_City）可以显著地提升股吧发帖量（lnTpostNum）。然后用股吧发帖量（lnTpostNum）的预测值（Instrumented-lnTpostNum）代替 lnTpostNum 做式（9-3）的回归。第（2）列表明 Instrumented-lnTpostNum 的系数在 1% 的水平下显著为正，这与表 9-4 中的结论相一致。

表 9-6　工具变量法回归结果

变量	（1）第一阶段 lnTpostNum	（2）第二阶段 TobinQ	（3）第一阶段 lnNegpostNum	（4）第二阶段 TobinQ
lnTpostNum_City	0.557*** (37.410)			
Instrumented-lnTpostNum		0.749*** (13.705)		
lnNegpostNum_City			0.565*** (36.400)	
Instrumented-lnNegpostNum				0.649*** (12.617)
lnSize	0.192*** (64.130)	−0.714*** (−56.188)	0.182*** (55.540)	−0.687*** (−58.662)
Age	0.010*** (21.090)	0.030*** (26.864)	0.010*** (20.050)	0.031*** (27.650)
Grow	−0.027*** (−5.440)	0.182*** (17.576)	−0.035*** (−6.300)	0.184*** (17.636)
Roa	−0.940*** (−10.740)	5.320*** (28.073)	−1.343*** (−14.000)	5.488*** (27.836)
Lev	−0.032* (−1.750)	−0.069* (−1.844)	0.010 (0.520)	−0.105*** (−2.780)

续表

变量	（1）第一阶段	（2）第二阶段	（3）第一阶段	（4）第二阶段
	lnTpostNum	TobinQ	lnNegpostNum	TobinQ
Ibd	0.130**	1.189***	0.099	1.234***
	(2.260)	(10.071)	(1.580)	(10.429)
Board	−0.003***	0.003	−0.003***	0.003*
	(−2.870)	(1.645)	(−3.400)	(1.809)
Soe	−0.083***	−0.175***	−0.073***	−0.189***
	(−10.960)	(−10.853)	(−8.850)	(−11.818)
常数项	−0.909***	11.300***	−1.471***	12.506***
	(−6.950)	(49.784)	(−12.320)	(72.277)
样本数	65 605	65 605	65 605	65 605
F 值	1 399.540	571.360	1 324.760	567.130
Anderson LM 统计量		1 371.289		1 299.473
Cragg-Donald Wald F 统计量		1 399.539		1 324.763
Sargan 统计量		0.000		0.000

注：括号内为回归系数的 t 值

***、**和*分别表示在 1%、5%和 10%水平上显著

相似地，第（3）列表明公司所在城市的平均股吧负面发帖量（lnNcgpostNum_City）可以显著地提升股吧负面发帖量（lnNegpostNum）。然后用股吧负面发帖量（lnNegpostNum）的预测值（Instrumented-lnNegpostNum）替代 lnNegpostNum 进行式（9-3）的回归。第（4）列表明 Instrumented-lnNegpostNum 的系数在 1%的水平下显著为正。这与表 9-5 中的结论相一致，意味着互为因果的内生性问题没有严重到影响本章相关结论的成立。股吧发帖量及股吧负面发帖量对公司绩效的正向影响仍显著。

Anderson LM 统计量的值分别为 1371.289 和 1299.473，对应的 p 值均为 0，说明工具变量与内生变量有较强的相关性，不存在识别不足问题。Cragg-Donald Wald F 检验的统计量，高于 Stock-Yogo 检验 10%水平上的临界值，说明不存在弱工具变量问题。Sargan 统计量为 0，说明工具变量不存在过度识别问题。由此可见，本章选取的工具变量是有效的。

9.4.2　熵平衡

为了解决可能存在的样本选择问题，本章使用熵平衡得出的加权样本进行分析。具体而言，当解释变量是股吧发帖量时，本章构造虚拟变量 Treated_A，将研究样本分为两组，当 Treated_A=1 时，表示股吧发帖量大于全样本的中位数（实验组）；当 Treated_A=0 时，表示股吧发帖量小于全样本的中位数（控制组）。当解释变量是股吧负面发帖量时，本章构造虚拟变量 Treated_B，将研究样本分为两

组，当 Treated_B=1 时，表示股吧负面发帖量大于全样本的中位数（实验组）；当 Treated_B=0 时，表示股吧负面发帖量小于全样本的中位数（控制组）。

本章对每一个控制组观测值计算权重，使它的第一、第二和第三矩与实验组的第一、第二和第三矩相等，有效地将股吧发帖量多的公司和股吧发帖量少的公司匹配，将股吧负面发帖量多的公司和股吧负面发帖量少的公司匹配。表 9-7 和表 9-8 列出了未加权以及对对照组进行熵平衡赋权后的协变量的均值、方差和偏度。

表 9-7   熵平衡赋权后的协变量（解释变量为股吧发帖量）

变量	实验组			控制组		
	均值	方差	偏度	均值	方差	偏度
熵平衡匹配之前						
lnSize	22.630	2.228	0.687	21.950	1.425	0.871
Age	11.930	58.870	0.149	9.685	58.700	0.680
Grow	0.160	0.383	3.961	0.182	0.315	4.069
Roa	0.021	0.002	−0.347	0.027	0.002	−0.069
Lev	0.455	0.048	0.181	0.395	0.041	0.445
Ibd	0.378	0.003	1.310	0.377	0.003	1.133
Board	18.730	17.030	1.149	17.940	11.350	0.906
Soe	0.367	0.232	0.551	0.286	0.204	0.950
熵平衡匹配之后						
lnSize	22.630	2.228	0.687	22.630	2.228	0.687
Age	11.930	58.870	0.149	11.930	58.870	0.149
Grow	0.160	0.383	3.961	0.160	0.383	3.961
Roa	0.021	0.002	−0.347	0.021	0.002	−0.347
Lev	0.455	0.048	0.181	0.455	0.048	0.181
Ibd	0.378	0.003	1.310	0.378	0.003	1.310
Board	18.730	17.030	1.149	18.730	17.030	1.149
Soe	0.367	0.232	0.551	0.367	0.232	0.551

表 9-8   熵平衡赋权后的协变量（解释变量为股吧负面发帖量）

变量	实验组			控制组		
	均值	方差	偏度	均值	方差	偏度
熵平衡匹配之前						
lnSize	22.590	2.189	0.704	21.990	1.509	0.909
Age	11.820	58.360	0.160	9.799	59.700	0.665
Grow	0.161	0.383	3.968	0.182	0.315	4.059
Roa	0.021	0.002	−0.389	0.027	0.001	0.006
Lev	0.454	0.048	0.181	0.396	0.042	0.449

续表

变量	实验组			控制组		
	均值	方差	偏度	均值	方差	偏度
熵平衡匹配之前						
Ibd	0.377	0.003	1.307	0.377	0.003	1.140
Board	18.700	16.760	1.143	17.970	11.660	0.957
Soe	0.365	0.232	0.562	0.288	0.205	0.937
熵平衡匹配之后						
lnSize	22.590	2.189	0.704	22.590	2.189	0.704
Age	11.820	58.360	0.160	11.820	58.360	0.160
Grow	0.161	0.383	3.968	0.161	0.383	3.968
Roa	0.021	0.002	−0.389	0.021	0.002	−0.389
Lev	0.454	0.048	0.181	0.454	0.048	0.181
Ibd	0.377	0.003	1.307	0.377	0.003	1.307
Board	18.700	16.760	1.143	18.700	16.760	1.143
Soe	0.365	0.232	0.562	0.365	0.232	0.562

在加权以平衡协变量之后，多元回归提供了适当的处置效果推论。表 9-9 报告了基于熵平衡处理样本之后的检验结果。表 9-9 的第（1）列展示了股吧发帖量和非处罚性监管的关系，股吧发帖量的系数为 0.126，在 1% 水平上显著为正。表 9-9 的第（2）列展示了股吧负面发帖量和非处罚性监管的关系，股吧负面发帖量的系数为 0.085，在 1% 水平上显著为正。这说明本章的主要结论不变，即当减小股吧发帖量多的公司和股吧发帖量少的公司之间的样本差异后，股吧发帖量依然能够显著增加非处罚性监管。减小股吧负面发帖量多的公司和股吧负面发帖量少的公司的样本差异后，股吧负面发帖量依然能够显著增加非处罚性监管。

表 9-9　股吧发帖及负面发帖对非处罚性监管影响的熵平衡匹配检验结果

变量	（1）	（2）
	TobinQ	TobinQ
lnTpostNum	0.126***	
	(7.132)	
lnNegpostNum		0.085***
		(4.936)
lnSize	−0.497***	−0.497***
	(−18.074)	(−17.877)
Age	0.027***	0.029***
	(7.697)	(8.153)
Grow	0.126***	0.130***
	(6.804)	(6.856)
Roa	3.633***	3.490***
	(6.168)	(5.964)

续表

变量	（1）TobinQ	（2）TobinQ
Lev	−0.304*	−0.305*
	(−1.931)	(−1.937)
Ibd	1.239***	1.274***
	(3.761)	(3.832)
Board	0.003	0.004
	(0.560)	(0.690)
Soe	−0.211***	−0.227***
	(−4.496)	(−4.837)
常数项	11.810***	12.211***
	(21.404)	(21.694)
季度固定效应	控制	控制
行业固定效应	控制	控制
样本数	65 605	65 605
R^2	0.302	0.299

注：括号内为回归系数的 t 值

***和*分别表示在 1%和 10%水平上显著

9.5 稳健性检验

9.5.1 采用不同方法聚类处理稳健标准误

在主回归部分，本章对回归系数的标准误进行了公司层面的聚类处理。为了消除可能存在其他的异方差性影响到估计模型的有效性，本章对回归系数的标准误根据城市、省份和行业三个维度进行聚类处理，结果如表 9-10 所示。无论是基于何种方式聚类的结果显示，股吧发帖量越多，公司绩效越高；股吧负面发帖量越多，公司绩效越高。本章的主要结论依然显著。

表 9-10　采用不同方法聚类处理稳健标准误回归结果

变量	（1）城市层面 TobinQ	（2）省份层面 TobinQ	（3）行业层面 TobinQ	（4）城市层面 TobinQ	（5）省份层面 TobinQ	（6）行业层面 TobinQ
lnTpostNum	0.183***	0.183***	0.183***			
	(10.418)	(8.836)	(8.748)			
lnNegpostNum				0.123***	0.123***	0.123***
				(7.279)	(6.227)	(6.559)
lnSize	−0.599***	−0.599***	−0.599***	−0.585***	−0.585***	−0.585***
	(−13.148)	(−10.875)	(−14.139)	(−12.836)	(−10.656)	(−14.284)

续表

变量	（1）城市层面 TobinQ	（2）省份层面 TobinQ	（3）行业层面 TobinQ	（4）城市层面 TobinQ	（5）省份层面 TobinQ	（6）行业层面 TobinQ
Age	0.036***	0.036***	0.036***	0.037***	0.037***	0.037***
	(7.603)	(7.102)	(5.166)	(7.616)	(7.109)	(5.177)
Grow	0.168***	0.168***	0.168***	0.168***	0.168***	0.168***
	(7.283)	(6.215)	(3.994)	(7.284)	(6.225)	(4.008)
Roa	4.719***	4.719***	4.719***	4.701***	4.701***	4.701***
	(6.201)	(5.995)	(3.480)	(6.159)	(5.948)	(3.454)
Lev	−0.097	−0.097	−0.097	−0.106	−0.106	−0.106
	(−0.521)	(−0.482)	(−0.914)	(−0.567)	(−0.528)	(−0.996)
Ibd	1.291***	1.291***	1.291***	1.307***	1.307***	1.307***
	(3.036)	(2.823)	(5.738)	(3.050)	(2.823)	(5.823)
Board	0.002	0.002	0.002	0.002	0.002	0.002
	(0.416)	(0.571)	(0.396)	(0.409)	(0.566)	(0.387)
Soe	−0.221***	−0.221***	−0.221***	−0.227***	−0.227***	−0.227***
	(−4.307)	(−5.137)	(−4.958)	(−4.387)	(−5.264)	(−5.002)
常数项	13.437***	13.437***	13.437***	13.771***	13.771***	13.771***
	(13.478)	(12.227)	(16.744)	(13.891)	(12.470)	(17.263)
季度固定效应	控制	控制	控制	控制	控制	控制
行业固定效应	控制	控制	控制	控制	控制	控制
样本数	65 605	65 605	65 605	65 605	65 605	65 605
R^2	0.311	0.311	0.311	0.308	0.308	0.308

注：括号内为回归系数的 t 值

***表示在 1%水平上显著

9.5.2　替换解释变量

主检验中，本章使用股吧发帖量度量股吧论坛上的信息。在稳健性检验中，本章使用股吧帖子阅读量（lnReadNum）和股吧帖子评论量（lnCommentNum），来衡量股吧论坛这一新媒体上的信息。lnReadNum 的计算方法是，股吧上关于该公司的帖子阅读量加 1 后取自然对数。lnCommentNum 的计算方法是，公司所在股吧的全部发帖数量加 1 后取自然对数。

表 9-11 中第（1）~（3）列，股吧帖子阅读量和非处罚性监管的系数均在 1% 的水平显著为正，表明股吧帖子阅读量越大，公司绩效越高，非处罚性监管在股吧帖子阅读量和公司绩效的关系中发挥了部分中介作用。表 9-11 中第（4）~（6）列，股吧帖子评论量和非处罚性监管的系数均在 1% 的水平显著为正，表明股吧帖

子评论量越大，公司绩效越高，监管者行政介入在股吧帖子评论量和公司绩效的关系中发挥了部分中介作用。这说明本章的主要结论依然显著。

表 9-11　替换解释变量回归结果

变量	（1）TobinQ	（2）CLN	（3）TobinQ	（4）TobinQ	（5）CLN	（6）TobinQ
lnReadNum	0.254***	0.040***	0.250***			
	(12.560)	(13.626)	(12.391)			
lnCommentNum				0.135***	0.029***	0.132***
				(8.838)	(13.616)	(8.650)
CLN			0.097***			0.111***
			(3.608)			(4.124)
lnSize	−0.621***	−0.025***	−0.618***	−0.595***	−0.023***	−0.592***
	(−19.552)	(−9.062)	(−19.421)	(−18.839)	(−8.344)	(−18.712)
Age	0.034***	0.003***	0.034***	0.036***	0.003***	0.036***
	(9.144)	(6.237)	(9.064)	(9.533)	(6.632)	(9.440)
Grow	0.168***	−0.006*	0.168***	0.168***	−0.006*	0.169***
	(7.696)	(−1.780)	(7.720)	(7.661)	(−1.716)	(7.688)
Roa	4.742***	−0.903***	4.830***	4.732***	−0.892***	4.831***
	(7.387)	(−12.448)	(7.523)	(7.331)	(−12.279)	(7.484)
Lev	−0.092	0.149***	−0.106	−0.103	0.148***	−0.119
	(−0.554)	(8.187)	(−0.640)	(−0.617)	(8.095)	(−0.714)
Ibd	1.280***	0.046	1.275***	1.305***	0.049	1.300***
	(3.817)	(1.108)	(3.806)	(3.860)	(1.179)	(3.847)
Board	0.002	−0.004***	0.003	0.002	−0.004***	0.003
	(0.451)	(−6.887)	(0.531)	(0.382)	(−6.921)	(0.473)
Soe	−0.204***	−0.073***	−0.197***	−0.219***	−0.074***	−0.211***
	(−4.118)	(−12.545)	(−3.971)	(−4.383)	(−12.749)	(−4.215)
常数项	11.658***	0.105*	11.648***	13.712***	0.412***	13.666***
	(18.158)	(1.863)	(18.126)	(21.679)	(8.014)	(21.557)
季度固定效应	控制	控制	控制	控制	控制	控制
行业固定效应	控制	控制	控制	控制	控制	控制
样本数	65 605	65 605	65 605	65 605	65 605	65 605
R^2	0.317	0.070	0.318	0.311	0.070	0.312

注：括号内为回归系数的 t 值

***和*分别表示在 1% 和 10% 水平上显著

9.5.3　替换非处罚性监管的指标

主检验中，本章使用上市公司收到的问询函数量（CLN）来衡量非处罚性监管的介入。在稳健性检验中，本章使用上市公司收到问询函的严重程度（lnInqcntet_len），即每月公司收到问询函的总字数取自然对数，来衡量非处罚性监管介入的程度，结果见表 9-12。

表 9-12 替换非处罚性监管的指标为问询函的严重程度（lnInqcntet_len）

变量	（1）	（2）	（3）	（4）	（5）	（6）
	TobinQ	lnInqcntet_len	TobinQ	TobinQ	lnInqcntet_len	TobinQ
lnTpostNum	0.183***	0.189***	0.179***			
	(8.788)	(12.807)	(8.638)			
lnNegpostNum				0.123***	0.168***	0.120***
				(6.574)	(12.666)	(6.410)
lnInqcntet_len			0.019***			0.021***
			(4.333)			(4.633)
lnSize	−0.599***	−0.128***	−0.596***	−0.585***	−0.122***	−0.583***
	(−18.938)	(−9.543)	(−18.826)	(−18.582)	(−9.173)	(−18.471)
Age	0.036***	0.017***	0.036***	0.037***	0.017***	0.036***
	(9.542)	(8.330)	(9.450)	(9.656)	(8.391)	(9.558)
Grow	0.168***	−0.018	0.169***	0.168***	−0.017	0.168***
	(7.695)	(−0.999)	(7.708)	(7.657)	(−0.964)	(7.671)
Roa	4.719***	−4.807***	4.812***	4.701***	−4.756***	4.800***
	(7.289)	(−13.771)	(7.439)	(7.245)	(−13.618)	(7.403)
Lev	−0.097	0.833***	−0.113	−0.106	0.824***	−0.124
	(−0.582)	(9.360)	(−0.677)	(−0.634)	(9.254)	(−0.735)
Ibd	1.291***	0.192	1.287***	1.307***	0.202	1.303***
	(3.818)	(0.890)	(3.809)	(3.847)	(0.938)	(3.837)
Board	0.002	−0.025***	0.002	0.002	−0.024***	0.002
	(0.354)	(−7.431)	(0.442)	(0.348)	(−7.395)	(0.442)
Soe	−0.221***	−0.409***	−0.213***	−0.227***	−0.412***	−0.218***
	(−4.422)	(−13.636)	(−4.260)	(−4.526)	(−13.710)	(−4.353)
常数项	13.437***	2.134***	13.396***	13.771***	2.414***	13.720***
	(21.163)	(8.048)	(21.060)	(21.618)	(9.200)	(21.501)
季度固定效应	控制	控制	控制	控制	控制	控制
行业固定效应	控制	控制	控制	控制	控制	控制
样本数	65 605	65 605	65 605	65 605	65 605	65 605
R^2	0.311	0.080	0.311	0.308	0.079	0.308

注：括号内为回归系数的 t 值
***表示在 1%水平上显著

表 9-12 的（1）~（3）列中，lnTpostNum 和 lnInqcntet_len 的系数均在 1%的水平显著为正，表明股吧发帖量越多，公司绩效越高，非处罚性监管在股吧发帖

量和公司绩效的关系中发挥了部分中介作用。表 9-12 的（4）~（6）列中，lnNegpostNum 和 lnInqcntet_len 的系数均在 1% 的水平显著为正，表明股吧负面发帖量越多，公司绩效越高，非处罚性监管在股吧负面发帖量和公司绩效的关系中发挥了部分中介作用。这说明本章的主要结论依然稳健。

交易所发出的问询函分为两类，一类问询函涉及定期财务报告（年报、半年报），另一类问询函涉及并购重组。在稳健性检验中，本章剔除了涉及并购重组的问询函，使用上市公司收到的定期财务报告类问询函的数量（CLN_report）来度量非处罚性监管，重新估计了中介效应模型，结果见表 9-13。

表 9-13　替换非处罚性监管的指标为财报类问询函数量（CLN_report）

变量	（1）	（2）	（3）	（4）	（5）	（6）
	TobinQ	CLN_report	TobinQ	TobinQ	CLN_report	TobinQ
lnTpostNum	0.175***	0.036***	0.173***			
	(8.305)	(12.155)	(8.204)			
lnNegpostNum				0.115***	0.032***	0.112***
				(6.025)	(12.278)	(5.910)
CLN_report			0.075**			0.083***
			(2.546)			(2.817)
lnSize	−0.595***	−0.020***	−0.593***	−0.582***	−0.019***	−0.580***
	(−18.551)	(−7.418)	(−18.452)	(−18.209)	(−7.104)	(−18.112)
Age	0.036***	0.003***	0.036***	0.037***	0.003***	0.037***
	(9.518)	(6.689)	(9.440)	(9.630)	(6.742)	(9.547)
Grow	0.170***	−0.009**	0.171***	0.169***	−0.009**	0.170***
	(7.668)	(−2.490)	(7.692)	(7.621)	(−2.453)	(7.647)
Roa	4.389***	−0.826***	4.451***	4.364***	−0.815***	4.432***
	(6.710)	(−11.124)	(6.802)	(6.660)	(−10.988)	(6.760)
Lev	−0.150	0.146***	−0.161	−0.158	0.145***	−0.170
	(−0.893)	(7.938)	(−0.955)	(−0.938)	(7.852)	(−1.006)
Ibd	1.264***	0.049	1.261***	1.280***	0.051	1.276***
	(3.682)	(1.182)	(3.672)	(3.710)	(1.227)	(3.699)
Board	0.002	−0.004***	0.002	0.002	−0.004***	0.002
	(0.380)	(−6.649)	(0.437)	(0.380)	(−6.612)	(0.444)
Soe	−0.218***	−0.075***	−0.213***	−0.224***	−0.076***	−0.218***
	(−4.284)	(−13.150)	(−4.171)	(−4.385)	(−13.215)	(−4.260)
常数项	13.440***	0.292***	13.418***	13.770***	0.345***	13.741***
	(20.821)	(5.599)	(20.740)	(21.255)	(6.655)	(21.158)
季度固定效应	控制	控制	控制	控制	控制	控制
行业固定效应	控制	控制	控制	控制	控制	控制
样本数	60 001	60 001	60 001	60 001	60 001	60 001
R^2	0.317	0.072	0.317	0.314	0.071	0.314

注：括号内为回归系数的 t 值

***、**分别表示在 1%、5% 水平上显著

表 9-13 的（1）～（3）列中，lnTpostNum 和 CLN_report 的系数均至少在 5% 的水平显著为正，表明股吧发帖量越多，公司绩效越高，且非处罚性监管在股吧发帖量和公司绩效的关系中发挥了部分中介作用。表 9-13 的（4）～（6）列中，lnNegpostNum 和 CLN_report 的系数均在 1%的水平显著为正，表明股吧负面发帖量越多，公司绩效越高，非处罚性监管在股吧负面发帖量和公司绩效的关系中发挥了部分中介作用。可见本章的主要结论依然稳健。

9.5.4 剔除金融行业样本和风险警示的样本

本章剔除了金融行业的样本，重新估计了中介效应模型，结果见表 9-14。在表 9-14 的（1）～（3）列中，lnTpostNum 和 CLN 的系数均在 1%的水平显著为正，这说明剔除了金融行业之后，股吧发帖量越多，公司绩效越高，非处罚性监管在股吧发帖量和公司绩效的关系中发挥了部分中介作用。在表 9-14 的（4）～（6）列中，lnNegpostNum 和 CLN 的系数均在 1%的水平显著为正，这说明剔除了金融行业之后，股吧负面发帖量越多，公司绩效越高，非处罚性监管在股吧负面发帖量和公司绩效的关系中发挥了部分中介作用。由此可见本章的主要结论依然稳健。

表 9-14　剔除金融行业样本的回归结果

变量	（1）	（2）	（3）	（4）	（5）	（6）
	TobinQ	CLN	TobinQ	TobinQ	CLN	TobinQ
lnTpostNum	0.188***	0.037***	0.184***			
	(8.945)	(12.620)	(8.775)			
lnNegpostNum				0.127***	0.033***	0.123***
				(6.718)	(12.573)	(6.534)
CLN			0.114***			0.122***
			(4.196)			(4.471)
lnSize	−0.610***	−0.023***	−0.608***	−0.596***	−0.022***	−0.594***
	(−18.829)	(−8.264)	(−18.701)	(−18.471)	(−7.916)	(−18.347)
Age	0.039***	0.003***	0.039***	0.040***	0.003***	0.039***
	(9.790)	(6.787)	(9.690)	(9.891)	(6.836)	(9.786)
Grow	0.179***	−0.006	0.179***	0.177***	−0.006	0.178***
	(7.803)	(−1.612)	(7.828)	(7.749)	(−1.587)	(7.776)
Roa	4.876***	−0.897***	4.978***	4.858***	−0.888***	4.967***
	(7.563)	(−12.168)	(7.726)	(7.519)	(−12.033)	(7.689)
Lev	−0.110	0.148***	−0.127	−0.119	0.146***	−0.137
	(−0.658)	(7.983)	(−0.757)	(−0.712)	(7.886)	(−0.816)
Ibd	1.240***	0.041	1.235***	1.256***	0.043	1.251***
	(3.604)	(0.973)	(3.593)	(3.635)	(1.021)	(3.623)

续表

变量	（1）	（2）	（3）	（4）	（5）	（6）
	TobinQ	CLN	TobinQ	TobinQ	CLN	TobinQ
Board	−0.001	−0.005***	−0.000	−0.001	−0.005***	−0.000
	（−0.101）	（−6.651）	（−0.012）	（−0.103）	（−6.622）	（−0.009）
Soe	−0.235***	−0.078***	−0.226***	−0.241***	−0.078***	−0.231***
	（−4.528）	（−12.702）	（−4.354）	（−4.624）	（−12.753）	（−4.438）
常数项	13.675***	0.358***	13.634***	14.012***	0.413***	13.962***
	（20.908）	（6.803）	（20.801）	（21.341）	（7.871）	（21.216）
季度固定效应	控制	控制	控制	控制	控制	控制
行业固定效应	控制	控制	控制	控制	控制	控制
样本数	63 988	63 988	63 988	63 988	63 988	63 988
R^2	0.308	0.069	0.308	0.305	0.069	0.305

注：括号内为回归系数的 t 值

***表示在 1%水平上显著

本章还把风险警示的公司从全样本中剔除，重新估计了中介效应模型，结果见表 9-15。在表 9-15 的（1）～（3）列中，lnTpostNum 和 CLN 的系数均在 1%的水平显著为正，这说明剔除了风险警示的样本之后，股吧发帖量越多，公司绩效越高，非处罚性监管在股吧发帖量和公司绩效的关系中发挥了部分中介作用。在表 9-15 的（4）～（6）列中，lnNegpostNum 和 CLN 的系数均在 1%的水平显著为正，这说明剔除了风险警示的样本之后，股吧负面发帖量越多，公司绩效越高，非处罚性监管在股吧负面发帖量和公司绩效的关系中发挥了部分中介作用。本章的主要结论依然稳健。

表 9-15　剔除风险警示样本的回归结果

变量	（1）	（2）	（3）	（4）	（5）	（6）
	TobinQ	CLN	TobinQ	TobinQ	CLN	TobinQ
lnTpostNum	0.172***	0.029***	0.168***			
	（8.388）	（10.536）	（8.192）			
lnNegpostNum				0.116***	0.025***	0.111***
				（6.270）	（10.283）	（6.067）
CLN			0.160***			0.167***
			（5.503）			（5.731）
lnSize	−0.499***	−0.019***	−0.496***	−0.486***	−0.018***	−0.483***
	（−17.239）	（−7.202）	（−17.168）	（−16.866）	（−6.866）	（−16.797）
Age	0.029***	0.002***	0.028***	0.029***	0.003***	0.029***
	（7.839）	（6.113）	（7.749）	（7.935）	（6.161）	（7.840）

续表

变量	（1）TobinQ	（2）CLN	（3）TobinQ	（4）TobinQ	（5）CLN	（6）TobinQ
Grow	0.165***	0.000	0.165***	0.164***	0.000	0.164***
	(7.461)	(0.062)	(7.455)	(7.433)	(0.083)	(7.426)
Roa	5.868***	−0.775***	5.992***	5.874***	−0.766***	6.002***
	(9.011)	(−11.394)	(9.217)	(9.002)	(−11.262)	(9.214)
Lev	−0.383**	0.119***	−0.402***	−0.393***	0.118***	−0.412***
	(−2.558)	(6.512)	(−2.688)	(−2.612)	(6.430)	(−2.746)
Ibd	1.176***	0.033	1.171***	1.188***	0.035	1.182***
	(3.667)	(0.885)	(3.657)	(3.689)	(0.927)	(3.679)
Board	0.002	−0.004***	0.002	0.002	−0.004***	0.002
	(0.294)	(−5.982)	(0.402)	(0.298)	(−5.948)	(0.410)
Soe	−0.163***	−0.062***	−0.153***	−0.168***	−0.063***	−0.157***
	(−3.446)	(−10.781)	(−3.246)	(−3.528)	(−10.832)	(−3.318)
常数项	11.468***	0.325***	11.416***	11.774***	0.367***	11.713***
	(20.129)	(6.406)	(20.068)	(20.500)	(7.290)	(20.430)
季度固定效应	控制	控制	控制	控制	控制	控制
行业固定效应	控制	控制	控制	控制	控制	控制
样本数	62 180	62 180	62 180	62 180	62 180	62 180
R^2	0.307	0.055	0.308	0.304	0.055	0.305

注：括号内为回归系数的 t 值

***、**分别表示在 1%、5%水平上显著

9.5.5　考虑年度数据的稳健性检验

在前面的分析中，股吧（负面）发帖量、非处罚性监管以及公司绩效的度量都是使用季度数据，其中一些控制变量中的公司财务数据是在年度数据的基础上人为地划分为季度数据。本章使用年度数据，重复前面的分析过程，结果如表 9-16 所示，解释变量与中间变量的系数均在 1%的水平上显著为正，说明股吧发帖量越多，公司绩效越高，非处罚性监管在股吧发帖量和公司绩效的关系中发挥了部分中介作用。股吧负面发帖量越多，公司绩效越高，非处罚性监管在股吧负面发帖量和公司绩效的关系中发挥了部分中介作用。这与基于季度数据的结果无质的差异。

表 9-16　基于年度数据的中介效应回归结果

变量	（1）TobinQ	（2）CLN	（3）TobinQ	（4）TobinQ	（5）CLN	（6）TobinQ
lnTpostNum	0.280***	0.059***	0.266***			
	(12.480)	(13.196)	(11.774)			

续表

变量	（1）	（2）	（3）	（4）	（5）	（6）
	TobinQ	CLN	TobinQ	TobinQ	CLN	TobinQ
lnNegpostNum				0.225***	0.049***	0.213***
				(10.992)	(12.191)	(10.341)
CLN			0.230***			0.247***
			(5.856)			(6.263)
lnSize	−0.615***	−0.026***	−0.610***	−0.601***	−0.023***	−0.596***
	(−19.698)	(−6.632)	(−19.438)	(−19.314)	(−6.040)	(−19.078)
Age	0.040***	0.002***	0.040***	0.041***	0.003***	0.040***
	(10.786)	(4.294)	(10.664)	(10.894)	(4.456)	(10.760)
Grow	0.147***	0.007	0.146***	0.146***	0.006	0.145***
	(4.781)	(0.956)	(4.766)	(4.751)	(0.929)	(4.736)
Roa	3.760***	−0.692***	3.919***	3.763***	−0.688***	3.933***
	(8.879)	(−8.032)	(9.218)	(8.853)	(−7.967)	(9.216)
Lev	0.079	0.084***	0.060	0.068	0.081***	0.048
	(0.457)	(3.373)	(0.345)	(0.391)	(3.276)	(0.275)
Ibd	1.205***	0.068	1.189***	1.221***	0.071	1.203***
	(3.595)	(1.383)	(3.552)	(3.633)	(1.446)	(3.584)
Board	−0.002	−0.003***	−0.001	−0.002	−0.003***	−0.001
	(−0.288)	(−3.866)	(−0.145)	(−0.288)	(−3.863)	(−0.135)
Soe	−0.255***	−0.058***	−0.242***	−0.263***	−0.059***	−0.248***
	(−5.204)	(−7.046)	(−4.941)	(−5.343)	(−7.187)	(−5.054)
常数项	13.092***	0.237***	13.037***	13.512***	0.323***	13.432***
	(21.220)	(3.273)	(21.102)	(21.821)	(4.424)	(21.655)
季度固定效应	控制	控制	控制	控制	控制	控制
行业固定效应	控制	控制	控制	控制	控制	控制
样本数	18 714	18 714	18 714	18 714	18 714	18 714
R^2	0.321	0.052	0.323	0.317	0.049	0.320

注：括号内为回归系数的 t 值

***表示在 1%水平上显著

9.5.6　考虑不同地理区域的稳健性检验

本章根据上市公司所在地区的差异，将全样本分为华北、东北、华东、华南、西南和西北六个子样本，分别对这六个区域的子样本进行分析，结果见表 9-17。除了第（2）列的股吧发帖量系数不显著之外，第（1）列、第（3）～（6）列系数均在 1%的水平上显著为正。这说明，除了东北地区的上市公司之外，华北、华东、华南、西南和西北这五个地区的上市公司的股吧发帖量能够正向影响下一季度公司绩效。同样，除了东北地区的上市公司之外，其他五个地区的上市公司的股吧负面发帖量能够正向影响下一季度公司绩效。

表 9-17　考虑不同地理区域的股吧（负面）发帖量对公司绩效影响的回归结果

变量	（1）	（2）	（3）	（4）	（5）	（6）
	华北	东北	华东	华南	西南	西北
解释变量：股吧发帖量						
lnTpostNum	0.257***	0.082	0.155***	0.140***	0.303***	0.185***
	(4.909)	(1.128)	(5.760)	(3.153)	(3.117)	(2.854)
常数项	10.870***	12.433***	13.235***	15.349***	15.660***	15.123***
	(12.231)	(8.922)	(12.291)	(11.390)	(5.375)	(8.858)
控制变量	控制	控制	控制	控制	控制	控制
季度固定效应	控制	控制	控制	控制	控制	控制
行业固定效应	控制	控制	控制	控制	控制	控制
样本数	10 840	2 918	28 677	15 417	4 697	3 056
R^2	0.360	0.375	0.306	0.330	0.365	0.419
解释变量：股吧负面发帖量						
lnNegpostNum	0.196***	0.054	0.100***	0.074*	0.218***	0.151**
	(4.081)	(0.833)	(4.126)	(1.835)	(2.624)	(2.530)
常数项	11.306***	12.573***	13.525***	15.657***	16.097***	15.465***
	(12.461)	(9.190)	(12.522)	(11.526)	(5.535)	(9.072)
控制变量	控制	控制	控制	控制	控制	控制
季度固定效应	控制	控制	控制	控制	控制	控制
行业固定效应	控制	控制	控制	控制	控制	控制
样本数	10 840	2 918	28 677	15 417	4 697	3 056
R^2	0.356	0.374	0.304	0.328	0.361	0.418

注：括号内为回归系数的 t 值

***、**和*分别表示在 1%、5% 和 10% 水平上显著

9.6　进一步分析

9.6.1　有调节的中介效应分析

通过上文的分析，本章发现社交媒体通过非处罚性监管的途径影响公司绩效。在这一节，本章检验了中介变量非处罚性监管是否受调节变量影响。本章采用依次检验法来检验有调节的中介效应，具体的计量模型如下。

$$Y = \beta_{10} + \beta_{11}X + \beta_{12}\text{Mo} + \beta_{13}X \times \text{Mo} + \text{Controls} + \text{QuarterFixed} + \text{IndustryFixed} + \varepsilon_1 \tag{9-6}$$

$$Me = \beta_{20} + \beta_{21}X + \beta_{22}\text{Mo} + \beta_{23}X \times \text{Mo} + \text{Controls} + \text{QuarterFixed} + \text{IndustryFixed} + \varepsilon_2 \tag{9-7}$$

$$Y = \beta_{30} + \beta_{31}X + \beta_{32}\text{Mo} + \beta_{33}X \times \text{Mo} + \beta_{34}Me + \beta_{35}Me \times \text{Mo} + \text{Controls} + \text{QuarterFixed} + \text{IndustryFixed} + \varepsilon_3 \tag{9-8}$$

其中，X 为解释变量，即股吧论坛这一新媒体上的信息，分别是股吧发帖量（lnTpostNum）和股吧负面发帖量（lnNegpostNum）；Y 为被解释变量，即上一季度的公司绩效（TobinQ）；Me 为中介变量，即非处罚性监管，上市公司收到的问询函数量（CLN）；Mo 为调节变量，本章使用公司的股权性质（Soe）作为调节变量。Controls 为所有的控制变量；QuarterFixed 为时间固定效应；IndustryFixed 为行业固定效应。

根据 Muller 等（2005）的研究，有调节的中介效应需要满足以下条件：$\beta_{23}\neq0$ 且 $\beta_{34}\neq0$，或 $\beta_{31}\neq0$ 且 $\beta_{35}\neq0$，或 $\beta_{23}\neq0$ 且 $\beta_{35}\neq0$。至少有一组成立，则中介效应受到调节。

当解释变量是股吧发帖量时，表 9-18 报告了有调节的中介检验回归结果。在第（1）列，股吧发帖量对下一季度的公司绩效有显著的正向影响（$\beta_{11}=0.159$，$t=6.719$）。这种影响的大小取决于调节变量（股权性质），因为股吧发帖量与股权性质的交乘项（lnTpostNum×Soe）的系数显著，即 β_{13} 显著，说明调节变量对整体的直接效应具有调节作用。在第（2）列，本章发现股权性质对股吧发帖量与非处罚性监管的关系有显著的负向调节作用（β_{23} 显著为负）。结合第（3）列中，非处罚性监管对公司绩效有显著的正向影响（$\beta_{34}=0.124$，$t=4.033$）。然而，非处罚性监管与股权性质的交乘项（CLN×Soe）的系数不显著，即 β_{35} 不显著，说明中介效应过程的后半路径不受股权性质的调节。

表 9-18　有调节的中介检验回归结果（解释变量是股吧发帖量）

变量		被解释变量				
		TobinQ		CLN		TobinQ
	系数	（1）	系数	（2）	系数	（3）
lnTpostNum	β_{11}	0.159***	β_{21}	0.039***	β_{31}	0.154***
		(6.719)		(11.238)		(6.542)
Soe	β_{12}	−0.822***	β_{22}	0.015	β_{32}	−0.821***
		(−2.928)		(0.482)		(−2.929)
lnTpostNum×Soe	β_{13}	0.079**	β_{23}	−0.012***	β_{33}	0.081**
		(2.167)		(−2.872)		(2.212)
CLN					β_{34}	0.124***
						(4.033)
CLN×Soe					β_{35}	−0.050
						(−0.752)
lnSize		−0.601***		−0.023***		−0.598***
		(−18.989)		(−8.264)		(−18.874)
Age		0.037***		0.003***		0.036***
		(9.618)		(6.520)		(9.511)
Grow		0.168***		−0.006*		0.169***

续表

变量	被解释变量					
	TobinQ		CLN		TobinQ	
	系数	（1）	系数	（2）	系数	（3）
		(7.685)		(−1.698)		(7.712)
Roa	4.725***		−0.899***		4.834***	
		(7.305)		(−12.328)		(7.468)
Lev	−0.096		0.149***		−0.112	
		(−0.576)		(8.122)		(−0.670)
Ibd	1.269***		0.049		1.262***	
		(3.756)		(1.192)		(3.738)
Board	0.002		−0.004***		0.002	
		(0.345)		(−6.935)		(0.435)
常数项	13.666***		0.328***		13.631***	
		(21.106)		(5.924)		(21.020)
季度固定效应	控制		控制		控制	
行业固定效应	控制		控制		控制	
样本数	65 605		65 605		65 605	
R^2	0.311		0.069		0.312	

注：括号内为回归系数的 t 值

***、**和*分别表示在 1%、5%和 10%水平上显著

通过依次检验法可知，$\beta_{23} \neq 0$ 且 $\beta_{34} \neq 0$ 是成立的。因此，非处罚性监管是股吧发帖量与公司绩效关系的中介变量，中介过程的前半路径以及直接路径，都受到股权性质的调节，中介过程的后半路径不受到股权性质的调节。国企的产权性质，削弱了股吧发帖量对非处罚性监管的正向影响，但是增强了股吧发帖量对公司绩效的正向影响。

当解释变量是股吧负面发帖量时，表 9-19 报告了有调节的中介检验回归结果。在第（1）列，股吧负面发帖量对下一季度的公司绩效有显著的正向影响（$\beta_{11}=0.095$，$t=4.323$）。这种影响的大小取决于调节变量（股权性质），因为股吧负面发帖量与股权性质的交乘项（lnNegpostNum×Soe）的系数显著，即 β_{13} 显著，说明调节变量对整体的直接效应具有调节作用。在第（2）列，本章发现股权性质对股吧负面发帖量与非处罚性监管的关系有显著的负向调节作用（β_{23} 显著为负）。结合第（3）列中，非处罚性监管对公司绩效有显著的正向影响（$\beta_{34}=0.132$，$t=4.277$）。然而，非处罚性监管与股权性质的交乘项（CLN×Soe）的系数不显著，即 β_{35} 不显著，说明中介效应过程的后半路径不受股权性质的调节。

表 9-19　有调节的中介检验回归结果（解释变量是股吧负面发帖量）

变量		被解释变量				
		TobinQ		CLN		TobinQ
	系数	（1）	系数	（2）	系数	（3）
lnNegpostNum	β_{11}	0.095***	β_{21}	0.035***	β_{31}	0.091***
		(4.323)		(11.043)		(4.133)
Soe	β_{12}	−0.783***	β_{22}	−0.004	β_{32}	−0.781***
		(−3.552)		(−0.166)		(−3.543)
lnNegpostNum×Soe	β_{13}	0.092***	β_{23}	−0.012***	β_{33}	0.093***
		(2.589)		(−2.982)		(2.638)
CLN					β_{34}	0.132***
						(4.277)
CLN×Soe					β_{35}	−0.051
						(−0.757)
lnSize		−0.587***		−0.022***		−0.585***
		(−18.654)		(−7.928)		(−18.541)
Age		0.037***		0.003***		0.037***
		(9.767)		(6.559)		(9.656)
Grow		0.167***		−0.006*		0.168***
		(7.635)		(−1.659)		(7.664)
Roa		4.706***		−0.889***		4.822***
		(7.262)		(−12.198)		(7.433)
Lev		−0.106		0.147***		−0.123
		(−0.633)		(8.038)		(−0.732)
Ibd		1.282***		0.051		1.274***
		(3.776)		(1.237)		(3.756)
Board		0.002		−0.004***		0.002
		(0.335)		(−6.901)		(0.431)
常数项		13.989***		0.388***		13.944***
		(21.691)		(7.176)		(21.586)
季度固定效应		控制		控制		控制
行业固定效应		控制		控制		控制
样本数		65 605		65 605		65 605
R^2		0.308		0.068		0.309

注：括号内为回归系数的 t 值

***和*分别表示在 1%和 10%水平上显著

通过依次检验法可知，$\beta_{23}\neq0$ 且 $\beta_{34}\neq0$ 是成立的。因此，非处罚性监管是股吧负面发帖量与公司绩效关系的中介变量，中介过程的前半路径以及直接路径，都受到股权性质的调节，中介过程的后半路径不受到股权性质的调节。国企的产权性质，削弱了股吧负面发帖量对非处罚性监管的正向影响，但是增强了股吧负面发帖量对公司绩效的正向影响。

9.6.2　亏损的影响

当公司的净利润为负时，公司面临亏损。本章把样本分为亏损的组和非亏损的组，若公司亏损，则 Loss 为 1；若公司不亏损，则 Loss 为 0。本节使用式（9-4），考察亏损对股吧（负面）发帖与非处罚性监管关系的影响，因此，被解释变量是公司下一季度收到的问询函数量（CLN）。

表 9-20 的第（1）和（2）列是回归结果，表 9-20 的第（1）列显示，股吧发帖量与亏损的交乘项的回归系数为 0.018，且在 5%水平上显著为正。表 9-20 的第（2）列显示，股吧负面发帖量与亏损的交乘项的回归系数为 0.020，且在 5%水平上显著为正。这表明在亏损的公司，其股吧（负面）发帖量与非处罚性监管的正向关系更强。这可能是由于亏损的公司更易受到交易所监管者关注。

表 9-20　亏损、两职合一和审计意见的调节作用回归结果

变量	（1）CLN	（2）CLN	（3）CLN	（4）CLN	（5）CLN	（6）CLN
lnTpostNum	0.020*** (8.720)		0.032*** (10.162)		0.053*** (8.760)	
lnNegpostNum		0.020*** (9.254)		0.021*** (7.757)		0.042*** (7.470)
Loss×lnTpostNum	0.018** (2.148)					
Loss×lnNegpostNum		0.020** (2.468)				
Dual×lnTpostNum			0.012** (2.495)			
Dual×lnNegpostNum				0.012** (2.530)		
Opinion×lnTpostNum					−0.026*** (−4.299)	
Opinion×lnNegpostNum						−0.025*** (−4.388)
Loss	−0.030 (−0.485)	−0.016 (−0.337)				
Dual			−0.097*** (−2.725)	−0.076*** (−2.809)		
Opinion					0.112*** (2.614)	0.071** (2.173)
lnSize	−0.014*** (−5.373)	−0.014*** (−5.383)	−0.023*** (−8.428)	−0.019*** (−7.090)	−0.020*** (−7.619)	−0.016*** (−6.251)

续表

变量	（1）CLN	（2）CLN	（3）CLN	（4）CLN	（5）CLN	（6）CLN
Age	0.002***	0.002***	0.003***	0.003***	0.004***	0.004***
	(6.117)	(6.073)	(6.583)	(6.657)	(8.586)	(8.603)
Grow	−0.001	−0.000	−0.006*	−0.005	−0.006*	−0.005
	(−0.185)	(−0.114)	(−1.708)	(−1.463)	(−1.774)	(−1.491)
Roa	−0.690***	−0.687***	−0.897***	−1.143***	−0.817***	−1.073***
	(−10.746)	(−10.695)	(−12.328)	(−17.018)	(−11.566)	(−16.523)
Lev	0.112***	0.110***	0.149***	0.126***	0.146***	0.121***
	(6.293)	(6.221)	(8.143)	(6.967)	(8.190)	(6.935)
Ibd	0.039	0.040	0.052	0.055	0.046	0.049
	(0.945)	(0.962)	(1.240)	(1.312)	(1.139)	(1.205)
Board	−0.004***	−0.004***	−0.004***	−0.004***	−0.004***	−0.004***
	(−6.780)	(−6.733)	(−6.931)	(−6.796)	(−6.472)	(−6.348)
Soe	−0.076***	−0.076***	−0.076***	−0.077***	−0.066***	−0.067***
	(−13.208)	(−13.213)	(−12.660)	(−12.864)	(−12.004)	(−12.230)
常数项	0.284***	0.311***	0.392***	0.428***	0.216***	0.288***
	(5.768)	(6.305)	(7.394)	(8.178)	(3.289)	(4.830)
季度固定效应	控制	控制	控制	控制	控制	控制
行业固定效应	控制	控制	控制	控制	控制	控制
样本数	65 605	65 605	65 605	65 605	65 605	65 605
R^2	0.059	0.059	0.069	0.053	0.076	0.060

注：括号内为回归系数的 t 值

***、**和*分别表示 1%、5%和 10%水平上显著

9.6.3 两职合一的影响

本章把全样本分为两职合一的样本和两职分离的样本，若公司董事长与 CEO 由同一人担任，则 Dual 为 1。若公司董事长与 CEO 不由同一人担任，则 Dual 为 0。本节使用式（9-4），考察两职合一对股吧（负面）发帖与非处罚性监管关系的影响，因此，被解释变量是公司下一季度收到的问询函数量（CLN）。

表 9-20 的第（3）和（4）列是回归结果，表 9-20 的第（3）列显示，股吧发帖量与两职合一的交乘项的回归系数为 0.012，且在 5%水平上显著为正。表 9-20 的第（4）列显示，股吧负面发帖量与两职合一的交乘项的回归系数为 0.012，且在 5%水平上显著为正。这表明在两职合一的公司，其股吧（负面）发帖量与非处罚性监管的正向关系被增强了；在两职分离的公司，其股吧（负面）发帖量与非处罚性监管的正向关系被削弱了。

由于人的自利性、有限理性和机会主义动机，在两职合一模式下，高管在追求个人利益时，可能更倾向于向董事会隐瞒信息（何平林等，2019），从而损害股东的利益。相反，基于委托–代理理论的两职分离的模式，有利于维护董事会监督的有效性（吴淑琨等，1998）。因此，两职分离可以产生治理作用，意味着较高的公司治理水平对媒体的治理作用存在替代关系。也就是说，两职分离会弱化社交媒体的治理效应；两职合一会强化社交媒体的治理效应。

9.6.4 审计意见的影响

审计意见代表审计师对被审计单位财务报表是否符合相关准则要求，并在所有重大方面公允地反映了被审计单位的财务状况、经营成果和现金流量情况所做出的职业判断结果。非标准审计意见传递的是审计师对审计客户财务会计信息质量的质疑，当审计师担心事后面临潜在的诉讼风险时，审计师出具非标审计意见的可能性增大（Lennox and Li，2012）。

关于独立审计意见对市场投资者的影响，很多研究文献已经表明，标准无保留审计意见可以向市场传递企业生产经营状况和财务状况良好的信号及股价的利好信息，相反，非标准无保留审计意见则对市场具有消极影响（Menon and Williams，2010）。同时，独立审计报告也会引起股东的重视，股东会依据审计意见来决定对公司经理的授权、监督的内容和程度，尤其是存在保留陈述等的非标准审计意见，更会引起公司股东对公司经理的监督。

本章将所有样本按照审计意见的不同，划分为被出具非标准无保留意见的公司与被出具标准无保留意见的公司两种类型。为考察审计意见对社交媒体与行政介入关系的影响，本章构造虚拟变量——审计意见（Opinion），若公司被出具标准无保留意见则赋值为 1，否则为 0。本节使用式（9-4），考察审计意见对股吧（负面）发帖与非处罚性监管关系的影响，实证结果见表 9-20 的第（5）列和第（6）列。

从表 9-20 的第（5）列和第（6）列可以看出，股吧发帖量与审计意见交乘项的回归系数为–0.026，在 1%水平上显著为负。股吧负面发帖量与审计意见交乘项的回归系数为–0.025，在 1%水平上显著为负。这说明，被出具标准审计意见的公司与被出具非标准审计意见的公司相比，其股吧（负面）发帖量与非处罚性监管的正向关系被弱化了。

这是由于独立审计是比较强的监督机制可以产生治理作用，审计师出具标准无保留审计意见意味着公司治理水平较高。标准无保留审计意见与社交媒体的治理作用存在替代关系，审计师出具标准无保留审计意见的治理活动会弱化社交媒体的治理效应。

9.7　本章小结

本章使用 2015~2020 年股吧论坛上关于上市公司的帖子数据，研究了股吧论坛这一网络社交媒体对公司绩效的影响，以及股吧论坛通过何种途径对公司绩效产生影响。主回归结果表明，股吧发帖量越多，公司收到问询函的数量越多，公司绩效越高。股吧负面发帖量越多，公司收到问询函的数量越多，公司绩效越高。这说明股吧论坛通过非处罚性监管来实现公司治理作用。

在内生性检验中，本章采取工具变量法以及熵平衡等方法解决内生性问题。本章使用的工具变量是，公司所在城市的平均股吧发帖量和公司所在城市的平均股吧负面发帖量。缓解内生性问题之后，本章的主要结论依然成立。

本章还进行了稳健性检验，使用不同方法聚类处理稳健标准误、替换解释变量为股吧阅读量和股吧评论量、替换非处罚性监管的指标、剔除金融行业样本、剔除风险警告的样本、考虑年度数据以及考虑不同区域。这些稳健性检验的结果都支持本章的主回归结果。

本章进行了进一步分析，在有调节的中介检验中，本章发现，非处罚性监管是股吧论坛与公司绩效正向关系的中介变量，中介过程的前半路径以及直接路径，都受到股权性质的调节，但是中介过程的后半路径，不受到股权性质的调节。对于国企来说，股吧（负面）发帖量对非处罚性监管的正向影响更弱，但是股吧（负面）发帖量对公司绩效的正向影响更强。本章还发现，在亏损的公司、两职合一的公司以及审计师出具非标准无保留审计意见的公司，其股吧（负面）发帖量与非处罚性监管的正向关系更强。

参考文献

何平林, 孙雨龙, 李涛, 等. 2019. 董事特质与经营绩效: 基于我国新三板企业的实证研究. 会计研究, (11): 49-55.

沈艺峰, 杨晶, 李培功. 2013. 网络舆论的公司治理影响机制研究: 基于定向增发的经验证据. 南开管理评论, 16(3): 80-88.

田高良, 封华, 于忠泊. 2016. 资本市场中媒体的公司治理角色研究. 会计研究, (6): 21-29, 94.

吴淑琨, 柏杰, 席西民. 1998. 董事长与总经理两职的分离与合一: 中国上市公司实证分析. 经济研究, (8): 21-28.

杨晶, 沈艺峰, 李培功. 2017. 网络负面舆论对高管薪酬公平与效率的影响. 经济管理, 39(2): 117-134.

Bai L J, Yan X B, Yu G. 2019. Impact of CEO media appearance on corporate performance in social media. The North American Journal of Economics and Finance, 50: 100996.

Dang T L, Huynh T H H, Nguyen M T. 2021. Media attention and firm value: international evidence. International Review of Finance, 21(3): 865-894.

Fang V W, Noe T H, Tice S R. 2009. Stock market liquidity and firm value. Journal of Financial Economics, 94(1): 150-169.

Klapper L F, Love I. 2004. Corporate governance, investor protection, and performance in emerging markets. Journal of Corporate Finance, 10(5): 703-728.

Lennox C, Li B. 2012. The consequences of protecting audit partners'personal assets from the threat of liability. Journal of Accounting and Economics, 54(2/3): 154-173.

Li D Y, Xin L N, Chen X H, et al. 2017. Corporate social responsibility, media attention and firm value: empirical research on Chinese manufacturing firms. Quality & Quantity, 51(4): 1563-1577.

Menon K, Williams D D. 2010. Investor reaction to going concern audit reports. The Accounting Review, 85(6): 2075-2105.

Muller D, Judd C M, Yzerbyt V. 2005. When moderation is mediated and mediation is moderated. Journal of Personality and Social Psychology, 89(6): 852-863.

Wang J W, Ye K T. 2015. Media coverage and firm valuation: evidence from China. Journal of Business Ethics, 127(3): 501-511.

You J X, Zhang B H, Zhang L. 2018. Who captures the power of the pen?. The Review of Financial Studies, 31(1): 43-96.